国家自然科学基金资助

U0690366

中国东北东部边境地区边境地区经济成长机制研究

◆ 于天福 等著

辽宁大学出版社
Liaoning University Press

图书在版编目（ＣＩＰ）数据

中国东北东部边境地区经济成长机制研究/于天福
等著.--沈阳： 辽宁大学出版社,2013.1
国家自然科学基金资助
ISBN 978-7-5610-7121-2

Ⅰ.①中⋯ Ⅱ.①于⋯ Ⅲ.①边疆地区－区域经济发
展－研究－东北地区　　Ⅳ.①F127.3

中国版本图书馆CIP数据核字(2013)第027317号

─────────────────────────────

出版者：辽宁大学出版社有限责任公司
　　　　（地址：沈阳市皇姑区崇山中路66号　　邮政编码：110036）
印刷者：辽宁彩色图文印刷有限公司
发行者：辽宁大学出版社有限责任公司
幅面尺寸：170mm×240mm
印张：17.25
字数：310千字
出版时间：2013年1月第1版
印刷时间：2013年1月第1次印刷
责任编辑：郭胜鳌
封面设计：韩　实
责任校对：晓　阅

─────────────────────────────

书号：ISBN　978-7-5610-7121-2
定价：40.00元

联系电话：024-86864613
邮购热线：024-86830665
网址：http://www.lnupshop.com
电子邮件：lnupress@vip.163.com

目　　录

导　言

一、问题的提出

我国的边境地区是特殊的边缘地区，是国家经济发展的神经末梢地带，也是多种文化交融地带和历史敏感地带，更是国家军事防御前沿地带，其独特的区位决定了它的地缘经济和地缘政治文化属性。

通常情况下，受历史上地缘政治关系的强烈影响，我国的边境地区很少有大的工程建设项目，国家对边疆投资也不多，资源开发受阻，经济开发步履维艰，从而导致历史欠账太多，经济基础薄弱，基础设施建设缺口较大，经济社会发展严重滞后。

东北东部边境地区是我国比较典型的地理区位和宏观经济的"双边缘"地区之一。因此，如何建立边境地区对外、对内合作发展机制，特别是使其"边界屏障"转变为地缘优势、中介效应大于屏蔽效应，不仅是东北东部边境地区经济社会发展、全面振兴整个东北地区的需要，而且也是丰富区域地理分析理论内涵的需要。无疑，探索影响东北东部边境地区经济发展主要因素乃至合理构成与运行，促进其区域经济和谐、持续发展，对于邻国众多、边境地区较广的我国而言，具有较大的理论与实践意义。

全球经济一体化以来，地缘经济发展到与地缘政治同等甚至更为重要的地位。为顺应这一潮流，世界各国都在加速政策调整，把谋求经济实惠放到首位，这就促使国际经济关系发生重大变化。加快新经济格局的建立，最明显的特点是区域经济合作的加强，区域集团化进程进一步加快，各国各地区都在利用地缘优势加强彼此合作，相互依存、相互促进，使经济向全球化和国际化方向发展。地缘关系多转化为火热的边境经济合作关系，生产布局开始向边境地区扩展，边境地区资源开发及经济发展已成为边境地区社会发展的主旋律，至此地缘劣势相对转化为优势。其中，边境贸易作为毗邻国家间一种特殊的国际贸易形式，其地域范围不断扩大，规模也与日俱增，对于促进边境地区的经济和社会的发展，加快国际经济资源的开发与移动，具有重要的意义。显然，边境贸易已成为一些发展中国家不可替代的经济活动形式。在我国，由于大多边境地区与周边国家相应的边境地区之间客观上存在着经济结构、商品结构等互补关系。因此，有效利用边境地区进行国际经济技术合作与交流，是发挥其地缘优势，充分利用国内外资源和市场，积极参与国际分工与竞争的有效途径，符合国际经济联系日益密切和世界经济发展集团化与区域化的趋势，更是实现我国边境区域经济社会全面协调发展的有效、便捷的途径之一。

二、研究背景综述

区域发展不平衡一直是制约中国整体经济、社会全面发展的突出矛盾，这已成为众所周知的问题。究及到中国边境地区，这一矛盾更加突出，调查显示，从区域发展绩效看，我国沿边地区经济发展水平远落后于沿海和内地。2009 年，8 个沿边省区的 GDP 总量占全国的 17.64％，对外贸易总额占全国的 6.40％，外商投资总额占全国的 9.44％。调查发现，70％的沿边地区经济自身发展能力较弱，75％的沿边地区与腹地区域发展至今没有形成良好的互动发展状态，80％的沿边地区缺乏一个开放度较高的政策载体，85％的沿边地区没有形成一种适合于边境地区发展的模式。

东北东部边境地区是我国一个典型的沿边地区，整体研究其发展过程、发展特征及发展模式意义深远。近些年来，尽管当地政府联合起来，开展了一些区域发展合作问题讨论并有一定的合作意向，但并没有形成真正意义上的一体开发与合作，这就要求我们这些从事理论研究的人们去关心、思考，深入实地调研，系统分析该区域经济发展存在的问题，研究其发展优势、区间合作方式、发展重点及未来发展模式等。

东北东部边境地区经济发展可以带动东北地区整个经济增长的理论依据是极化理论的倡导者弗里德曼（J. R. P. Friedmann），他突破了早期极化理论单纯技术的视角，将社会、政治等因素引入了极化理论的中心——外围模型，为东北地区协调发展提供了理论依据。他认为，"区域发展的中心不仅限于行政区划意义上的中心城市，如果创新刺激的能量足够，资源要素得以在整个区域内全方位流动，边境地区的城市也有可能成为带动地区经济增长的新的中心"。区域经济增长靠多个核心区共同推动。维宁（D. R. Vining）在 20 世纪 80 年代的研究为这种可能的发展路径提供了实证的支持。他发现经济发展的早期，人口、产业和资本会集中于中心区，主要是因为该区的各项基本设施较完善且费用较低，具有外部经济；到了发展中期，这种情形会逐渐地趋于缓慢；到了发展后期，因中心区出现外部不经济的现象，地价逐渐高涨、交通阻塞等问题，人们便逐渐地转向外围区域发展，区域不均衡因此而缩小。

东北东部边境地区经济成长的外部环境已发生重大变化，主要体现在：

（1）东北地区经济发展战略的调整，地区协调发展将成为这一地区未来发展的核心主题。（2）东北东部边境地区经济成长的机会明显增多，以资源为基础的制造业前景良好，以服务于跨境贸易的物流业将获得较快发展，依托于北国风光的旅游业将获得更大发展；（3）东北地区内部存在的区域发展不平衡问题日益严重，总体呈现中轴突出、两翼薄弱的空间格局。即以"哈—大"交通带为轴的中部经济发达城市群和中轴线东、西两翼经济落后地区。从空间结构上看，中部经济轴带具有较完善的空间点—轴体系与水平较高的集聚经济，但由于产业结构不利于扩散和交通通道受阻等原因，中部轴带的辐射能力不强，带动不了两翼的发展。

针对上述研究背景，我们确定的研究内容如下：一是通过实地调研，结合近10年地区经济发展实际，确立东北东部边境地区区域范围，摸清地区自然资源、社会资源状况；二是全面探索东北东部边境地区经济发展过程、存在问题；三是研究重点区域（鸭绿江通化—丹东区域；图们江珲春—图们下游区；牡丹江绥芬河区域；乌苏里江下游饶河区域和黑龙江同江—抚远区域）的经济发展环境特征、产业发展基础；四是明确区域内外合作途径及主体功能区建设；五是提出该区域未来经济发展战略构想。

三、研究思路

本课题研究应具有一定理论方面的探索和很强的应用性成果，因此，要求我们既有理论突破，又要对研究区有实际操作意义。但由于学科跨度较大，涉及经济、地理、政治、宗教、文化等多学科领域，因而比较难以驾驭。如此，我们根据东北东部边境地区的区域特征及研究目标，从六个方面确立了若干专题进行研究：一是边境地区与东北东部边境地区界定问题，由于边境地区的界定角度不同、出发点不同，因而界定的概念范围不同，本研究从区域经济地理学的视角，选取若干影响因子，进行定量和定性相结合的分析，建立模型，试图在理论上有所突破；二是东北东部边境地区经济社会发展现状、历史文化沿革问题，这是区域经济研究的基础，也是基本要求；三是东北东部边境地区资源型工业、特色农业、旅游业、县域经济、交通经济带建设发展问题，同其他地区一样，边境地区经济成长也离不开本方面研究涉及的各个因素激活与合理组合，只是要因地制宜而已；四是东北东部边境地区区域协调发展问题，其中，既要研究其边境地区内部合作发展问题，也要研究其与东北地区特别是中部腹地的合作、协调发展问题，应该清楚懂得这是边境地区经济发展有效途径之一；五是东北东部边境地区对外合作问题，在此，要考虑如何充分利用境内外的资源和市场，积极探索有效的次区域经济技术合作途径，这是边境地区经济成长所必需的有效途径；六是东北东部边境地区可持续发展战略等问题，需要依据研究区实际，在有关专题中，提出落实国家"东北振兴规划"和"兴边富民"政策的战略措施。

四、研究的理论及现实意义

边境经济问题的研究具有重要的理论意义和现实意义。从理论上来看，由于边境区域经济增长的因素较非边境地区更为复杂，一国区域间经济协同增长问题可以看作是边境问题的简化，因此，边境经济成长问题的研究可以丰富区域经济学的相关理论。从现实来看，由于中国自改革开放以来所取得的令人瞩目的成就，中国与其邻国的经济合作日益密切。经济合作提供更多利益的同时，也增加了各国出现利益纷争的可能。这一现实问题在原本就有历史积淀的边境地区表现得尤其突出，如何在利益权衡中为中国争取更多的发展空间，就必须谋定而后动。因此，这一问题研究又具有十分重要的现实意义。从这两个层面考虑，如果制度性因素适宜，边境地区经济增长的潜力很大。这是因为边境地区独特的优势。一是自然资源丰富。由于地处边远，离核心城市距离较远，交通不便，战争威胁，人口内迁等原因，资源开发和城市扩张在边境地区较之内陆发展滞后，因而自然资源大多得以保存下来。二是国际贸易合作的机会较多。相邻国家如果建立良好的经济互补合作关系，边境的地缘优势就会凸显，促成资本、劳动力、资金、技术、信息等各项生产要素的有机结合。

在边境地区，涉及国界、不同的货币、海关、国防安全等问题，而在一国的经济区域中则没有这样的复杂性因素，因此，一国内的区域经济问题相对简单，区域经济增长和发展的能量可以比较容易地传导到另外一个经济区域。而在边境地区由于货物交换与生产要素流动受诸多因素的影响，大部分地区由于战争侵扰等历史性原因，基础薄弱，受多国政治博弈因素的影响，因而经济成长的不确定性较大。

2003年9月29日，中共中央政治局讨论通过了《关于实施东北地区等老工业基地振兴战略若干意见》，2007年8月，国家发改委和国家振兴东北地区等老工业基地领导小组办公室编制的《东北振兴规划》发布。规划范围包括辽宁、吉林、黑龙江三省和内蒙古自治区的呼伦贝尔市、兴安盟、通辽市、赤峰市和锡林郭勒盟。土地面积145万平方千米，人口1.2亿。2009年9月9日，国务院发布《进一步实施东北等老工业基地振兴意见》。

2009年7月1日，国务院常务会议原则通过《辽宁沿海经济带发展规划》，规划总面积700多平方公里，包括大连、丹东、锦州、营口、盘锦、葫芦岛等沿渤、黄海地区。加快辽宁沿海经济带发展，不仅为振兴东北地区增添了新的动力，而且对于促进区域协调发展和扩大对外开放，具有重要战略意义。

2009年8月30日，国务院正式批复《中国图们江区域合作开发规划纲要——以长吉图为开发开放先导区》。批复指出，图们江区域在我国沿边开放格局中具有重要战略地位，加快图们江区域合作开发，是新时期我国提升沿边开放水平、促进边疆繁荣的重要举措。

2011年6月国务院下发《兴边富民行动规划（2011—2015年）》，规划范围包括内蒙古、辽宁、吉林、黑龙江、广西、云南、西藏、甘肃、新疆等9个省、自治区的136个陆地边境县、旗、市、市辖区。在规划中指出"十二五"时期是边境地区全面建设小康社会的关键时期。为促进边境地区经济社会又好又快发展和社会和谐稳定，党中央、国务院作出了关于深入实施兴边富民行动的战略部署。

由此可见，东北地区的振兴工作已经全面展开。我们知道其沿海地带和中部地区的基础好，力量雄厚，是搞好全面振兴工作的核心地域，而作为具有地缘经济和地缘政治及地缘文化意义的国家边境的东北东部地区的振兴，无疑是东北地区全面振兴所必不可缺的重要区域。因此，对东北东部边境地区经济成长机制问题进行研究，进而做出战略性规划是十分必要的，对促进东北老工业基地的全面振兴有着非常重大的意义。

第一章 边境地区及东北东部边境地区的界定研究

深入研究边境经济问题的前提之一就是对边境地区范围加以界定。但一直以来，边境地区范围的定义就较为含糊。我们知道，边境地区的研究包括经济、政治、文化、军事等多方面内容，但无论是学术界还是政府决策机构多是围绕区域经济社会发展来进行研究的，而对于这一区域性问题，却很少有人对其范围和理论内涵作出比较准确的界定和解释。我们对"边境地区的界定"问题的探讨，正是从这个角度出发，旨在寻求能够解释其理论内涵，界定其范围的方法，进而一方面可以进一步丰富区域经济学中关于边境地区发展的理论，为区域经济学相关学科发展建设注入新的活力；另一方面为边境地区开发建设、为区域经济协调发展的相关政策制定提供参考依据。

第一节 边境地区的界定分析

一、边境地区界定指标体系的构建

（一）边境地区界定影响因子的确定

根据地缘经济学、区位论、要素禀赋论、空间相互作用等相关理论，我们在此从区域经济地理学的角度研究边境地区的界定，先是从定性的角度对影响区域发展的各种因素进行分析，结合研究区域（东北东部边境地区）的实际情况，选取影响因子，认为可以从定量和定性两方面考虑，包括：地理位置、经济规模、外向性指标、交通状况、历史和文化、自然条件、行政区划等因素。其中，历史与文化、自然条件和行政区划因素用于定性分析。

（二）指标体系建立

目前国内外学者对边境地区界定的并没有做出统一的判断。考虑数据的可得性以及边境地区界定指标设计的直接性、可量化性、可比性和灵活性等基本原则，我们构建了表1.1定量分析指标体系。其中，一级指标包含4个方面，从各个层次反映边境地区的总体情况；二级指标层总共包括17项具体指标，能比较好地体现边境地区的特征。

表 1.1   边境地区界定定量分析指标体系

一级指标	二级指标	单位
地理因素	空间距离	千米
规模性指标	GDP	万元
	人口数量	万人
	人均收入	元
	财政收入	万元
	社会消费品零售总额	万元
	三次产业年末就业人数	人
外向性指标	外贸依存度	
	实际利用外商投资	万美元
	外商投资企业单位数	个
	国际旅游人数	人
	旅游外汇收入	万美元
交通状况	口岸	个
	运网密度	公里/平方千米
	货物周转量	亿吨/千米
	旅客周转量	亿人/千米
	直接腹地面积	平方千米

二、边境地区界定模型的建立

通过多属性决策和系统聚类分析法进行边境地区界定模型的构建。其计算步骤是：首先需要对数据进行标准化处理，将属性值映射到某个数值区间。数据标准化模型如下：

$$x'_{ij} = \frac{x_{ij} - \overline{x_i}}{s_i} \text{。}$$

其中，x_{ij} 为第 j 个样本第 i 项变量的原始数据，

$$\overline{x_i} = \frac{1}{n} \sum_{j=1}^{n} x_{ij} \text{；} s_i = \sqrt{\frac{1}{n} \sum_{j=1}^{n} (x_{ij} - \overline{x_i})^2} \text{。}$$

而后进行多属性决策分析，其决策步骤为：

步骤 1：对于某一多属性决策问题，设有 m 个备选方案 X_1，X_2，$\cdots X_m$ 和 n 个属性 U_1，U_2，$\cdots U_n$。设方案 X_i 对属性 U_j 的属性值为 x_{ij}^*，这些属性值构成原始决策矩阵 X^*：

$$X = \begin{bmatrix} x_{11} & x_{12} & \cdots & x_{1m} \\ x_{21} & x_{22} & \cdots & x_{2m} \\ \cdots & \cdots & \cdots & \cdots \\ x_{n1} & x_{n2} & \cdots & x_{nm} \end{bmatrix}。$$

其中，$i = 1, 2, \cdots n$，$j = 1, 2, \cdots m$。

步骤 2：本文采用层次分析法确定系数权重 $C = \{c_1, c_2, \ldots, c_t\}$。在确定决策矩阵 X^* 和属性权重后，需要对每个方案 X_1，X_2，$\cdots X_m$ 计算出决策评分 $f(X_i)$：

$$f(X_i) = \sum_{j=1}^{n} c_i x_{ij} = c_1 x_{1j} + c_2 x_{2j} + \cdots + c_n x_{nj}。$$

其中，$i = 1, 2, \cdots n$，$j = 1, 2, \cdots m$；$w_i \geq 0$，及 $\sum_{j=1}^{m} c_i = 1$。

步骤 3 按 $f(X_i)$ 的大小对方案进行排序并择优。

将多属性决策分析的综合得分进行系统聚类分析，基本步骤如下：在聚类分析中，通常 G 表示类，假定有 m 个元素，不失一般化，用列向量来表示 $X_i (i = 1, 2, \cdots, m)$ 来表示，d_{ij} 表示元素 x_i 与 x_j 之间的距离，D_{kl} 表示类 G_k 与类 G_l 之间的距离。本文采用最短距离法进行聚类分析。

SETP1. 首先定义类与类之间的距离为两类最近样品间的距离，即.
$D_{kl} = \min\{d_{ij}: x_i \in G_k, x_j \in G_l\}$。

若某一类 G_k 与类 G_l 聚成一个新类，记为 G_m，类 G_m 与任意已有类 G_j 之间的距离为：
$D_{mj} = \min\{D_{kj}, D_{lj}\}, j \neq k, l$。

SETP 2. 将初始的每个样本各自作为一类，并规定样本之间的距离，通常采用欧氏距离。欧氏距离，即：$d_{ij} = \left[\sum_{k=1}^{p} (Z_{ik} - Z_{jk})^2\right]^{\frac{1}{2}}$。

计算 n 个样本的距离矩阵 D（对称矩阵）。

SETP 3. 寻找 $D_{(0)}$ 中最小元素，设为 D_{kl} 将 G_k 和 G_l 聚成一个新类，记为 G_m，即 $G_m = \{G_k, G_l\}$。

Setp 4. 计算新类 G_m 与任一类 G_j 之间距离的递推公式为：
$$D_{mj} = \min_{x_i \in G_m, x_j \in G_j} d_{ij} = \min\{D_{kj}, D_{lj}\}。$$

对距离矩阵 $D_{(0)}$ 进行修改，将 G_k 和 G_l 合并成为一个新行新列，对应 G_m 新行新列上的新距离由上式计算，其余行列上的值得不变，得到新距离矩阵为 $D_{(1)}$。

SETP 5. 对 $D_{(1)}$ 重复上述对 $D_{(0)}$ 的 2 步操作，得到 $D_{(2)}$ 距离矩阵；以此类推，直至所有元素合并成为一类为止。

第二节 东北东部边境地区的界定

我国东北东部地区处于东北亚的核心地带，与日本隔海相望，边境与俄罗斯、朝鲜接壤。其中，黑龙江省东部隔黑龙江、乌苏里江与俄罗斯相望，边境线约 1 896.8 千米，拥有如绥芬河、同江等已开通的十多个国际知名度高、经贸往来频繁的国家一类口岸，构成了水、陆、空健全和客、货运兼有的口岸群体，在全国口岸对外开放总格局中独具特色。中朝两国陆地边境线长约 1509 千米，辽宁、吉林两省有 1 州、3 市、10 县（市）与朝鲜 4 道、20 多个郡（市）接壤，或以山为界，或隔江相望。所以本文选取东北东部 11 个边境城市中的 43 个县域作为研究样本进行分析（见表 1.2）。数据来源于《黑龙江省统计年鉴 2011》《吉林省统计年鉴 2011》《辽宁省统计年鉴 2011》。

表 1.2　　　　　　东北东部边境地区界定研究样本

省份	样本范围
黑龙江	1. 萝北；2. 绥滨；3. 抚远；4. 同江；5. 富锦；6. 桦川；7. 汤原；8. 桦南；9. 饶河；10. 集贤；11. 友谊；12. 宝清；13. 勃利；14. 虎林；15. 密山；16. 鸡东；17. 林口；18. 海林；19. 穆棱；20. 绥芬河；21. 宁安；22. 东宁
吉林	23. 珲春；24. 汪清；25. 图们；26. 通化；27. 龙井；28. 安图；29. 敦化；30. 和龙；31. 抚松；32. 靖宇；33. 延吉；34. 临江；35. 长白；36. 集安；37. 柳河；38. 梅河口；39. 辉南
辽宁	40. 桓仁；41. 宽甸；42. 凤城；43. 东港

一、定量分析

根据上文构建的边境地区界定定量指标体系，收集各样本所对应的指标的原始数据，并对指标进行标准化处理，利用统计分析软件对标准化后数据进行多属性决策分析，通过分析得到样本的综合属性得分（见表 1.3、图 1.1）。

表 1.3　　　　　　　　　　　　　　样本多属性综合得分表

地区	决策值	地区	决策值	地区	决策值
萝北	0.343 966	鸡东	0.110 863	和龙	−0.059 500
绥滨	0.085 734	林口	−0.085 890	抚松	−0.130 730
抚远	0.387 583	海林	−0.32 670	靖宇	−0.752 450
同江	0.517 724	穆棱	0.206 430	临江	0.167 041
富锦	0.622 603	绥芬河	1.324 500	长白	0.073 300
桦川	−0.297 420	宁安	−0.340 860	集安	0.126 464
汤原	−0.665 440	东宁	0.665 661	柳河	−0.443 700
桦南	−0.679 110	延吉	0.452 600	梅河口	−0.171 010
饶河	0.3192 930	珲春	0.425 246	辉南	−0.665 100
集贤	−0.771 950	汪清	0.107 924	桓仁	0.021 129
友谊	−1.151 730	图们	0.072 827	宽甸	0.334 036
宝清	−0.149 960	通化	−0.414 870	凤城	0.631 715
勃利	−0.397 060	龙井	−0.091 820	东港	1.434 760
虎林	0.311 045	安图	−0.359 690		
密山	0.443 078	敦化	−0.353 520		

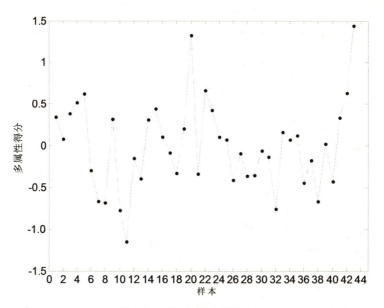

图 1.1　多属性得分落散点图

　　根据 $f(X_i)$ 值的大小，我们进行系统聚类分析，其中样本间的距离采用欧氏距离，利用最短距离法将样本聚为 3 类。见图 1.2。通过聚类分析结果可以发现：$f(X_i) > 1.32$ 的样本属于第一类地区，$-0.29 < f(X_i) < 1.32$ 的样本属于第二类地区，$f(X_i) < -0.29$ 的样本属于第三类地区（见图 1.2）。

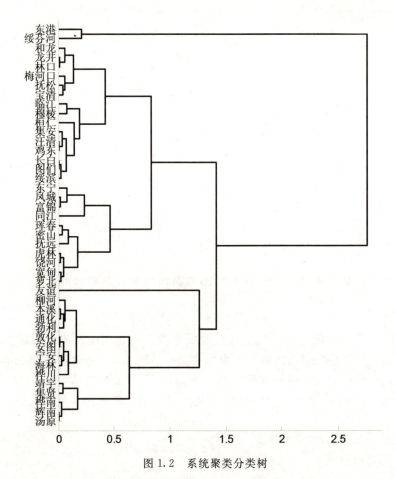

图 1.2　系统聚类分类树

　　从表 1.4，图 1.2 的分析结果来看，第一类样本 20 绥芬河、样本 43 东港的相对指标突出，数据离群度较大，超出总体平均水平，而第二类样本无论其地理位置以及相关指标体系都保持较为稳定的状态，因此可以将第一类、第二类样本合为一类界定为边境地区。所以从定量分析的角度我们可以界定东北东部边境地区包括：绥芬河、东港、萝北、绥滨、抚远、同江、富锦、饶河、宝清、虎林、密山、鸡东、林口、穆棱、东宁、珲春、汪清、延吉、图们、龙井、安图、和龙、抚松、临江、长白、集安、桓仁、宽甸、凤城等 29 个县（市）。

表 1.4	多属性分析结果
	样本区域
一类地区	绥芬河、东港
二类地区	萝北、绥滨、抚远、同江、富锦、饶河、宝清、虎林、密山、鸡东、林口、穆棱、东宁、珲春、汪清、图们、龙井、和龙、抚松、临江、长白、集安、、桓仁、宽甸、凤城
三类地区	桦川、汤原、桦南、集贤、友谊、勃利、海林、宁安、通化、安图、敦化、靖宇、柳河、辉南、梅河口

二、综合分析

通过上文的定量分析我们可以看出，桦川、汤原、桦南、集贤、友谊、勃利、海林、宁安、敦化、靖宇、通化、柳河、辉南、梅河口等 14 个县（市）不在我们界定的边境地区范围之内。但是，这些县域无论是从历史和文化因素还是自然因素等方面考虑，其都与我们研究的其他边境地区都有着非常密切的联系，同时，为了保持现行体制下的行政区划的完整性，我们将这些县域也划入我们所研究的边境地区范围之内。

桦川、汤原、桦南隶属于佳木斯市。桦川县，地处佳木斯、鹤岗、双鸭山三个城市经济区中心，与富锦市相邻，公路、铁路、水运俱全，其中水路可通同江、抚远、黑河、饶河等口岸。汤原县与佳木斯市一江之隔，该县位于佳木斯、伊春、鹤岗三市中心，铁路、公路、水运、空运交叉运行，地理位置、交通条件相当优越。

勃利县隶属于七台河市。

集贤、友谊隶属于双鸭山市，其中集贤县是三江平原的交通枢纽，特别是水运，毗邻佳木斯、同江、富锦、饶河等对俄贸易口岸，是三江平原重要的商品集散地。友谊县是在友谊农场的基础上恢复和建立起来的，由前苏联援建，是当今世界上最大的谷物农场。

海林、宁安隶属于牡丹江市，海林市距东宁口岸 220 千米，距牡丹江国际空港 20 千米，是黑龙江省东出海参崴、南下图们江的途径城市。宁安市处于珲春与绥芬河两个国家级开放口岸城市的中心地带，鹤大公路、牡图铁路纵贯全境，距牡丹江国际空港 19 千米，是东北亚经济技术交流合作中商贾往来，物资集散和信息传递的重要区域。

通化、柳河、辉南、梅河口隶属于通化市。

图 1.3　东北东部边境地区

三、结论

　　通过上文的多属性决策和系统聚类相结合的建模方法，选取东北东部地区43个县（市）进行边境地区的界定研究。从定量的角度得出绥芬河、东港、萝北、绥滨、抚远、同江、富锦、饶河、宝清、虎林、密山、鸡东、林口、穆棱、东宁、珲春、汪清、延吉、图们、龙井、安图、和龙、抚松、临江、长白、集安、桓仁、宽甸、凤城为东北东部的边境地区。

　　从定性与定量相结合分析得出，桦川、汤原、桦南、集贤、友谊、勃利、海林、宁安、敦化、靖宇、通化、柳河、辉南、梅河口这些城市与我们已经界定的边境地区有着非常紧密的联系，因此我们也将它们视为边境地区。

　　综上所述，我们所界定的我国东北东部边境地区是指北自黑龙江省的抚远县，经吉林省的延吉南至辽宁省东港市的东北三省邻近俄、朝的沿边狭长地带，共有11个市（州），其中包含43个县（市）（见图1.3），面积逾23万平米千米，人口逾1 920万。

第二章　东北东部边境地区经济发展基础分析

同其他地区一样，边境区域经济发展离不开对其基础条件的分析利用。东北东部边境地区独特的地理位置与优越的自然条件、较短的经济开放历程，使得我们要正视其经济发展基础（本）条件中的利与弊，综合分析，统筹规划，使研究区及其各地域单元在经济成长中，能够有效利用境内外经济资源，彰显各自优势与特色，从而达到区域经济因子合理组合与协调发展的目的。

第一节　东北东部边境地区经济区位分析

一、经济区位概述

（一）地理位置

本研究区的面积和人口分别占东北三省的 29.2% 和 17.5% 左右，人口密度为 78.3 人/平方千米，经济密度为 67.5 万元/平方千米。经济结构以资源开发为主，资源型城市居多，2010 年人均 GDP 为 19 208 元，低于全国平均水平（29 524 元），而城镇化率达 63.3%，远高于全国平均水平（40.1%），是东北地区和我国典型的经济发展严重滞后于城镇化发展的资源型地域，也是我国东北部重要的生态屏障，具有特殊的自然和经济地理意义。

东北东部边境地区位于东北地区对外合作的前沿阵地和东北亚经济圈的关键地带，是欧亚地区通往太平洋的重要"大陆桥"之一（见图 2.1），因其位于俄、朝边境，背靠广大东北腹地，所以自然成为我国向俄、日、韩等发达国家市场开放的前沿阵地。目前，东北东部边境城市是国家规划开发建设的战略重点和热点，地缘优势使之成为国际社会广为关注的东北地区对外开放窗口，其经济发展水平对于东北亚国家和地区的发展将起到较大辐射作用。

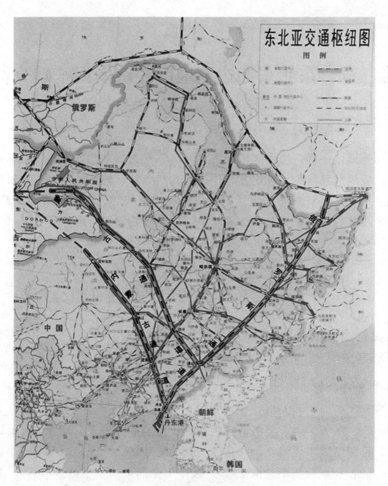

图 2.1　东北亚交通枢纽图

　　随着辽宁沿海经济带的开放战略的实施，实现了大连和丹东这两大出海口通过与东北东部铁路、高速公路相连接，深入东北综合经济区腹地。丹东港和大连港作为联系东北地区与华北地区、华东地区、华南地区及海外国家和地区的水上交通枢纽，延伸于东北东部铁路线，整合为海陆大通道，并经鸭绿江大桥与朝鲜半岛铁路相通，有利于国际联运业务的大规模展开，能够进一步扩大沿边、沿江、沿海开发开放的区域优势，并且作为东北地区发展外向型经济、走向世界的窗口和桥梁，更将成为东北地区对俄、日、韩合作的前沿地带（见图 2.2）。

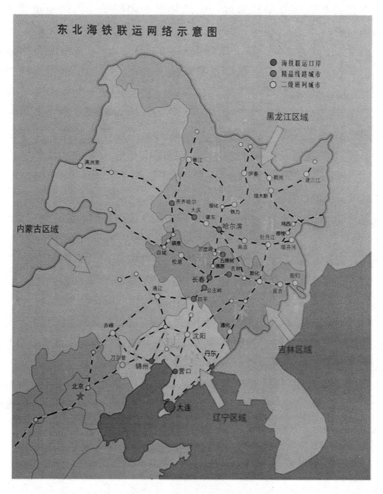

图 2.2　东北海铁联运网络示意图

（二）区域资源与地理环境系统特点

东北东部边境地区自然资源丰富，拥有东北地区 70％的煤炭、森林资源，土地资源较为丰富，可发展多元化经济，旅游资源极富特色。地域内有松花江、图们江、乌苏里江、黑龙江和鸭绿江等主要河流通过，其中图们江、黑龙江、乌苏里江和鸭绿江为国际性河流。本区资源环境系统独特，自然生态系统有湿地生态系统、农田生态系统、森林生态系统等类型。地表结构上，本区外带是黑龙江、乌苏里江、兴凯湖、图们江和鸭绿江等流域低地，紧邻为华夏向的山地、丘陵地，其间散布有众多大小不等的盆谷地，再向西则是东北中部松辽台地和广阔的松花江、嫩江冲积平原与辽河冲积平原。北部是松花江、黑龙江和乌苏里江冲积的三江平原低地，土地肥沃；向南是长白山地及其余脉（广义的长白山也称东北东部山地，北起黑龙江省的完达山脉，南至辽东半岛的千山山脉，南北长约1 300多千米，东西宽约400千米），河谷平原及熔岩台地分布广泛；沿黄海、鸭绿江口一带则是平坦狭长的滨海平原。温带湿润大陆性季风气候对自然景观形成起主导作用。冬季寒冷漫长，深厚的季节冻土与多年冻土广泛分布，阻碍了地表水与土壤水的下渗，在地势低缓、排水不良地段，沼泽化现象显著，泥炭沼泽广泛分布、类型多样是一个重要特征。沼泽面积由北向南递减，平原多潜育沼泽，三江平原是我国沼泽分布率最高的地区之一，沼泽分布率达20%，以草甸沼泽化为主；山区多泥炭沼泽，长白山地的沼泽主要分布在谷地底部或阶地上。

本区是东北森林覆盖率最高、分布范围最大和森林资源最为丰富的地区，广泛分布的针叶林、针阔混交林是本区自然景观的主要特征。

受纬度、海陆位置、地势等因素的影响，本区自南向北跨越暖温带、中温带，温度差异明显。南部暖温带水果可正常生长，中部则主要生长大豆、玉米、水稻、亚麻、甜菜等。降水量相对于中西部地区较丰富，长白山东南侧鸭绿江流域年降水量可达1 000毫米以上，是我国秦岭—淮河以北降水量最多的地区，目前是辽中南城市群的主要水源地；三江平原地势低洼，时有涝灾。东西、南北水热条件差异为农林牧特生产的多元性和农业地域分异格局的形成奠定了自然基础。

综上可见，本区是东北地区乃至全国的重要资源地域，也是我国东北部重要的生态屏障，又因地处我国最为重要的边境地区之一，因此具有特殊的自然和经济社会意义。

二、主要城市发展现状

城市作为人类各种活动的集聚场所，通过人流、物流、能量流和信息流与外围区域（腹地）发生多种联系。城市的生存与发展，基于它对外界（一定范围内的区域）在经济上、文化上、政治上、生活服务上所起的作用和所作出的贡献。这种作用表现为它对外围腹地的吸引力。同时，城市发展不能脱离特定区域的自然社会经济条件而孤立地进行。外围区域则通过提供农产品、劳动力、商品市场、土地资源等而成为城市发展的依托，城市所在的区域通过区域经济条件、地理位置、自然资源、社会因素、区域基础设施、区域生态环境等来促进或制约城市的发展。

本研究区域包含的11个市（州），黑龙江省的鹤岗市、佳木斯市、七台河市、双鸭山市、鸡西市、牡丹江市；吉林省的延边朝鲜族自治州、白山市、通化市；辽宁省的丹东、本溪（桓仁）。这些城市中大中城市数量少，多属于资源型城市，区域性中心城市规模一般较小，经济实力弱。城镇大多因工矿、林业开发或铁路站点而生，少有由自然经济长期发展、人口逐渐集聚而成。它们主要分布于平原、河谷平原或山间盆地。在长白山地及其余脉，主要随工矿点和自然地形分布，大中城市大多由几个城镇组成，结构零散，扩展空间狭小。区内城镇化水平差异明显，煤、铁、森林、水等资源丰富地区城镇化率平均达 70% 以上，而其他地域则低于 50%，城镇功能由于资源开发的特点不同，主要有能源、森林、冶金、化学、机械、旅游、口岸等几种类型。2010 年东北东部边境 11 个市（州）社会经济发展基本情况见表 2.1。

表 2.1　　　　　　　2010 年东北东部边境城市经济发展基本情况

地级市	人口（万人）	面积（平方千米）	城镇个数	城镇化率	GDP（亿元）	人均GDP（元）	产业结构
鹤岗	110.58	14648	34	77.14	184.70	16702	24.10:43.60:32.30
佳木斯	244.73	32704	106	76.28	398.50	15871	26.90:28.40:44.70
双鸭山	150.84	23202	64	70.10	260.10	17243	31.40:43.00:25.60
七台河	90.00	6221	17	82.73	187.20	20800	9.30:58.80:31.90
鸡西	190.80	22531	66	77.28	315.90	16541	26.60:32.30:41.10
牡丹江	280.20	40583	81	49.44	501.10	17884	16.70:35.20:48.10
延边州	218.77	42700	90	63.20	379.60	17374	12.70:45.60:41.70
白山	129.69	17485	65	66.00	300.30	23000	12.00:56.10:31.90
通化	227.20	15600	57	59.70	455.70	20071	13.20:51.50:35.30
丹东	242.70	15222	83	39.95	563.79	23223	13.70:47.10:39.20
本溪（桓仁）	30.20	3457	13	—	142.40	29614	15.00:52.00:33.00
总体	1920.71	230896	676	60.16	3689.29	218323	34.40:17.00:40.20

数据来源：根据 2011 年《东北东部 11 市统计公报》整理。

第二节　东北东部边境地区经济发展演变轨迹分析

一、自然经济时期的区域发展

自然经济时期也就是通常所说的自给自足的经济时期，它的基本特点是生产的目的不是为了交换，而是为了直接满足本经济单位或生产者个人的需要。这一时期，东北地区的发展主要分为三大板块。在暖温带北界（大体相当于赤峰至桓仁一线）以南为以农业为主的地区；其北，以森林草原分布区为过渡带可分为东西两部，东部以渔猎经济为主、农业为辅；西部以游牧经济为主、兼有农业。并且长期处于渔猎经济与游牧经济阶段。主要交通干道为从北京通往各省。省城和北部边疆的具有政治、军事特色的驿道，主要城镇为各省省城和少数农产品集散与加工中心，这一时期生产力水平较低，各地区之间相互作用强度比较弱，主要以资源开发为主，基础设施不健全，严格来说，还没有形成产业结构和产业空间结构，并没形成区域间的协调发展。

二、殖民经济时期的区域发展

1861年营口开港，成为东北地区社会性质变化的起点，自然经济开始解体，进入殖民经济发展时期。营口开港是外国资本主义大规模侵入东北的开始，英国和美国的鸦片、棉纺织品、金属制品等洋货充斥东北市场，使国内的土产品销售受到排挤。这一时期工矿业的发展布局直接由自然资源的分布状况决定，具有明显的地域性，由于交通运输条件的限制，工矿业的重心位于今辽宁中南部。工业结构以采矿业为重心，附之以军事工业为主的机械制造业。

1931年"九一八"事变后，进入伪满统治时期。日伪通过所谓的特殊会社与准特殊会社，全面垄断东北区域经济的各个行业和部门，实行全区域产业的统一规划和集中控制，推行区域经济的一体化运营。对区域主导产业的集中控制和对区域流通的全面垄断，打击东北地区的民族工商业，导致东北地区产业结构的严重失衡，便利了日本帝国主义对东北地区的经济掠夺。这一时期，日本的区域经济的一体化战略在一定程度上也促进了地区整体的发展，因为随着区域经济一体化的发展，在东北各个伪省区形成了一批具有一定辐射功能的城市群。这些城市或在某些产业方面发挥集聚效应，或在特定区域经济运营中具有辐射功能，带动了周边地区的发展，在区域经济一体化中发挥着重要作用。殖民经济时期的区域发展使各地区之间的联系程度由弱到强，由简单到复杂，处于一种萌芽状态。

三、计划经济时期的区域发展

1949－1978年，我国实行中央集权的计划经济管理体制，区域发展完全从属于国家战略取向，投资主体单一，建设项目统一安排，布局蓝图一笔独绘。区域政策主要体现为生产力布局政策。这一阶段，区域发展战略与政策主要受平衡发展战略的影响，平衡发展、平衡布局、缩小差距是其基本特征；在这种情形下，东北地区不能统筹规划管理自己的资源开发与社会经济发展，其作为独立利益主体的特性被抑制，东北地区因此缺乏自增长能力和自组织能力以及相应的经济自主权。

四、市场经济时期的区域发展

1978 年以后，这一时期的区域发展开始显现出很强的协调发展趋势，但还存在很多问题，如区域间经济发展不平衡及其区域内部经济发展与资源环境相矛盾的问题日益突出；产业结构趋同与地区之间的盲目竞争；政府的职能并没有完全放开，区域之间还存在市场壁垒等问题。

边境地区城市经济发展滞后的原因较为复杂，除了历史上战争侵扰的原因，边境地区城市基于国防安全的考虑，工作重心与非边境城市有所不同以外，由于地处边远，交通不便，信息滞后，资金、信息等资源不断向省会及周边城市聚集，东北东部边境城市一定程度上有被边缘化的趋势。改革开放以来，中日、中俄、中朝、中韩贸易关系逐渐恢复，边境城市的生机与活力才日益彰显。

东北东部边境地区城市发展滞后局限了东北地区与国际贸易伙伴国合作的领域和空间。在振兴东北的国家战略背景之下，在开放经济体中，如何发挥东北边境城市的地缘优势，充分利用和发掘发挥其经济潜能，不仅是目前政府与学界关注的热点问题，同时也是本书写作的目的。

国际经济学中的比较优势理论与规模报酬递增规律为全球经济一体化提供了坚实的理论基础，实践中，世界各国都在保证本国利益的基础上努力尝试消除对外经济合作的种种障碍。欧盟、北美自由贸易区、东盟自由贸易区、亚太经济合作组织的建立正是这一理论实践的明证。

西蒙引用一项研究结果："当两个国家的距离增加 10％，它们间的贸易就减少 9％。"① 这个事实证明区域化将早于全球化完成。东北地区北与俄罗斯、蒙古国交界，东与朝鲜、韩国、日本相邻，上述五国是我国重要的对外贸易伙伴。因此，发挥这一边境地区城市的地缘优势作用的重要意义是不言而喻的。

---

① 赫尔曼·西蒙：《21 世纪的隐形冠军》，中信出版社，2009 年版，103 页。

第三节　东北东部边境地区经济发展架构分析

一、关于功能区的划分与定位

东北东部边境地区目前尚无特大城市，大中城市数量也少，区域性中心城市规模一般较小，经济实力弱。城镇大多因工矿、林业开发或铁路站点或政治军事需要而生，少量由自然经济长期发展、人口逐渐集聚而成。在产业结构构成方面，产业同构问题比较严重，资源密集型产业仍然是其主要的优势产业，而且省（区）际间产业发展协作不强，各自为政，不利于资源的最优化利用，产业结构升级缓慢致使第三产业发展相对滞后，地位不突出。

根据东北东部边境地区城镇体系的现状基础，结合各个地方的发展态势和需求，突出区情，因地制宜，应采取空间上非全覆盖的方式，统筹谋划人口分布、产业布局、国土利用和城镇化体系构建，合理划定主体功能区，明确主体功能，规范开发秩序，控制开发强度，逐步形成人口、经济、资源环境高效、协调、可持续的国土空间开发格局。

（一）优势资源开发加工基地

东北地区在我国历史上是满族、朝鲜族等少数民族聚居的地方。清朝由满族创建，东北地区 90% 的原驻民大批内迁，此后，作为龙兴之地，东北的丛林与沃野长期被圈禁。尽管数百年间，圈禁的政令时紧时松，但东北地区的大量自然资源得以存留。新中国成立后，东北作为新中国的重要工业基地，资源得以充分开发与利用。历时 60 年，东北铁路交通枢纽地区的矿产、森林资源已不显丰厚。由于东部边境地区特殊的地理位置，这些资源相对来说存量依然可观。由于森林资源开发时间较晚，森林覆盖率高；双鸭山、七台河、鸡西、鹤岗、延边境内有丰富的煤炭资源；鸡西的石墨储量 5.4 亿吨，居亚洲之首；佳木斯有丰富的天然气、石油、地热资源；牡丹江、白山、通化等均有丰富的林区特产。因此，从东北地区着眼，东北东部边境地区可作为其资源开发与加工基地。其中，黑龙江东部边境地区应以矿产品、农产品加工基地建设为主；吉林东部边境地区应以林产品加工基地为主；而考虑辽宁东部边境地区资源储存及海陆交通条件，应谋划综合加工基地，特别是附加值较高的产品基地建设。

（二）东北物资重要集散地

东北东部边境城市多位于东北东部铁路沿线，这条沿中俄、中朝边境走向、连接着东部地区的铁路上分布着我国重要的粮食、煤炭、木材及钢铁生产基地。目前，本研究区正在建设 4 条通道，包括由丹东港直接出海，由珲春经俄罗斯扎鲁比诺港和经朝鲜罗先港，由绥芬河经符拉迪沃斯托克港出海。物流大通道建设，将使东北东部彻底打破封闭状态。

从世界物流格局来看，国际物流大体可分为集装箱物流和大宗物流。大宗货物航线主要包括太平洋航线、大西洋航线、印度洋航线这三大航线。我国东北地区偏离世界主要物流方向，东北东部边境地区更是如此，但与其他类型的交通经济带不同，由于特殊的地缘政治与地缘经济环境，东北东部交通经济带北与滨州－滨绥干线相连，中与长白－长珲相交。这两条东西向的干线具有明显的跨国境特点，向东南又有经丹东进入朝鲜半岛的支线。依托东北亚地区资源禀赋的互补性以及东北东部交通经济带的这种外向型特点，可以充分利用"两个市场、两种资源"优势，在东北亚甚至世界的劳动地域分工中占据一定的位置。中国东北物流方向集中于南下方向，通过大连、营口、丹东、锦州等组成的南部沿海港口群与太平洋航线相连，一部分出口日韩，其余部分通过上海、香港等枢纽转向其他国家和地区，使东北东部交通经济带形成物流走廊，并在此基础上建立物流工业园区，从而形成物流中心城市。

（三）东北亚国际贸易门户

东北亚既是一个地理概念，更是一个国际关系和地缘政治概念。狭义的理解，东北亚指亚洲的东北部地区，应包括朝鲜半岛、日本、俄罗斯远东地区、蒙古和中国东北、内蒙古地区。

东北东部边境地区地处东北亚腹地中心，在对东北亚经贸发展，尤其是对俄、对朝经贸发展中，拥有得天独厚的"桥头堡"式的地缘优势。建设东北亚经济贸易开发区，不仅是东北东部边境对外开放的重要战略，也是该区域经济社会又好又快发展的重要动力。

东北亚经济贸易开发区，是在原有的沿边沿江开放开发基础上提升起来的，有着很大的发展前景，是一项长期战略规划。相对于国内市场而言，东北东部边境地处边陲，经济优势难以和中部，尤其是沿海城市抗衡，这是客观现实。但从东北亚的区域层面而言，则处在发展的最前沿。这个桥头堡的优势，让东北东部边境在区域经济发展上占据了绝对的地缘优势。建设东北亚经济贸易开发区，就是要把这种区域优势做大做强，进而盘活整个对外经贸发展链条。

发挥"桥头堡"优势，要抓住重点。集中精力抓好重点口岸、重点工程、重点项目和重大活动。把这些重点工作看成是一个大项目、一个整体工程，放在心上，抓在手上，落实到行动上，带动整个东北亚经济贸易开发区建设。区域发展的重点在于区域合作。资本流、人才流都如同水流，流向有容乃大的区域。在建设东北亚经济贸易开发区的过程中，必须广交朋友，深交朋友，进一步加强与俄罗斯与朝鲜沿边州区的合作，同时还要搞好对韩、对日交流合作，加强与港澳台地区合作，增强对外吸引力，以扩大开放，促进区域联动发展。

目前，图们江开发新战略为东北亚经济合作装上新引擎，珲春市正成为面向东北亚开放的重要门户，而丹东正在建设成为东北亚区域物流中心（见图2.3）。

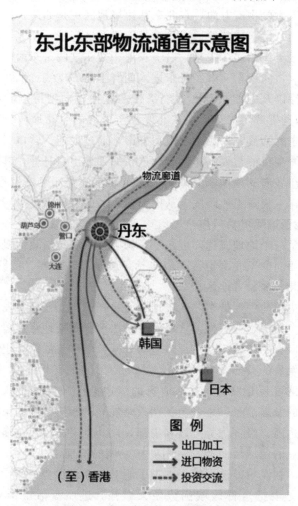

图 2.3　东北东部物流通道示意图

二、关于交通经济带建设

我国东北东部边境地区是地缘环境复杂的沿边地区，近年来，由于东北老工业基地振兴战略的进一步实施而带来的东北东部边境地区边缘化问题引起了国内外诸多学者的关注。而交通作为国民经济的基础产业，是一个国家和地区经济持续发展的前提条件。东北地区的交通与国民经济发展关系极为密切，经济发展水平、人口和产业布局与交通网络布局的梯度基本一致；产业、人口和城镇体系布局对交通基础设施网络呈现出较强的依赖性。加快东北东部边境地区交通运输建设对于改善投资环境、扩大对外开放、加快区域经济发展，具有重要的基础和先导作用。交通发展水平是衡量区域或城市经济发展水平的重要指标，并且深入探讨交通建设与区域经济发展之间的关系也是理论界与实践界共同关心的课题。东北东部地区又是我国重要的农畜产品生产加工基地，其产品产量大、附加值低，大量农畜产品、矿产资源、能源原材料和人口在区域内流动以及与区域外交流对交通也具有较大的依赖性。因此，交通经济带的建设对东北东部边境经济的发展起着重要作用。

依据点轴理论，交通经济带是以交通干线或综合运输通道作为发展主轴，以轴上或其吸引范围内的大中城市为依托，以发达的产业，特别是二、三产业为主体的发达带状经济区域。这个发达的带状经济区是一个由产业、人口、资源、信息、城镇、客货流等集聚而形成的带状空间经济组织系统；在沿线各区段之间和各个经济部门之间建立了紧密的技术经济联系和生产协作。东北东部边境区域要与境内及境外进行经济活动的互通有无，必然需要通过便捷的交通网络来实现。这是边境地区经济发展的先决条件。

仅依靠一条交通轴线是发展不出交通经济带的。节点、轴线和网络三者都是构成交通经济带的基本因素。节点要起到极化作用，轴线是主要的导体，而网络则将交通经济带的内外关联统一起来，形成一个整体。其中，交通体系的网络化是成"带"的关键之处。东北东部交通体系已有一定基础，具有由"轴"成"带"的基本网络，但要强化各市域中心城市"点"的极化作用，充分发挥"东边道"交通轴线的辐射和带动功能，使交通轴线发展为交通经济带，就必须特别注意相应的交通网络以及其他基础设施的衔接和配套。

三、关于口岸经济发展

当今世界，世界经济一体化和区域经济集团化趋势日益显现并不断强化，全球性的经济空间系统通过信息流、资金流、物流等的互补性流通，成为世界经济发展的主要方向，这促使资源和生产要素在不同的空间内得以组合，并进而得到优化。作为内陆国家或地区出海出境的过渡地带，边境地区凭借其空间地带的特殊性，显现出其在人流、物流、资金流、技术流和信息流进出过程中蕴含巨大发展机遇的特性。因此，注重开发与建设边境地区，发挥边境口岸的

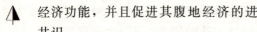
经济功能，并且促进其腹地经济的进一步发展，已经成为各国或地区的广泛共识。

顺应世界经济发展的潮流，我国的外向型经济迅速发展，沿海沿边开放趋势不断强化，原材料、能源逐渐外向化。在这样的经济背景下，边境口岸地区的经济功能日渐显现出来。同时，近期国家振兴东北老工业基地发展战略以及西部大开发等重要战略的制定以及实施，对边境口岸地区及其口岸经济的发展起到了极其重要的促进作用。

东北东部边境地区包括辽宁、吉林、黑龙江三省的东部。全境位于东经111°—135°之间和北纬32°—54°之间，处于我国经度最偏东、纬度最偏北的经济区，更是我国与俄罗斯、朝鲜等邻国接壤的特殊重要的区域，在共同边境线上，共分布着31个边境口岸。我国与俄、朝两国间绝大部分经贸客货交流量由边境口岸承担，其成为东北地区南联北开的重要渠道以及东北亚地区双边和多边经贸往来的主要渠道和重要桥梁。东北东部边境与邻国边境地区地缘的便利性以及产业结构和资源结构、需求结构等方面的互补性，为双方的经贸合作奠定了坚实的基础。近年来，各自国内需求的迅速扩大趋势不断增强以及中俄战略协作伙伴关系的确立，使中国与邻国的双边贸易规模不断扩大，双方合作的巨大潜力正前所未有地释放出来，边境地区的建设发展及合作交流也在不断地加强。

但同时应该看到，作为双边经贸合作的最重要组成部分，建立在边境口岸便利的地缘性基础上的边境口岸经济的发展仍面临着严峻的挑战。一方面，双边边境地区贸易的发展在很大程度上带动双边经贸的发展，而这些边境地区经济欠发达、地理位置偏远，导致其基础设施落后、仓储等服务设施缺乏，通关效率和服务水平低下等，制约着边境口岸经济的持续快速发展，也限制了其对双边经贸带动作用的发挥。另一方面，东北东部边境口岸较多，口岸经济发展无序及缺乏全局性规划，边境口岸与腹地联系较弱等具体现状，使东北东部边境口岸经济发展空间面临着巨大的挑战。面对边境口岸经济发展存在的种种不利因素，如何保障和促进边境口岸的持续快速发展，使边境口岸经济对腹地经济的带动功能充分释放出来，已成为迫切需要解决的问题。在东北东部边境口岸迅速发展及其边贸在中国与邻国经贸中具有重要作用的背景下，深入研究东北东部边境口岸经济的发展，明晰边境口岸经济理论体系的内涵，在分析边境口岸经济的现状及制约边境口岸发展的因素、腹地状况等基础上，运用定性与定量方法对边境口岸进行层级划分，并探索边境口岸经济发展的对策，对于促进当地经济社会发展、加速区域一体化的进程，具有十分重要的意义和作用。

口岸所具有的国家主权的政治功能，长期以来居于主导地位，其应有的经济功能一定程度上被忽视，并且在实际工作中口岸问题也得不到应有的重视，造成我国口岸经济发展长期滞后的局面。改革开放以来，尤其是近几年来，边境口岸对整个国民经济发展的重要作用充分显现出来，从理论到实践，边境口岸经济的发展备受人们的重视，其理论发展也日益渐丰。

四、关于县域经济发展

县域经济在我国国民经济体系中占据特殊的地位，对区域社会经济的发展具有重要的意义，是全面建设小康社会、早日实现现代化的"基础工程"。因此，加快县域经济发展是增强区域经济综合竞争能力、实现富民强"县"的现实需要。党的十六届五中全会通过的"十一五"规划建议，将"大力发展县域经济"和县域体制改革正式纳入"十一五"规划，并认为发展县域经济系统就是要加强农村劳动力转移。从县域经济概念的提出到把县域经济的概念与发展农产品加工、农村非农产业、小城镇建设、乡镇企业发展、农村富余劳动力转移、增加农民收入等工作结合起来，使得县域经济内涵越来越丰富。并且，发展县域经济不仅是微观经济和中观经济的问题，还关系到宏观经济和整个国民经济健康较快发展的问题。

县域经济也是东北地区振兴的重要内容，是东北建设社会主义新农村的重要载体。东北地区经济的发展不能单纯依赖外部的支持，必须依靠自己的实力。东北地区经济发展欠佳，很大程度上是因为县域经济不发达。县域贫困人口数量过多，势必造成农村的工业化、城镇化难以有效推进，经济聚集效应难以形成，城市工业单兵推进就成为无源之水。只有大力发展县域经济，才能营造出东北老工业基地调整改造的资本基础，使国家战略与市场主体选择相互促进。

东北东部边境地区界定有43个县（市），分别与朝鲜、俄罗斯接壤，与日本、韩国隔海相望，是对外贸易的窗口和重要地域。但是由于其独特的地理位置、发展背景以及本地区特有的地缘政治、经济关系，致使东北东部边境县域与东北地区传统的农、林、牧、工、矿等典型的县域经济基础、产业结构及发展阶段之间存在一定的共性和个性差异。县域经济在经济总体格局中是薄弱环节。随着全球化及区域经济一体化的发展，国家向北开放战略的深入实施和社会主义新农村建设的展开，东北东部边境县域经济的发展不仅影响到其所在省、市乃至整个东北地区未来经济发展的模式，更关系到新时期本区域的安全和发展问题。对其进行系统地研究，特别是对其发展的差异化进行探讨，可以更好地发掘东北东部边境县域经济发展中存在的问题和影响因素，促进东北东部边境县域经济的发展模式的转变，缩小东北东部边境地区县域经济的差距，进而为整个东北亚地区的发展提出建设性意见。

五、关于对外开放合作

新中国成立以来，东北地区一直是我国重点建设的工业基地，为国家经济建设提供了大量的钢铁、煤炭、粮食、石油等重要物资。20世纪90年代以后，在我国从计划经济向市场经济体制转轨的过程中，东北老工业基地在全国经济中的地位逐步下降，大批国有企业生产经营陷入困境。新世纪以来，我国社会经济发展进入了新的历史阶段，为了促进区域协调发展和提升产业结构，2003年国家实施了振兴东北等老工业基地战略，并制定和实施了一系列促进东北地区全面发展的政策措施。在这些政策措施体系中，进一步扩大对外开放作为加快东北地区发展的一项重要手段，不仅符合东北地区的现实，也体现了加快东北地区发展的重点方向和路径。

东北东部边境地区位于整个东北沿边开放的前沿地带，应该充分发挥地缘和区位优势，积极参与东北亚区域合作，加强基础设施与周边国家互联互通，吸引整合区域要素资源，搭建区域合作平台，把东北东部边境地区建成向东北亚开放的重要枢纽。

巩固提升对俄地区合作。加快建设同江铁路大桥，积极推动东宁大桥等跨境通道建设。加强对俄科技合作。设立中俄地区合作发展（投资）基金，建设对俄合作示范区。

深化与日韩经济合作。密切经济联系和人员往来，积极承接软件设计、金融、物流等现代服务业和高新技术产业转移。加大科技合作力度，积极从日韩引进技术和管理人才。

务实推进与朝鲜合作。加强在矿产资源、基础设施、旅游、建筑业、农业、商贸物流等方面的合作。加快新鸭绿江大桥建设，以合作开发罗先经济贸易区和黄金坪经济区为契机，全面提升中朝贸易、投资和经济技术合作水平。

在对外贸易发展上，努力扩大外贸进出口规模，优化外贸结构，加快转变外贸发展方式。大力开拓出口市场，积极推动出口市场多元化，适度增加进口。以自有品牌、自主知识产权和自主营销为重点，利用东北东部边境地区现代农业优势，扩大食品和农产品出口，培育一批具有国际影响力的绿色农产品品牌。增加先进技术、关键设备及零部件和能源资源进口。大力发展服务贸易，不断优化服务外包企业发展环境，加大市场开拓力度，形成具有区域特色的服务外包产业集群。依托沿边口岸，有序发展边境贸易。加强边贸市场建设和管理，规范边贸秩序，推动边民互市贸易区（点）转型升级，积极推进跨境贸易人民币结算。

六、关于区际、次区域经济合作

区际分工与合作是区域经济间经济关系协调的一种必然要求与表现形式，是突破单个区域资源与生产率限制的一种有效途径。社会劳动地域分工与经济主体追求地区比较利益必然导致区际经济合作。但由于分权体制下，各地区政府部门为追求和维护自身利益，地方保护主义盛行，这对市场经济中的分工与协作机制作用的发挥产生了抵制和阻碍。地方政府和中央政府之间、各地方政府之间实际上一直在进行着政策博弈，以求得地方经济的更多发展空间和比较优势的长期存在。地方政府经常运用行政手段、经济手段和法律手段进行市场封锁，对商品实行奖出限入，对要素实行限制流动。所以要打破这些阻碍区际合作的壁垒，不仅需要市场内部的力量，更需要政府在外部实施有效的政策策略，建立一种既有制度约束又有利益驱动作用的区际经济合作机制。

（一）推动区域内开放创新，加快区内经济一体化

东北老工业基地是一个完整的整体，振兴东北首先需要加强区域内相互之间的开放。对于东北东部边境地区，更需要打破地区间的封锁与市场分割，积极吸引区域内与区域外各类生产要素流向东北，鼓励各类所有制企业积极参与东北老工业基地的改造振兴。因此，东北东部边境地区要转变过去相互争夺资源的状态，进一步推进东北东部边境地区在资源开发、资产联合、产品协作等方面的合作，在地区内部实现"城乡联动，南北一体"的发展模式，在地区间建立东北东、中、西经济合作机制，从而实现地区经济的一体化。

（二）建立一体化对外开放机制，发展次区域经济合作

跨边界次区域经济合作，对于中国的改革开放进程具有重要的现实意义，因为这样一种国际经济合作形式是当前中国经济与世界经济接轨的一个重要环节。而对于东北东部边境地区来说，参与次区域经济合作具有诸多有利条件。根据地理条件、合作的现状、意愿和发展前景，东北东部目前与之形成跨边界次区域经济合作的主要区域，主要有以"图们江跨国自由贸易区"为核心的中国、俄罗斯、朝鲜次区域经济合作，以中国吉林省为参与主体；中国和朝鲜间的次区域经济合作，以中国辽宁省为参与主体。

大图们江次区域经济合作开发的过程中，应本着"与邻为善，以邻为伴"稳定周边的准则，根据国家"走出去"、"引进来"并举的总体开发战略要求，进一步发挥大图们江区域国际合作开发对东北地区对外开放的窗口作用，把握当前，着眼长远，统筹规划，循序渐进，以珲春市（边境经济合作区、珲春出口加工区、中俄互市贸易区）建设为核心，以延龙图、长吉图为依托和腹地，以解决通道畅通、通关便捷为重点，进一步扩大对俄、对朝边境贸易，加快对

俄"路港关"项目和对朝"路港区"项目建设，实施中俄珲春—哈桑跨国（边境）经济合作区、中朝珲春—罗先跨国（边境）经济合作区建设，积极构筑中俄朝珲春—哈桑—罗先跨国（边境）经济合作区暨大图们江自由贸易区。推进中俄、中朝区域合作，切实推动大图们江次区域合作计划实施进程。

辽宁—朝鲜次区域经济合作开发应重点开发交通沿线，尤其是那些基础比较好的各级中心城市和口岸城市，形成以中心城市为依托，以交通线为轴线的经济发展网络，既可以发挥各级中心城市的作用，又可以实现线状基础设施与经济布局的最佳结合，由点及线再到面，从深度向广度发展。目前，该次区域经济合作的具体项目可以选择"釜山—首尔—平壤—新义州—沈阳—长春—哈尔滨"交通线路的开发和建设（见图 2.4，2.5）。

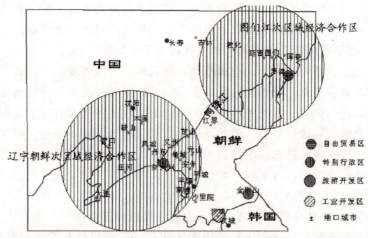

图 2.4　东北东部次区域经济合作区情况

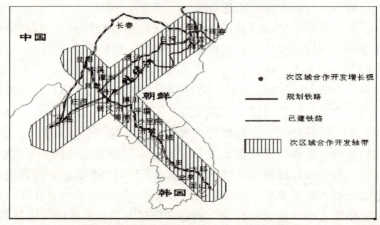

图 2.5　东北东部次区域经济合作开发轴带

第三章　东北东部边境地区历史文化沿革

自古以来，经济与文化的交流都是从边境地区开始的。一国疆界变化又伴随两国或多国的征战历史以及经济兴衰史。因此，关于边境地区经济问题的研究，就不得不探究其历史文化的沿革。

第一节　东北东部边境地区历史文化发展阶段

纵观历史，可以将东北东部边境的历史文化发展划分为六个时期。

一、先秦：文化土壤孕育期

东北东部边境地区历史悠久，对于东北东部边境地区文化来说，整个先秦时代是文化土壤孕育期。

黑龙江、乌苏里江、图们江、鸭绿江位于我国东北东部边境，呈东西、东北、西南分布，为中俄、中朝的边境。根据考古工作者对黑龙江流域、图们江流域、鸭绿江流域发现的一系列的古代文化遗址和遗物的考证得知，早在新石器时代就有人类在这里渔猎稼穑，繁衍生息。先秦以前在东北东部边境地区生息的古代民族，主要有华夏、肃慎、涉貊三大族系。华夏族系（今汉族）主要分布在今丹东地区；肃慎族主要分布在今黑龙江省黑龙江流域至苏联滨海、吉林的延边等地；涉貊族系主要分布在通化和本溪的桓仁。肃慎族是较早和中原部落联盟发生联系的部族。据《竹书纪年·五帝篇》载，帝舜有虞氏"二十五年，息慎氏来朝贡弓矢"。息慎人就是肃慎人。周武王灭商，"释箕子之囚"，箕子带领5 000人回归商人旧地朝鲜（在今东北南部和朝鲜半岛北部地区）。"武王闻之，因以朝鲜封之"，建立了以殷商遗民为主体的古朝鲜政权。

周初大分封时，封燕侯于东，燕侯立都于蓟并逐步强盛，设上谷、渔阳、右北平、辽西、辽东五郡。《左传》昭公九年，周景王使詹桓伯辞于晋曰："及武王克商，肃慎、燕亳，吾北土也"，可见，西周时，肃慎和涉貊都从属于周王朝，他们生息的地方同被视为周朝的北方领地。

战国时期，丹东、本溪（桓仁）、通化、集安、鸡西等都属燕国的辽东郡。丹东、本溪的桓仁是燕国的东部边疆要塞。秦始皇灭六国，统一天下后，鸡西、通化、集安、白山、丹东、本溪的桓仁属秦辽东郡。白山、本溪的桓仁"属辽东外徼"。此时，黑龙江的东部和北部是肃慎族后裔挹娄族，其活动地区一直到东部日本海的广大地区。

二、汉魏六朝：文化土壤生成期

经历了先秦时代的孕育，漫长的汉魏六朝可以说是东北边境文化土壤的生成时期。

汉代辽宁省东北部和吉林、黑龙江两省东半部及黑龙江以北、乌苏里江以东的广大地区内，仍是肃慎族后裔挹娄族活动的地方。此时挹娄的社会经济还是一种原始生产形态，虽然农业有一定的发展，但主要生产工具还是石器，还是一种比较落后的经济形态。而在其东北面是处于鼎盛时期的夫余族，夫余贵族趁秦末汉初的中原大乱之机大肆欺凌邻近弱小民族，挹娄就在这种情况下被迫臣属于夫余国，成为夫余人的下户，并向夫余贵族缴纳繁重的赋税。这种情况，一直持续到公元3世纪初。在长达400余年的臣服于夫余的时间里，挹娄慢慢地让自己强大起来。魏晋时代，挹娄居地扩大，"东滨大海，西接寇漫汗国，北极弱水（即黑龙江），其土界广袤数千里"（《晋书》）。社会进步和势力的强大使他们越来越不能忍受夫余贵族的压迫，便要求挣脱这种民族压迫和剥削，于是在曹魏黄初年间（220—226）举兵反抗。夫余贵族多次派兵镇压，但未能使挹娄人屈服，至此挹娄人摆脱了夫余的压迫和统治。公元236年，挹娄与曹魏建立臣属关系，曹魏将其划归辽东郡管辖。从此挹娄与中原王朝来往频繁，中原的先进文化和经济影响到挹娄地区，促进了挹娄社会的发展。

北朝时，挹娄称为勿吉，辖境扩大，夫余之地已尽为其所有，大体上是：东滨日本海，东北临鄂霍茨克海，西北与室韦为邻，西南抵北流松花江下段及洮儿河地区，南隔长白山与高句丽相接。北朝末叶，勿吉称为靺鞨，当时发展为七大部落，其活动在黑龙江地区东达乌苏里江上游的松阿察河及兴凯湖一带，张广才岭以东的牡丹江中下游流域，松花江下游的三江平原一带，西南到拉林河、阿什河以及蚂蚁河流域，即松嫩平原的东南部分。由于靺鞨各部处于各自为政的状态，"不相总一"（《隋书·东夷传》高丽、靺鞨条），终于被高句丽个个击破，沦为高句丽的属部。唯有当时只占据着三江平原东北部及黑龙江下游地区的黑水部落联盟保持独立地位。

这一时期，在东北东部边境地区活动的民族还有高句丽族。公元前37年，扶余王子朱蒙因与其他王子不和，逃离扶余国建立卒本扶余，后又合并各部改称高句丽国。高句丽建立之初在我国境内的鸭绿江支流浑江流域及其附近地区，后扩展到鸭绿江以东以南地区和图们江附近，统治中心最初在今辽宁桓仁县，后迁至今吉林集安，公元427年迁至平壤。高氏高丽在我国南北朝时期达到极盛，最强盛时期的疆域四至大致是：东至日本海，西以辽河为界，北达今吉林省珲春市一带，南到北汉江以北。高句丽国是少数民族地方政权，受汉朝中央政权统辖。魏、晋、南北朝及隋代，该地区一直属于高句丽国的势力范围。

《史记》记载，汉高祖刘邦时，燕王卢绾背叛汉朝，前往匈奴亡命，卫满亦一同前往，并带同去的千余名党徒进入朝鲜半岛。之后，广收燕、齐、赵国逃避战争的流民，推翻了箕子朝鲜的俊王（一说哀王），建立卫氏朝鲜（公元前195年～前108年），通化为其辖境。卫满在位时，积极建立国家，并输入中原文化，使国家愈来愈强盛。汉武帝有感卫满朝鲜对汉朝的威胁愈来愈大，决定在公元前109年起兵远征朝鲜半岛。公元前108年，卫满朝鲜被灭。汉武帝把卫满朝鲜的国土分为四郡，分别为：乐浪郡、玄菟郡、真番郡、临屯郡，合称为"汉四郡"。公元前82年，汉朝罢临屯、真番二郡，并入乐浪、玄菟二郡。乐浪郡治所仍在今朝鲜平壤，管辖貊、沃沮等族；玄菟郡治最初在夫租（今朝鲜咸兴），后迁往辽东高句丽西北（今辽宁新宾），管辖高句丽、夫余等族。东汉、曹魏和西晋皆保留了乐浪郡和玄菟郡。东汉末割据辽东的公孙氏分乐浪郡南部设立带方郡，并为魏晋所承继。313年，高句丽吞并乐浪郡。

汉朝在朝鲜北部地区进行郡县统治，客观上大大促进了汉与朝鲜半岛的经济文化交流，有助于汉朝先进文化在朝鲜汉朝郡县地区的传播。当时不仅有汉人官吏到"汉四郡"去任职，更有很多富商大贾与农民前往经商、垦荒，创造了光辉灿烂的"乐浪文化"，即汉文化。

三、唐宋：文化发展繁荣期

与中国整个历史进程发展相适应，唐宋时期对于东北边境地区来说也是文化发展繁荣期。

唐初，丹东、本溪（桓仁）、白山、集安、通化、延边仍属高句丽。高句丽建立之初为西汉玄菟郡高句丽管辖，后逐渐强盛，但并没有断绝和中央王朝的臣属关系；进入隋唐时期后，因其不遵从隋唐两朝诏令，不断扩张，并阻塞朝鲜半岛其他政权入贡中原王朝的道路，结果导致隋唐两朝的征讨。唐朝总章元年（668年），唐朝派兵与新罗联合灭高句丽国，收复辽东，在此设置安东都护府，丹东、本溪（桓仁）、白山、集安、通化、延边等地区均属安东都护府。

黑龙江地区这一时期主要居住着靺鞨部族，与唐朝有朝贡关系。698年，粟末（肃慎后裔，满族先祖）首领大祚荣建立靺鞨国，自号震。713年，唐玄宗册封大祚荣为渤海郡王，统辖忽汗州，加授忽汗州都督。从此粟末靺鞨政权以渤海为号，成为唐朝版图内的一个享有自治权的羁縻州。东北东部边境地区均属渤海国管辖。今吉林的珲春在785—794年曾为渤海国的首都。

渤海国与唐朝之间在政治、经济和文化等各方面保持着频繁的往来和密切的联系。受中原文化的影响渤海政权迅速完成了封建化的进程，同时渤海国仿效唐朝的政治军事制度，在渤海建立三省六部。经济上则积极引进中原地区的先进农业技术，社会经济显著发展，涌现出一批新兴城市。交通相当发达，同内地贸易岁岁不绝，与日本的海上贸易也相当活跃。渤海国在文化教育方面也学习唐朝，将中原的儒学文化作为其教育的主要内容。渤海不断派遣诸生到长安太学"习识古今制度"，使用汉字。不少人在唐朝参加科举考试，有的考中进士。他们之中很多人，后来在渤海政府担任要职，大力传播中原文化。在五京周围等发达区域，以中原教育为模式，自上而下地建立了较为系统的教育体制。儒学、宗教、文学、音乐、歌舞、绘画、雕塑以及科学技术等，都取得了一定的成就，涌现出一批著名学者、文学家、艺术家、航海家。渤海同日本长期友好，往来频繁，两国互派遣使节达20次之多。

随着经济文化的发展，渤海国活动的地区不断扩大，大抵南至今朝鲜咸镜南道的龙兴江（当时称泥河），东到日本海，东北至乌苏里江中下游地区与黑水靺鞨相接，西北隔东流松花江与室韦相接，西抵双辽（今吉林省双辽县）东部与契丹相接，西南抵辽河。今黑龙江省内东流松花江以南的全部及下游以北的部分地区，均为渤海国所辖。当时称渤海国为经济文化繁荣的海东盛国。

918年，今吉林集安一带的民众，反抗渤海国，建立了定安国。926年，渤海国为辽国所灭，定安国成为渤海遗民抗辽的中心；984年，定安国被辽国灭亡。

926年，辽国皇帝耶律阿保机灭亡渤海国后，改渤海国为东丹国，任长子耶律倍为东丹国王。这一地区除集安、白山等地属于定安国，其余均属于东丹国的东京道管辖。

982年，辽废除东丹国号，东丹国灭亡，这一地区属辽直辖。渤海国灭亡后，很多渤海人不愿接受契丹人统治，大批外逃，而契丹为了便于控制，还强迁渤海人于它地，使原渤海国统治中心几乎成了无人之地。外逃的主要是亡入女真和高丽，强迁的主要迁到巴林左旗和辽东。此后渤海人逐渐融入到女真、高丽和汉人中。

1115年，黑水靺鞨后裔生女真建立金朝，并定都会宁（今阿城）。1125年灭辽。金代所辖的范围甚广，在黑龙江及其附近地区，西抵嫩江流域，以东北路界壕边堡与乌古敌烈接壤。北到外兴安岭，东北达鄂霍茨克海及库页岛，东临日本海，南至信州（今吉林省怀德县）和咸平路交界。该地区归上京路管辖。这一时期，女真人渐受中原封建文化和儒家思想的濡染，迅速走上封建化道路。

四、元明清：文化重新整合期

在中国历史上，元、清时期是少有的两个少数民族建立国家政权的典型，对于东北边境地区的文化来说，文化处于重新整合时期。元朝在东北地区设立辽阳行中书省，管辖包括今辽宁、吉林、黑龙江三省及黑龙江流域（一说直到北冰洋）、乌苏里江以东到日本海等地区，以及今朝鲜半岛北部。东北东部边境地区的大部属于辽阳行中书省的开元路、水达达路辽阳路和沈阳路管辖。

1368年，朱元璋建立明朝，为了消灭盘踞东北，负隅顽抗的故元残余势力，1371年，明太祖在辽东设置定辽都卫，1373年设置辽阳府、县。1375年，将定辽都卫改为辽东都指挥司，辖区相当于今辽宁省大部。1395年（明洪武二十八年），明总兵官周兴等进军到脑温江（今嫩江）、忽剌温河（今呼兰河）和斡朵怜（今依兰县城西马大屯）一带，派官招抚，开始在此建卫所，设指挥使和千户。1409年，明朝在黑龙江地区设置相当于省一级具有军事性质的地方行政机构——奴儿干都指挥使司（简称奴儿干都司）。它的辖境西起斡难河，东至库页岛，北达外兴安岭，南濒日本海，包括黑龙江流域和乌苏里江以东的广大地区。东北东部边境地区主要是在这两个都指挥使司管辖下。

16世纪末至17世纪初，以努尔哈赤为首的建州女真逐渐取代了明朝对黑龙江地区的统治。1616年，努尔哈赤建立政权，国号为"后金"，定都赫图阿拉（今辽宁省新宾县老城）。1618年，明与后金进行了著名的萨尔浒之战，后金大胜，明军惨败。从此，明朝的力量大衰，东北地区由后金统治。努尔哈赤一方面统一了东北的许多部族，另一方面他又用很大的力量来接受汉人的文化，建州女真迅速强大起来。1625年，努尔哈赤迁都沈阳，定名盛京，并在宁古塔派兵戍守。1635年，努尔哈赤的儿子皇太极废除"女真"的族号，改称"满洲"，将居住在中国东北地区的建州女真、海西女真、野人女真、汉、蒙古、朝鲜、呼尔哈、索伦等多个民族纳入同一族名之下，满族自此形成。1636年，皇太极将国号改为"清"，同时也改元"崇德"。1644年，顺治帝入关，定都北京，建立了覆盖满洲、前明关内领土及西北新领地的清朝。定都北京后，盛京改为留都，改内大臣为镇守昂邦章京。1653年（清顺治十年），清廷决定，将盛京昂邦章京（即总管）所辖的黑龙江、松花江、乌苏里江流域，包括黑龙江上游的石勒喀河流域和库页岛在内的海中诸岛，划为单独的行政区，设置宁古塔昂邦章京。至此，宁古塔昂邦章京辖区成为与盛京昂邦章京辖区并列的特别行政区。1662年（清康熙元年），将宁古塔昂邦章京改为镇守宁古塔等处地方将军，将盛京昂邦章京改为镇守辽东等处地方将军。1665年，又将镇守辽东等处地方将军改称镇守奉天等处地方将军。1683年，将宁古塔将军所辖西北部地区划出，设置黑龙江将军。1757年将宁古塔将军改称镇守吉林等处地方将军。"三将军"统率官兵分地管辖，镇守边陲。

清朝入关前，在东北地区明清战争不断，为了躲避战乱，很多汉民逃离了辽东。顺治帝入关后，又有大批满人随着入关，致使两辽地区居民迅速减少，劳动力严重不足，大量的耕地荒芜，到处是"荒城废堡，败瓦残垣，沃野千里，有土无人"，东北地区的经济生活遭到极大的破坏。为了恢复东北地区的经济，顺治帝曾多次下诏书，招民垦种东北荒地，同时还开创了清代流放制度，凡是汉族官员、知识分子等获罪要流放到东北种地服役。东北地区居民逐渐增多，经济也日渐恢复。对这种"繁华景象"清朝皇帝们却十分担忧，他们担心满族被汉人同化，担心汉人将反抗的火种带进东北。为了保护祖宗发祥地不为外族人所占有，保存满族原来的风俗文化；为了独占东北地区丰富的资源，保证满族贵族和皇室内府的特殊经济利益；为了维护八旗官兵的生计，从康熙帝开始对东北地区实行封禁。康熙七年（1688年）下令封禁，"招民授官永行停止"，开始禁止汉民进入东北垦田。乾隆年间，多次下令禁止汉民进入东北垦田，封禁东北到了最严厉时期。封禁的结果，造成东北地区在鸦片战争前，民族隔离、人口稀少，社会发展迟缓落后，止步不前。俄国也乘机武装移民，占领边地，逼签不平等条约，侵吞东北大片领土。在边疆危机日益严重的形势下，清王朝放弃了对东北的全面封禁政策，转而实行弛禁政策。从咸丰十年（1860年）开始，逐步采取招民开垦以实边防的政策。弛禁政策使东北部分土地得以开发，对安置流民、充实边疆，民族融合、发展经济文化起到一定的积极作用。

五、近现代：外域文化影响期

在东北东部边境地区文化发展的历史上，近现代是一个重要的时期，在当代，东北东部边境地区文化呈现出明显的外域文化特征的根源，就是在这个时期受到俄、日文化在政治、经济、文化等诸多方面的深刻影响。

1894－1895年中日甲午战争，中国失败，签订了《马关条约》，中国从朝鲜半岛撤军并承认朝鲜的"自主独立"；中国不再是朝鲜之宗主国。中国割让辽东半岛给日本。由于俄、德、英三国干涉，日本退还并索取了三千万两白银作为赎还费。此后，日本以朝鲜为跳板，向中国东北扩张其势力。1896年沙俄又逼迫清政府签订了《中俄密约》，获得了修筑中东铁路权。1897年强行把旅顺、大连变为俄国租借地，1900年，俄国趁义和团运动之机出兵东北，从而把整个东北置于沙俄的直接控制之下。沙俄的独占行径与日本的"大陆政策"产生了严重冲突。1904—1905年在中国的东北（今丹东）的土地上展开了日俄战争。战争的结果是日本取胜，签订了《朴次茅斯条约》，形成了日俄分据东北南北的格局。日俄在东北地区计划修铁路、移民，东北的边疆危机日益严重。在此形势下，迫使清政府完全放弃封禁东北的"国策"，开始丈放官荒，招民垦种。上千万的关内农民涌入东北，东北得到了全面的开发。

1907年4月20日（清光绪三十三年三月初八日），清廷决定，裁撤盛京、吉林、黑龙江将军，设置奉天、吉林、黑龙江行省，设巡抚，并设东三省总督，管辖东北地区。

1911年，辛亥革命推翻了清王朝，1912年建立了"中华民国"。民国年间，基本沿袭清代省、道、县三级体制。东北地区仍隶属于奉天、吉林、黑龙江行省管辖，只是各省管辖的"道"有些变化。今本溪桓仁原名为怀仁，因与山西省大同地区的怀仁县重名，且该县定名在前，于是，民国3年将奉天省怀仁县改名为桓仁县。

1917年俄国十月革命后，中国政府逐步收回中东路"附属地"的行政主权。1920年将该区域定为"东省特别区"。1922年东北当局设立东省特别区行政长官，以统一监督节制该区域内的军警、外交、司法各机关。1924年5月，北京政府批准东省特别区独立于黑龙江、吉林两省区域之外，成为与省并列的特别行政区。东省特别区管辖的地区，包括哈尔滨，东至绥芬河，西至满洲里，南至宽城子。东北沦陷初期，伪满仍沿用东省特别区称谓，1933年7月1日改称"北满特别区"，1935年12月，伪满决定废止北满特别区，将其原辖区域（除满洲里、海拉尔市外）分别划归邻接市、县、旗。1936年1月1日，北满特别区正式撤销。

民国18年（1929年）3月，奉天省改名为辽宁省，形成了今天的辽、吉、黑三省的雏形。

由于招民垦荒政策的实施，到了清末民初，整个东北地区的经济迅速发展起来，迁移东北的人口带去了内地比较先进的农业生产技术和经验，极大地促进了东北地区生产力的迅速发展，使整个东北地区成为清末以后中国一个重要的产粮区，并带动了商业、手工业、交通运输业的发展，新兴城市不断涌现，城市规模不断扩大，推动了东北地区的全面繁荣。

1931年"九一八事变"后，日本侵略者利用前清废帝爱新觉罗溥仪在东

北建立了一个傀儡政权伪满洲国。通过这一傀儡政权，日本在中国东北实行了
14年之久的殖民统治。其在统治期间，对东北进行疯狂经济掠夺的同时，在
文化上对中国人民实行奴化教育和欺骗宣传。

　　迫使民众说日语。伪满的官方文件、诏书、国歌均有汉、日双语版本，电
台也有双语广播，而伪满的教学、科研读物大多使用日语。伪满洲国刚建国的
时候，所有重要文告均只使用汉语，但越往后，日语的地位越高，使用面越
广，并被确定为伪满的未来国语。降低东北青少年的文化素质，向青少年灌输
"中日亲善"、"日满不可分"、"民族协和"、"建国精神"等奴化思想。要求青
少年学生每天要背诵"建国精神"、"回銮训民诏书"等。日本在中国东北实施
的奴化教育使东北教育遭到空前破坏，青少年的心灵受到极大摧残。

　　为达到使满洲最终成为日本人国土的侵略目标，日本还以开发满洲为名
义，展开了"国策移民"活动，截至1944年9月，居于满洲各地的日本移民
（包括开拓团民）共1 662 234人。在1945年后，大部分日本移民被遣返，但
仍有日本遗孤问题。

　　1945年8月20日，苏军占领长春、沈阳、哈尔滨、佳木斯等城市。31
日，蒋介石在重庆宣布成立国民政府军事委员会东北行辕，任命熊式辉为行辕
主任，接收东北，在东北设置九个行省。东北东部边境地区主要隶属于安东
省、吉林省、松江省、合江省、黑龙江省。

　　日本投降前后，中国共产党的武装力量也活跃在东北地区，在东北地区建
立自己的政权。1946年8月，中国共产党成立了东北地区最高行政机关——
东北各省市行政联合办事处，后改称东北行政委员会。在东北行政委员会领导
下，实行省（特别市）、县（市）二级行政制度。在东北地区出现了两种政权
并存的局面。

　　在东北东部边境地区，早在1945年10月1日，中国共产党在哈尔滨成立
滨江省政府。10月下旬，在滨江地区先后成立哈东、哈北、哈南地区行政专
员办事处，隶属中共滨江地区工作委员会领导；11月下旬，成立哈西地区行
政专员办事处，皆隶中共松江省工委领导。1945年11月3日，中国共产党在
安东（今丹东）就成立了安东省，7日，在佳木斯市成立了三江地区行政专员
公署，后成立合江省人民政府，撤销三江专员公署，下辖佳木斯市及抚远、同
江、密山、饶河、宝清、鸡宁、东安、通河17县。苏军从东北撤离后，国共
在东北发生大规模军事冲突。民国三十五年（1946年）10月下旬，国民党军
队攻克两省的大部分地区，中国共产党的安东省政府和合江省政府撤出省境。
同年12月17日至次年4月3日，"四保临江"和"三下江南"战役后，东北
民主联军转入战略反攻。民国三十六年（1947年）6月5日，国民党军队撤离

安东。6 月 10 日，中共安东省政府迁回安东市。民国三十七年（1948 年）年底，辽西会战后，合江省大部分地区为中共所控。

1949 年 4 月 21 日，东北行政委员会发布建民字第 15 号命令，对东北地区各省市的行政区划建制重新做了调整，保留了吉林省，撤销了安东省建制，北部划归吉林省，南部与辽宁省合并，成立辽东省。合江省与松江省合并成立新的松江省，嫩江省与黑龙江省合并成立新的黑龙江省。同时，将哈尔滨市改为松江省直辖市。黑龙江、松江两省共辖哈尔滨市、齐齐哈尔、佳木斯、牡丹江、兴山（后改为鹤岗）等 5 个市。

六、新中国成立后：文化稳定与重新发展期

1949 年中华人民共和国成立后，国家不仅在行政上形成相对固定的建制与区划，在地域上也形成相对稳定的区域与管理，使东北边境地区文化在经历了五千年历史发展的积淀下又拥有重新发展和繁荣的条件。

新中国成立后，实行省、市（地）、县 3 级体制。将东北九省调整为黑龙江、吉林、松江、辽东、辽西五省。黑龙江地区仍设松江、黑龙江两省，所辖市（地）、县（旗）不变。1953 年 8 月，哈尔滨市改为中央直辖市，由东北行政委员会代管。1954 年 8 月，松江省建制撤销，与黑龙江省合并为新的黑龙江省，哈尔滨市改为黑龙江省省辖市。同时，将原黑龙江省所辖白城地区的 7 县划归吉林省管辖。辽西、辽东两省合并成立辽宁省，安东为省辖市。1959 年，安东、凤城、岫岩、宽甸四县为安东市所辖，1966 年增辖庄河、桓仁两县，1969 年将桓仁划归本溪。1965 年安东市改称丹东市，此后，三省的疆域没有大的变化，仅有部分调整。

由于东北在解放战争和中国革命中的重要地位，加之与苏联近邻，中国共产党对东北地区的开发建设十分重视。中国共产党中央委员的近三分之一到了东北，如林彪、罗荣桓、陈云、彭真等，还有一大批文化人如萧军、周立波、舒群、张毕来、吴伯箫等，也到了东北，使东北经济、文化得到迅速发展。改革开放后，由于东北东部边境地区地处边陲，是朝鲜半岛、日本与亚洲大陆联系的跳板，是东亚文化的传播中心，国家对这一地区越来越重视，围绕建设长白山文化、鸭绿江文化、黑水文化，立足优势资源和地域特色，不断加快东北东部边境地区文化一体化发展，文化软实力在综合实力竞争中的地位和作用日益凸显。

第二节　东北东部边境地区区域文化

　　由于地理环境、人口分布、历史沿革、文化流通等多方面因素，东北东部边境地区形成了既有东北文化共同特征，又有其独有特征的区域文化。

　　关于区域文化，德国的拉策尔称作"文化区域"，美国的奥·梅森则称作"文化区"或"文化环境"。区域文化的基本特点是：一是文化区域特征与生态环境与生业模式密切联系；二是区域文化具有稳定性特征，一旦形成，就会被一代一代传递、积累、保留下来；三是同一文化区中的居民心理、性格、行为都带有区域文化特征。东北东部地区由于山水相连的自然环境、长期的行政区划、共同的气候条件、相近的生业模式、血脉相通的人文习俗等文化因素的长期养成，使这一地区形成了相对稳固，相对独立的文化区。

一、东北东部边境区域文化构成

　　东北东部边境地区历史文化土壤深厚，属于以汉文化为主体的多元文化圈，主要融合了满族文化、朝鲜族文化等多个少数民族的文化，以及俄罗斯、日本、朝鲜半岛等国家的文化习俗，从而形成了底蕴深厚、多元包容的区域文化。

（一）来自满族为主的土著文化

　　中国东北白山黑水的广袤地区是满族的发祥地。满族在全国主要分布在东北三省，这里的满族人口占全国的70％。目前以辽宁省最多，有550万人，占满族总人口的51％。黑龙江和吉林的满族人口在200万左右，占20％左右。目前东北东部边境地区的满族聚居区有满族自治县5个，满族乡有4个；满族朝鲜族乡有7个。丹东是满族发祥地之一，其中满族人口占全市人口的32％。

　　因为是土著文化，所以更多体现出区域文化生成期对自然环境的高度依赖的特征。东北的白山黑水，为土著提供渔猎之便；东北的广袤平原，为土著提供稼穑之利；东北的酷寒风雪，打造了土著与自然抗争的顽强意志；东北的生业模式，形成了土著别具特色的风情民俗。这些文化特征，可以说自东北地区有了人类文明存在，就开始一代代生长在土著的骨子里，流淌在土著的血液里。所以，当移民文化还在试探着适应东北文化时，土著们早已在那里等了他们数千年。满族文化因为土著性特点，必然成为东北文化的基本特征和重要基因。

（二）来自中原汉族底层的移民文化

汉族成为东北的主体民族是在清朝中叶开放柳条边、允许关内人民大批移民东北之后，这些来自中原的近 2000 万的最底层的贫苦农民为了躲避天灾人祸、求生背井离乡，构成了东北移民文化的主体。由于移民的人员组成不是传统的汉族精英，所形成的文化以传统的民间文化为主，因而文化底蕴相对单薄。但是他们毕竟与中原文化有着密切的亲缘关系，相比较而言，他们仍代表着当时文化的高势能一方。当移民们挟带着中原汉族高势能文化与以满族为代表的土著文化相碰撞时，便产生了由高势能的汉族中原文化向低势能的东北土著文化渗透的文化流，因为移民最初是从周边地区一步步渗透进东北的，而不是一步便深入东北腹地，所以最初的文化交汇是发生在东北文化区域内的交界地区的，如从海上闯入关东的移民最先到达辽宁丹东、大连庄河等地。

高势能与低势能文化在东北碰撞后，并没有形成一种文化对另一种文化的吞噬和绝对占有，而是在碰撞中各取所长，形成新的文化生长优势。满族代表的土著文化成了文化飞跃的生长基，而绚烂盛开于东北大地的中原文化，已有别于它原本的母体。于是沂蒙小调、河北梆子变成了东北的二人转，变成了吉林的小吉剧、单出头；悠扬悱恻的京韵大鼓，变成了节律铿锵的辽西大鼓；江南少女的秀雅香囊，变成了东北姑娘的大烟袋。

（三）来自多民族聚居的杂糅文化

东北由 53 个民族构成，是名副其实的多民族文化区，在东北东部边境的 11 个市（州）中，独立设置的少数民族县乡镇有 43 个，其中满族自治县 5 个，满族乡 4 个，朝鲜族乡 16 个，朝鲜族镇 5 个，朝鲜族满族乡 7 个，赫哲族乡 3 个，鄂温克族乡 1 个，蒙古族镇 1 个，满族锡伯族镇 1 个。他们以大杂居、小聚居的生存方式生活在东北的白山黑水，形成杂居共处的社会格局。

以朝鲜族为例，全国朝鲜族人口 97% 在东北，其中 61% 在吉林，23% 在黑龙江，12% 在辽宁。延边是我国朝鲜族最大聚居地区和东北唯一的少数民族自治州。白山有全国唯一的朝鲜族自治县。牡丹江为朝鲜族聚居区，而丹东的朝鲜族常住人口近来达到 20 万，可谓人口众多。这样大的一个群体生活在此，这种多民族地区聚居的方式必然会导致文化的多样与融合，必然会成为此地区重要的文化因素之一，并形成与之相适应的文化特征。

赫哲族是中国人口数量最少的少数民族，基本上居住在佳木斯和双鸭山，是一个与满族祖先有着密切族群关系的少数民族。鄂温克族的居民 80% 在内蒙古，其余在东北边境地区，主要居住在七台河。这些少数民族虽然有相对集中的聚居区，但是作为东北多民族文化的每个支脉，都发挥着不可替代的文化作用。

（四）来自俄罗斯、日本的外域文化

研究东北文化构成，不能不提到俄罗斯和日本两个国家。从 19 世纪到 20 世纪初，日俄侵占了东北，两国的文化对东北地区都有一定的影响。俄罗斯文化在东北的传入主要依靠军事入侵、传教、移民。中东铁路的修建，使俄罗斯文化在东北地区的传播达到了一个高潮，当时俄罗斯移民的数量超过了中国人的数量，是一种强势文化。直到今天，众多造型各异的俄罗斯东正教堂在牡丹江仍随处可见。日本在东北有长达 14 年的殖民统治，伴随着军事侵略也企图进行文化征服，推行奴化教育，摧毁文化教育机构，并毁灭和劫夺文化遗产，由此给东北带来深重的灾难，东北人民的抗日情绪能反映出日本的文化后遗症。

日俄都在思想意识和文化方面对东北实行渗透，但就其现在东北的文化痕迹来看，俄罗斯文化被接受和利用，在语言、建筑、饮食、民俗等方面都使东北具有文化混血儿的特征。而日本文化政策一厢情愿地企图占领和征服，却在东北人的心中留下伤痕心理。

二、东北东部边境地区文化特征

由于东北东部边境的区域文化构成来自于满族为主的土著文化、中原汉族底层的移民文化、多民族聚居的杂糅文化以及俄、日的外域文化，与此相适应，形成了具有东北东部边境地区的区域文化特色。

（一）文化人格的多重性

首先是地域身份的文化认同。对于生活在东北三省的人认定他们的共同身份时，"东北人"的概念认定是不约而同、相当稳固的，而且首先认同"东北人"的群体身份，其次才是对省籍的认同，这一点在中国地域内也是个比较突出的文化现象。其形成原因与东北文化构成有关。不管是流民还是移民，他们进入陌生的土地，只有注重团体的合作，集体的团结，对内才能稳定，对外才能发展，所以地域身份的文化认同是有其社会和历史原因的。

在身份认同的基础上，文化土壤孕育了文化性格。东北人由于文化构成的复杂性，形成了多重性的文化人格。满族文化赋予东北人粗犷豪爽、热情幽默、质朴真诚、重视交际又具有浓郁的人情味，同时勇武有余，文化底蕴不足，缺少历史感。中原底层文化赋予了东北大众文化，而非精英文化的本质。依赖资源，缺乏忧患意识和开拓精神，具有保守性人格特征。长期的多民族杂糅文化，使东北文化见多识广，见怪不怪，形成了大气包容，不拘于小节，只注重大义的性格，这是从积极一面说；而从另一方面说，这种见怪不怪则很容易形成文化麻木，或者形成糙人性格。殖民地的奴化教育又培养了东北人的顺

民性格。所以既开放又保守、既豪爽又顺从的多重性就是通过地域文化所彰显的群体人格特征。

（二）文化特质的包容性

东北东部边境地区的文化构成多元，土著、移民、少数民族、外域文化相互融合，使地域文化的多民族特征比较突出，往往包含着两个或两个以上邻近民族文化的因素，每一种文化在各民族的相互交融与影响中得以保持和发展，一方面他们恪守本民族的文化习俗，保持自己独立的文化个性；同时又受到其他民族的影响，在交融中凝练升华和丰富自己。多民族的团结，多种文化的交融，各民族、地域文化在包容中发展，在发展中呈现出多元化的文化特质，形成了兼收并蓄、内涵丰富的地域文化。

作为风俗文化突出表现的语言来说，以东部边境地区的 11 个市（州）的地名为例，佳木斯、牡丹江、通化、延边的图们、和龙、珲春等来源于满族文化，七台河来源于朝鲜族、赫哲族，佳木斯来源于鄂伦春族等少数民族文化。以日常用语为例，在东北东部的语言构成中，满语日常用语的音译词随口可出。同时，还吸收日、俄的外来词汇，形成语言文化的大融合。至于风俗文化表现突出的俄式食物和鲜族泡菜的饮食，满族的旗袍服饰，俄式、日式的建筑，满族的三大怪等习俗文化形式，更是受到多民族、多种文化的渗透和辐射，表现出显著和鲜明的兼收并蓄的文化内涵以及包容性的文化特质。

（三）文化视野的开阔性

由于特殊的地理位置，东北东部边境地区除七台河和本溪外，其他 9 个城市都临边或者临江，边境线长达 3 510 千米，其中中俄边境线长 2 027 千米，中朝边境线长度达 1 483 千米，占全国边境线长度的 16%。与内陆地区相比较，这种临边、临江的独有的地理位置使东北东部边境城市在经济、文化交流中能够领东北亚风气之先，为其文化视野的开阔性提供先天的优越条件。

以增加居民了解和文化交流为目的的友好城市为例，东北东部边境城市由于其独有优势的地理位置，呈现出一种积极主动地吸取其他地区或其他民族文化的态势，表现出开放的文化心态。这 11 个市（州），对外友好城市达到 113 个，其中本国友好城市有 73 个，对外友好城市 40 个，是宽阔的文化视野和开放的文化心态的有力佐证。

近年来，在开放的文化视野的客观优势驱动下，东北东部边境地区借助其生态环境、资源和区位优势，与东北亚地区的经济交往日益频繁，东北东部边境地区的 11 个市（州）中，已有国家级对外开放口岸 33 个，其中河运口岸 21 个，铁路、公路口岸 10 个，航空口岸 3 个。口岸经济、边境贸易与区域合作都得到快速发展，积极推进了地区的经济发展。这种区位优势利用国内、国外两种资源，开拓国内、国际两个市场上具有更大的空间和前景。

（四）文化品格的乐观性

由于东北资源丰富，东北人几乎不存在生存压力，优越的自然条件使世世代代的东北人生活方式悠闲，形成了乐天知足的生活态度，充满了耐人寻味的文化活力。地理条件孕育了地域文化，东北文化在一定程度上也决定了这个地域的人们的生存状态，决定了人们的生活模式和思维模式。遍布东北、激越粗放的东北大鼓，刚柔并济、泼辣幽默的东北大秧歌，活跃在田间地头、宁舍一顿饭的二人转，以及东北的文学、影视、小品也都可以表现东北人的达观心态，看出东北人容易满足、安于现状的心理。东北文化中的幽默与喜剧精神在市场经济日益深化的时代，已经成为中国人精神生活方式的重要组成部分。

东北东部边境地区由于文化构成所形成的文化特征，不论是文化人格的多重性、文化特质的包容性，还是文化视野的开阔性、文化品格的乐观性都是其地域文化的组成部分。作为社会生活的重要组成部分，文化是经济发展的重要影响因素之一，是经济的反映，同时又反作用于经济。由此看来，东北东部地域文化特征必将对经济产生重要影响。

第四章 东北东部边境地区资源型工业发展研究

　　工业多是区域强盛、经济社会发展成长的主导因子，其既是国民经济发展的基础，也是拉动经济社会进步的主要动力。东北东部边境地区自然资源分布密集，为其资源型工业的发展乃至经济成长提供了天然的物质基础。因此要充分合理利用境内资源，积极利用境外资源，发展资源型工业，使各区域、各行政地域单元形成各具优势与特色的产业，真正使之成为其经济发展过程中的主导因素。

第一节 东北东部边境地区主要资源概述

　　东北地区的自然资源丰富，具有显著优势的有煤炭、钢铁、硼、有色金属、生物及水资源等（见图 4.1，图 4.2）。其中，东北东部边境地区占有重要位置。

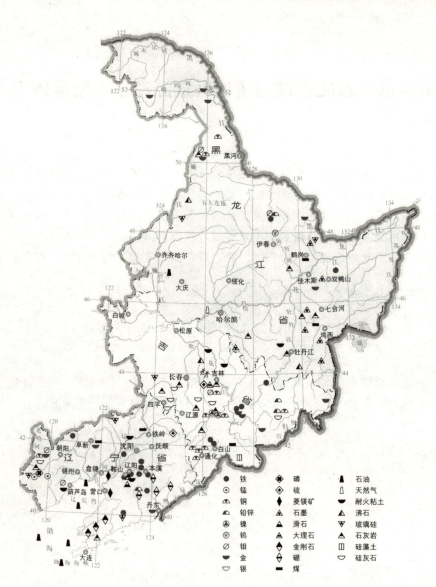

图 4.1　东北矿产资源分布图

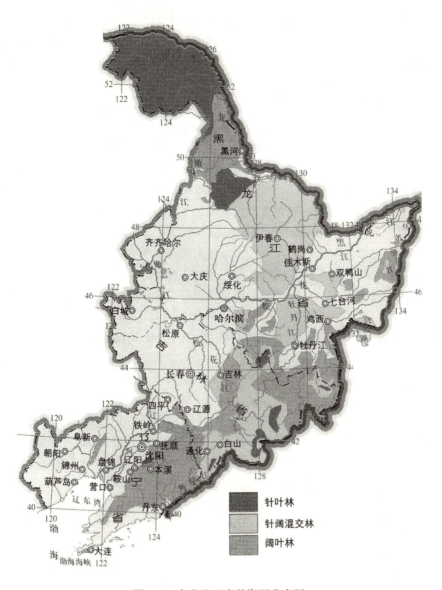

针叶林

针阔混交林

阔叶林

图 4.2　东北地区森林资源分布图

一、矿产资源

（一）煤炭资源

东北地区幅员辽阔，矿产资源丰富。就煤炭资源而言，黑龙江全省有 29 个县（市）发现有煤田或煤产地，含煤面积共 2 万平方千米左右，其中以东部边境地区为最好，著名的鸡西、鹤岗、双鸭山及七台河等矿区，是我国煤油焦煤的重要产区之一。据统计，仅鸡西、鹤岗、双鸭山、七台河四市的煤炭资源储量就占全省的92%。佳木斯、牡丹江两市煤炭资源储备虽不比鸡西、鹤岗、双鸭山、七台河四市，但也有部分煤田分布。吉林省的东部也有丰富的煤炭储量，其中延边朝鲜族自治州的储量达12亿吨。州内的珲春市无论从资源总量上，还是从具有开采价值的基础储量等指标上看，煤矿资源的分布在整个吉林省都是居于首位的；截至2007年底，白山市煤炭已探明储量为4.24亿吨；而通化市拥有吉林省唯一的焦煤生产基地。辽宁本溪（桓仁）煤炭资源也较丰富，远景储量达1亿吨，其中暖河子地区煤矿储量800余万吨。

黑龙江"煤炭四市"中鸡西市煤藏最为丰富，该地区在中生代侏罗系和第三系地层中蕴藏着优质煤。鸡西煤田不仅分布广泛，煤种也比较齐全，有焦煤、气煤、肥煤等7个煤种。双鸭山市煤炭储量占黑龙江省煤炭储量的二分之一，遥居黑龙江省四大煤炭城市之首。双鸭山行政区域内共有双鸭山煤田、宝清煤田、七星河煤田、双桦煤田和集贤煤田等五大煤田，累计探明储量110亿吨。按照绿色可持续发展计划，双鸭山每年仅开采5000万吨左右，可持续效应位居黑龙江省第一位。煤炭商品率达到80%，煤炭远销至中国南方、俄罗斯；双鸭山市是环渤海城市群除山西外第二大煤炭供应基地，也是鞍山钢铁集团最大的煤炭供应商。七台河煤田是国家保护性开采的三个稀有煤田之一，是东北地区重要的主焦煤产区和黑龙江省唯一的无烟煤生产基地，主要煤种有焦煤、肥煤、气煤、无烟煤，焦煤储量约占东北总储量的四分之一。以低磷、低硫、高热值、高灰熔点、高化学活性"两低三高"而著称。鹤岗煤炭储量20多亿吨，年产原煤2 000多万吨，可采100年以上，煤种主要有主焦煤、1/3焦煤和工业气煤，发热量平均5 500千卡/千克，灰分25%，全硫小于0.2%，是中国少有的高热值、低灰、低硫优质煤炭。鹤岗煤矿是黑龙江省四大矿区中煤质最好、产量最高的煤矿。

（二）其他矿产资源

本研究区除了蕴藏有丰富的煤炭资源外，其他矿产资源也很丰富。

黑龙江省东部地区矿产储备以黄金、石油、天然气、铁矿石、石墨、饰面石材为主。目前已发现矿产资源上百种。其中佳木斯具备油气生成的地质条件，现已探明天然气储量近百亿立方米，全市黄金已累计探明储量38 745.4千克。鸡西的石墨总储量7.8亿吨，居亚洲之首，年产量7万吨；硅线石储量4000万吨，年产量3000吨；大理岩储量6.3亿吨、黄金储量大于5吨。鹤岗的石墨储量6亿吨，居亚洲之首。选矿能力近20万吨，黄金储量30吨，年产黄金万两，此外，还有石灰石、菱镁、硅石、铁矿石等多种矿产资源，开发条件优良。

吉林东部的白山市现已发现矿种 100 余种，占吉林省已发现矿种的 73％，硅藻土、炼镁用白云岩储量居全国之首，铁矿石储量居吉林省首位，大横路钴矿更是全国唯一的独立钴矿床。通化市的非金属矿、有色金属、黑色金属和建筑材料等都有较大储量，其中镍保有储量约占吉林省的 23％，火山渣远景储量约为 5～6 亿吨，大理石花岗岩建筑装饰材料储量 10 亿立方米左右，此外，延边朝鲜族自治州已发现的金属矿产有 50 多种，非金属矿产也超过了 40 种。延边朝鲜族自治州的石灰石储量达 9 800 多万吨，居吉林省第一位；石油储量经航磁测定已经在 1 亿吨以上。

辽宁东部的本溪（桓仁）现已探明黑色金属、有色金属、贵重金属、稀有金属、建材非金属、燃料、化工原料、冶金辅助原料、地热水等矿藏 9 大类、40 余种、130 多处，且分布广，储量大，品位高。其中硅石矿储量 4 亿多吨，镁、煤矿的工业储量均在 1 000 万吨以上，石灰石矿 10 亿多吨，大理石矿 1 亿多立方米，铅、锌、铜、铁等有色金属矿近 2000 万吨。丹东市也蕴藏着丰富的矿产资源，平均每万平方千米有大中型矿床 29 处，是全国平均密度的 2 倍左右。金矿、水镁石矿资源储量颇丰，皆居于全省首位。具有大量的内蕴或潜在重要经济价值的矿产，包括已有较大资源储量尚未广泛开发利用的含硼磁铁矿、红柱石、高岭土等矿产。此外，丹东的镁、黄金、理石、铅、锌、铁等矿产资源也由于储量较大而蜚声海内外。丹东的硼矿是具有全国优势的矿产资源，资源储量超过全国储量的二分之一。硼矿主要分布于凤城和宽甸中部，素有"中国硼海"的美誉。丹东的"两硼"生产在全国占有举足轻重的地位，为全国提供了大量的硼砂、硼酸等。目前，丹东市已成为全国最重要的硼化工生产基地。

二、水资源

本研究区域内分布有松花江、图们江、乌苏里江、黑龙江和鸭绿江等主要河流，水资源丰富。

黑龙江省的东部区域有黑龙江、松花江、乌苏里江等水系，充足的水资源为发展工业，特别是高耗能、高耗水产业提供了有利的条件。其中鹤岗发电公司装机容量 120 万千瓦，三期工程建成后装机总容量将达到 320 万千瓦。

吉林省的白山境内有鸭绿江、松花江两大水系，流域面积 100 平方千米以上的鸭绿江、松花江、浑江等较大河流 55 条，著名的白山电站和云峰电站主要库区坐落在白山市境内，全市多年平均水资源总量 80.25 亿立方米，水资源人均占有量是全国人均占有量的 2.7 倍，水能理论蕴藏量 106.1 万千瓦，可开发水能资源量84.2万千瓦。有矿泉、温泉多处。神奇独特的长白山矿泉水可以制作各种各样的上佳饮料，开发利用的潜力相当可观。现已发现矿泉水源近200处，每日可开采量20万立方米。延边朝鲜族自治州区内有大小河流487条，年平均径流总量130亿立方米，地下水资源总储量27.4亿立方米，可采储量13.3亿立方米；水能蕴藏量达140.5万千瓦，实际利用4.7万千瓦。通化市有大小河流1000余条，水资源总量49.37亿立方米。全市有大型水库1座，积水面积548平方千米；中型水库10座，积水面积1070.32平方公里；小型水库295座；池塘9006个。丰富的水利资源促进了水利经济的发展。全市有固定机电站1017座，装机27649千瓦。全年水产成鱼10362吨，鱼种生产完成1111吨，鱼苗生产完成2.5亿尾，水利经济总收入1.2亿元。

辽宁省的本溪（桓仁）依托水利资源优势，大力发展水电能源转业化，建有国家大型水电站2座，总装机容量29.5万千瓦，年发电量6亿千瓦时；县属水电站20座，总装机容量3.73万千瓦，年发电量1.1亿千瓦时。丹东境内的水丰水库面积345平方千米。库容量116亿立方米，有效库容量76亿立方米。水丰电站现总装机容量63万千瓦，年发电量36.8亿千瓦时。太平湾电站总装机34万千瓦，年平均发电量10亿千瓦时。

三、生物资源

（一）森林资源

本研究区域小兴安岭，长白山，因此森林资源丰富。主要优质木材有红松、白松、黄波椤、白桦、橡木、落叶松、樟子松、云杉、冷杉、水曲柳等。

其中鹤岗市森林覆盖率高达58％，盛产木材。小兴安岭面积6700公顷，活立木蓄积量4000万立方米，70％为天然林，主要树种有等，国家实施天然林保护工程后，年产木材30万立方米，鸡西林地总面积62万公顷，活立木总蓄积量4592万立方米，年采伐量42.6万立方米。双鸭山以天然林为主的森林面积8632公顷，森林覆盖率为38.4％，现活立木储量1150万立方米。牡丹江全市共有林地面积244.3万公顷，森林覆盖率62.3％。七台河林地面积164万亩，森林覆盖率为26.1％，主要生长着天然次生林和人工林，木材积蓄量1042千立方米。

吉林省的东部素有"长白林海"美誉，延边朝鲜族自治州全州森林面积为322.8万公顷，森林总蓄积量3.6亿立方米，森林覆盖率达80.31％。人均森林面积145公顷。在整个森林面积中，用材林面积284.8万公顷，占森林总面积的89.08％，为区域林业的发展打下了雄厚的基础。白山市地处长白山森林生态系统核心区，全市有林地面积14761公顷，全市森林覆盖率高达83％，活立木蓄积量1.82亿立方米，占吉林省的21.4％，人均林木蓄积量是全国平均水平的 19 倍。通化市为吉林省重点林区之一，林业用地面积 104.8 万公顷，占全市总面积的 68.2%；有林地面积 916 524 公顷，占林业用地面积的 87.5%；森林立木总蓄积6 621.1万立方米，森林覆盖率62.9%。

辽宁省东部的桓仁县地处长白与华北两大植被区系过渡带。境内山高林茂，林业资源丰富，为辽宁省"以发展林业经济为主县份"，是辽宁省重点林区，素有辽东"绿色宝库"之美称。林地面积 429.3 万亩，占全县面积 80.69%，故有"八山"之称。有林地 383.5 万亩，其中天然林 320.1 万亩，人工林 63.4 万亩。活立木蓄积 1 513 万立方米，森林覆盖率72.6%。丹东全市有林地面积1 397万亩，其中用材林 818 万亩，经济林 421 万亩，防护林 102 万亩，薪炭林 47 万亩，全市活立木蓄积量为 3 517 万立方米。森林覆盖率为 61.6%。

（二）野生动植物资源

丰富的森林资源也滋生了丰富的林下特产。

本研究区域的牡丹江林区各种可开发利用的野生经济植物 2 200 余种，其中药用植物 500 余种，年贮量 20 余万吨，主要品种有山参、细辛、刺五加、黄芪、杜鹃、五味子、桔梗、防风等。可食用的山野菜有 80 余种，其中蘑菇、木耳、松茸、蕨菜、刺嫩芽等被视为"山珍"、"天然无污染绿色食品"，畅销海内外，年蕴藏量 40 万吨。可开发利用的山野果有红松籽、榛子、山核桃、山葡萄、刺玫果等 15 种，年贮量 15 万吨。此外，在林区还栖有东北虎、梅花鹿、狍子、黑熊、野猪、狐狸等 18 科 53 种珍稀野生动物。鸟类资源有 48 科 256 种。山药材、山野菜极为丰富，党参、桔梗、刺五加等野生中药 300 余种；木耳、猴头、榛蘑等食用菌类 10 余种，都是难得的绿色珍品。鹿、熊、狍、雉鸡等野生珍稀动物长年栖息在密林中。

长白山被誉为植物宝库，延边朝鲜族自治州野生经济植物达 1 460 余种，其中药用植物 800 多种；有野生动物 550 多种，境内盛产的人参、鹿茸、貂皮，被誉为"东北三宝"，延边的大米、烟叶、苹果梨、黄牛等也驰名中外。白山市地处长白山森林生态系统核心区，白山还是著名的东北三宝，人参、貂皮、鹿茸角的故乡，人参产量占全国的 50% 以上，出口量占全国的 80%，已被列入 WTO 原产地域产品保护范围。境内野生动物 350 余种，其中国家规定的保护动物东北虎、棕熊、马鹿、猞猁、香獐等珍禽异兽有 37 种之多。2 300 多种野生植物中，经济植物 1 500 余种，其中人参、灵芝、高山红景天、五加参、天麻、月见草等药用植物 900 多种，白丁香、铃兰、夜来香、天女木兰等芳香植物 200 余种，绿色食用植物有木耳、山芹菜、蕨菜、松子、蘑菇等 200 余种。经济植物以野山参、园参最为著名，人工种植园参已有 300 多年历史，是全国重要的人参种植、加工、销售集散地。丰富的特产资源造就了一批"名乡"，抚松县被国家评为"中国人参之乡"、靖宇县被评为"中国西洋参之乡"和"中国长白山矿泉城"、八道江区被评为"中国林蛙之乡"、临江市被评为"中国红景天之乡"。通化市野生经济植物共13科，约1000余种，其中，人参产量占全国的40%，是"中国三大天然药库"之一；绿色食品资源190余种。野生经济动物有100多种，是中国著名的中药之乡、葡萄酒之乡、人参之乡和优质大米之乡。

辽宁东部自然生态环境优越，土特产品种类繁多，素以果、菌、菜、药、鱼、米、蛙而著称。境内野生动植物2000多种。山野菜品种37科、131种，以品种多、无污染、营养价值高而闻名。主要品种为大叶芹、刺嫩芽、蕨菜、沙参、桔梗、刺五加等。年蕴藏量10余万吨，可利用8万余吨。山货野果满山遍野，金秋季节，山区野果飘香。主要品种为山葡萄、猕猴桃、山核桃、山里红、山梨、山杏、山樱桃、山芝麻、橡子仁、榛子等，年产数万吨。野生食用菌遍布沟谷山坡，主要品种为牛肚菌、松蘑、元蘑、榛蘑等。野生动物有獐、狍、熊、鹿、山兔、刺猬和各种鸟、蛇、鱼等。全县已建立优质米、蔬菜、果品、水产品、食用菌、牛、羊等生产基地，为发展绿色食品产业创造有利条件。

第二节　东北东部边境地区资源型工业发展现状

东北东部边境地区比较丰富的资源决定了资源型工业作为其支柱性产业的发展基调。

一、主要资源型工业现状

（一）钢铁工业

东北东部边境地区的钢和成品钢材的产量逐年上升，依托丰富的有色金属，东北东部边境地区还建立了与钢铁、机械工业密切相关的有色金属工业，主要有铜、铅、锌、镁、铝、金、银等的开采和冶炼。东北东部边境地区的钢铁工业主要集中在吉林省，以通钢集团为代表。通化钢铁集团股份有限公司是吉林省最大的钢铁联合企业，同时也是国务院振兴东北老工业基地重点支持的钢铁企业。吉林省延边朝鲜族自治州的珲春市因其区位的特殊性，邻近朝鲜茂山铁矿，也具有发展钢铁工业的物质基础。双鸭山的磁铁矿是黑龙江省唯一的大型磁铁矿矿产资源，储量达1.2亿吨。建龙集团承建的1000万吨钢铁规划项目已部分完成。

（二）能源工业

东北东部边境地区原有的能源工业以采煤、发电、人造石油为基础。随着经济的发展，对能源的需求和消费量越来越大，总体上讲，区域内部资源目前处于比较紧张状态，已由原来的煤、电、石油基本自给地区转变为煤、电不足和石油输入的地区，唯有黑龙江省能源产量在维持省内供需平衡的同时，略有输出，但不能解决整个区域能源的需求。

东北东部边境地区充分认识到问题的严重性，并及时做出战略性调整，大力调整优化能源结构，积极发展新能源和可再生能源，最大程度地降低经济增长对传统能源的依赖程度，如吉林省大力开发对风能、生物质能、太阳能、水能、地热能等能源的开发利用；辽宁省从可持续发展战略出发，改善电源结构，并积极支持农作物秸秆发电、沼气发电、垃圾焚烧发电等；黑龙江省从改善和优化新能源产业发展环境着手，完善各项配套政策措施，做大做强风电产业，积极推进大中型水电站建设。目前，黑龙江省新能源已形成风能、水能、生物质能等清洁能源发电为主的多元发展格局。

（三）森林工业

东北东部边境地区森林资源优势得天独厚，是全国重要的木材供应基地，并涌现出许多森林采伐业发展较快的城市，如佳木斯、牡丹江、白山等市，地区森工企业的中心主要集中在佳木斯、牡丹江、延边、通化等地。东北东部边境地区各地木材调出情况有所不同。黑龙江省是全国最大的木材调出省，而辽宁省则是全国最大的木材调入省。

（四）医药产业

丰富的药用生物资源使东北东部边境地区的医药业得到了迅速的发展，吉林东部边境地区依托着长白山自然的药材资源更是成为了整个区域医药业的领跑者，不仅形成了以敦化市敖东药业为龙头的标兵医药企业，同时也造就了吉林省众多的其他医药集团和医药企业，如修正、万通等药业企业，通化东宝集团研制的人工胰岛素更是填补了我国医药产业在这一领域的空白。辽宁本溪桓仁药业有限公司也具有非常雄厚的技术实力，拥有现代化的生产线和完备的化验、检测手段，采用高新科技将药材原料提纯取精，科学配制，先后与沈阳药科大学、中华全国中医学会、辽宁省中药研究所、国家体委、辽宁中医学院等40多家科研单位和高等院校密切合作，共同致力于新产品、新技术的研究，开发国药精粹。

以中药为主体的医药产业已经成为东北东部边境地区发展速度最快、效益最好、发展前景广阔的优势产业之一。

（五）建材工业

东北东部边境地区的建材工业以水泥工业为主，区域内蕴藏的石灰石及大理岩等矿产资源，为水泥工业的发展创造了良好的条件，水泥产量逐年增长。黑龙江东部的鹤岗、鸡西、双鸭山等市大量的煤矸石堆存量，为建材生产提供了丰富的原料。

二、资源型工业存在的问题

尽管东北东部边境地区资源型工业发展有良好的资源和技术基础，但目前来看，东北东部边境地区资源型工业发展中存在的问题有：

（一）资源型工业发展速度减慢

东北东部边境地区的产业结构基本是原料高投入、能源高消耗、废弃物高排放的重工业型结构。粗放式的生产方式对资源的消费量过大，加之资源得不到合理有效的利用，最终导致资源型工业发展基础日趋薄弱。

这些因素势必会对城市经济发展形成重大牵制，经济极化现象突出，资源一旦枯竭，城市经济颓势就会非常明显。如鸡西市是以煤炭、原材料及初加工发展为主的产业格局，在激烈的市场竞争中，缺乏适应性，资源优势无法真正形成经济优势，加之产品科技含量低，使得全市工业企业普遍开工不足，生产能力利用率平均仅为 65%，严重地阻碍了经济发展。

随着自然资源的日益枯竭，资源型城市的社会经济结构中许多突出矛盾和深层次问题也日趋尖锐，出现了国民经济整体水平不高、工农业生产技术水平落后、下岗失业人员激增、高新技术人员匮乏、资源企业负担加重、城市基础设施滞后及区域发展不协调等问题。总之，东部的资源型城市已经开始出现"三危"现象（资源危机、经济危机和生态危机），如不及时采取转型措施，将走向衰落，甚至消失。

（二）技术、设备落后，生产方式、产品结构不尽合理

东北东部边境地区的资源型工业起步比较早，原有的一些装备和设施已经无法继续服务于科技化、信息化的今天，利用这些设施、技术进行生产不仅耗能大、效率低，而且还会继续造成环境问题。因此，技术装备、设施的升级及更新迫在眉睫。

同时，管理上的不规范也导致了区域内资源型工业的一系列问题，如多家企业盯一处资源进行恶性开发利用，忽略正规化与集约化经营的重要性；由于生产技术、工艺、设备和采掘方式落后等问题突出，加之管理水平和生产效率低下，使资源遭到不同程度的破坏，大量还有利用价值的资源，因得不到正确、合理的利用而被浪费掉。

另外，东北东部边境地区资源型工业的产品结构也存在着严重的问题。初级加工的基础原材料产品占主导地位，粗加工产品多，深加工产品少，缺少技术含量高的优质高效产品。不仅如此，低端产品所形成的市场规模和档次也是有限的，从而间接限制到企业的资金回笼速度。资金和资源的恶性循环，只会使区域资源型工业的发展陷入新困境中。

（三）国有经济成分比重过高，其他经济成分比重偏低

从整个区域来看，在经济发展过程中，对国有的独资企业依赖过大，导致政企不分、市场经济成分发展迟缓等问题。人们在就业观念上和价值取向上，往往也呈现出重国有轻民营、重集体轻个体的倾向，这使非公有制经济无论从产值比重还是就业比重上都明显低于公有制经济，最终导致整体经济缺乏吸纳就业与推动经济增长的重要能力。同时，统一的发展模式也限制了企业独自创新能力的形成，使区域缺少推动经济向多元化方向发展的动力。

（四）环境污染和生态破坏问题突出

早期，由于东北东部边境地区资源型工业技术水平低，而且多是只求经济利益的盲目式生产，加上忽视环境保护以及管理不善等原因，多数资源型工业所在的地区环境污染和生态破坏问题非常突出。如煤炭工业，煤矿区每年都要排放大量矿井水、洗煤水、生活污水等，矿井水含有大量煤粉、砂、泥等悬浮物以及硫化物，洗煤水中的污染物主要是大量悬浮物和浮悬油、絮凝剂、磁性物等添加物，生活污水和医院污水中含有机物、细菌及病毒等，这些污水不仅严重地污染了水体，还是疾病的传播者。在煤炭的贮运、破碎、筛分过程中也会产生大量的煤尘和粉尘，对环境和人们的身体健康都产生污染和威胁。

（五）体制转换迟缓，部分产业陷入转型危机

由于长期受计划经济的影响，东北东部边境地区的部分资源型工业在向市场经济体制转变的过程中，面临着比其他区域更加严峻的挑战。部分产业没有抓住全国以轻型结构为主的产业结构调整机遇和能源结构调整升级换代的机遇，最终导致地区资源型工业结构调整严重滞后；同时，有的企业已难以继续合理地经营。然而，由于受国有所有制形式的禁锢，其难以退出或转型，进而导致企业陷入"金玉其表，败絮其中"的尴尬境地。

三、资源型工业发展分析

尽管资源型工业的发展面临着许多困难和障碍，但从经济发展阶段上看，地区仍然处于工业化中期阶段，资源密集型产业是地区国民经济的基础，对区域的经济增长和就业率影响很大。资源型工业能否稳定发展直接影响到东北东部边境地区的工业能否保持持续的增长能力，关系到绝大多数工业行业经济的健康发展，所以，怎样选择资源型工业的发展之路已经成为东北东部边境地区面临的重要任务。

（一）形成产业发展的信息支持系统

资源型工业的发展不仅需要政府、资金、技术等软性支持，还需要硬性的信息支持。目前，发达国家在推动资源型工业信息化建设方面成就极其显著，对于东北东部边境地区的资源型工业来说，是值得学习和借鉴的，资源型工业应该专设信息机构、信息主管，配备适应现代企业管理运营要求的自动化、智能化、高技术硬件、软件、设备、设施，并建立包括网络、数据库和各类信息管理系统在内的工作平台，进而提高企业经营管理效率。

（二）积极发展各地区优势特色产业——打造区域名片

1. 黑龙江省东部边境地区的特色产业

（1）木材加工业

黑龙江省森林覆盖率高达41.9%，在全国居首位，在世界上也屈指可数，素有"绿色宝库"之称。黑龙江省东部边境地区各市可以依托丰富的林业资源并与省内林业发展较快的伊春、大兴安岭等地进行合作与交流，引进先进的技术，最终将该区域建成中国最大的边境木材加工基地。此外，在木材资源利用上，可以充分发挥该区域的边境区位优势，依托俄罗斯地区丰富的木材资源，大力发展本区域的木材加工产业，建设"木材工业园区"，进而促进腹地建筑材料、木制品产业发展。在此基础上，努力发展接续产业，生产各种以木材为原料的新产品，全面突出森工特色。例如，七台河市经过多年努力，形成了以双叶公司为龙头的实木家具业；鹤岗市利用境内丰富的森林资源及与俄罗斯签订的49年森林采伐合同，重点积极推进高档实木家具和造纸项目的开发建设。

（2）粮食加工业

黑龙江省不仅林业资源丰富，还是我国的粮食生产基地，其土质优良，适合很多作物生长。黑龙江的大豆产量和出口量均居全国第一，而且出口量占全国的60%以上。黑龙江省东部边境地区可以利用这些优势，不断鼓励支持粮食加工龙头企业积极开展粮食精深加工生产，提高开工率，增产提效，提高其附加值。加大技改力度，用高新技术和先进适用技术改造升级，延伸精深加工产业链，不断提高竞争力和创利水平，通过扶优扶强，打造企业产业集群，借助全省在粮食加工业上的整体知名度发展壮大自己，从而形成极具优势的特色产业。

黑龙江省的佳木斯市幅员辽阔，资源丰富，以黑土地为主，是世界上仅有的三块黑土平原之一，包含世界上仅存的三大黑土湿地2145万亩，是黑龙江省重要的粮食生产基地。适宜大规模农业与现代化机群作业，形成了大量的农业垦区。该市是国家重要的商品粮基地和农业综合开发试验区，土质肥沃，开发晚，污染少。极好的绿色环境资源孕育了粮食深加工、肉制品加工、乳制品加工、绿色特色产品加工等农业产业化龙头企业。

鹤岗市地处三江平原，发展绿色农业及农副产品深加工业得天独厚，年加工60万吨大豆等项目已竣工投产，目前正在开发大豆制品、大豆分离蛋白、大豆异黄酮等系列产品；同时引进完达山、圣元等乳业集团，建设大型乳制品加工企业。

2. 吉林省东部边境地区的特色产业

（1）医药工业

医药工业是吉林省独具特色的地方工业，其医药资源极其丰富，号称我国三大"中药库"之一的长白山，是吉林东部边境地区最宝贵的自然医药库，这里还是人参、鹿茸等多种品质上乘的名贵中草药的故乡。该区可以充分利用全省的医药资源并结合自身优势，形成自己的特色医药产业。雄厚的自然物质基础、优越的边境区位条件，使本区医药产业的市场不仅仅局限于省内或国内，还会延伸到周边邻国或地区，进而加强产业的地区跨越与合作。

具体而言，吉林省东部边境地区医药工业的发展应依托长白山中药资源和在现代中药、生物制药技术、人才及产业方面的比较优势，大力发展现代中药和生物药产业。加强基础设施和公共技术平台建设，切实提高新药研发能力和持续创新能力；加强标准化和规模化建设，积极利用现代科学技术改进质量控制指标、方式和方法，建立从中药种植、新药研发、临床实验，到规模生产的完整产业链条和标准化产业体系；加快与国际接轨，提高和扩大中药和生物药产品的出口能力；壮大通化、敦化两大药城，建设长春、吉林医药产业园区，培育产业集群，辐射带动周边地区发展；扶持和发展吉林修正、通化东宝、延边敖东、长生基因等10个大型制药企业集团。开发具有自主知识产权的医药新品种，全面完成企业GMP改造。

（2）烟草工业

对于同样依托于地区资源发展起来的烟草业而言，它是吉林东部边境地区的另一特色产业。烟草生产主要集中于延边地区，延吉卷烟厂已经形成规模。该区地处边境地区，地缘、交通优势突出，是区域烟草业发展的带动力量。在此基础上，可以继续利用区域的烟草资源优势、结合自身特色打造出地区的明星烟草产品，并努力把自己建设成东北边境地区烟草产业的示范基地。

近年来，延吉、长春卷烟厂进行了联合重组，实现了企业在更高层次、更高水平上发展的迫切需要。延吉与长春卷烟厂联姻，不仅有利于学习和借鉴长春卷烟厂在生产、经营、管理上的宝贵经验，而且还完成了企业内部结构的调

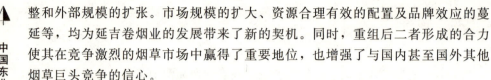

整和外部规模的扩张。市场规模的扩大、资源合理有效的配置及品牌效应的蔓延等，均为延吉卷烟业的发展带来了新的契机。同时，重组后二者形成的合力使其在竞争激烈的烟草市场中赢得了重要地位，也增强了与国内甚至国外其他烟草巨头竞争的信心。

（3）矿产工业

素有"立体资源宝库"之称的白山市是吉林省东部边境地区矿产工业发展的领头军，具有带动区域内其他地区矿产工业发展的强大牵引力。白山市是长白山地区地下资源最为密集的区域，矿产是其重要资源，其中有一批储量大、品位高、成矿条件好的矿种。除了煤炭、铁矿石、硅藻土、金属钴、白云岩这5类优势矿产资源外，黄金、石膏、滑石、石英砂岩、膨润土、松花石、明矾石、透闪石、高岭土、麦饭石、紫砂陶土、页岩土等非金属矿种也十分丰富。

近年来，白山市矿产工业得到了突飞猛进的发展，并取得了骄人的成绩，尤其是以优势矿产资源为依托发展起来的优势矿业，对地区经济发展的贡献更呈现出显著的上升趋势。因此，未来白山市的矿产工业发展可以继续以优势矿业为核心，其他矿业发展为辅助，构成既见月亮，又有群星的矿产工业格局。优势矿业发展应主要集中于以下几方面：煤炭围绕开采—洗选—焦炭—煤化工产业链条，向终端产品发展，形成焦炭、焦油、甲醇系列煤化工体系，实现原煤就地转化增值；铁精粉—铁—特种钢、硅石—工业硅—多晶硅—单晶硅、硅石—碳化硅—碳化硅微粉等产业链条的构建；钴—钴粉、白云石—金属镁—镁合金压铸件—镁合金薄板产业链条等方面开发项目的启动。

此外，延边朝鲜族自治州的珲春市不仅具有口岸资源和旅游资源优势，其对朝茂山铁矿的区位优势也十分突出，因此珲春市具备打造千万吨铁矿粉基地的潜力。可将朝鲜茂山铁矿开发合作项目纳入中朝科技贸易联委会会谈内容，提升为政府间合作项目，以延边天池工贸有限公司、中国五矿集团为主体，在延边建设千万吨铁矿粉基地，促进内地冶金、钢铁、建材、汽车产业的发展。

3. 辽宁省东部边境地区的特色产业

（1）仪器仪表产业

发展仪器仪表产业，丹东拥有一定的基础优势。20世纪60年代，国务院提出要把丹东建成"东方瑞士"，由此，丹东生产的手表、精密仪表、热工仪表、射线仪器、光学仪器均得到长足发展，为丹东仪器仪表产业蓄积了企业、产品、人才、科研等基础优势。丹东有仪器仪表生产企业160户，从业人员1万多人。

2009年4月，辽宁省确定了建设辽宁（丹东）仪器仪表产业基地的目标，将丹东打造成为千亿元规模的现代仪器仪表产业基地。目前，在新城区建设仪器仪表产业基地，整合老城区仪器仪表产业，形成产业链条。积极招商引资，加强政府投入，建立产学研体系。

（2）汽车及零部件产业

丹东市汽车零部件产业起源于20世纪50年代初，已经有50多年的历史。经过半个世纪的发展，已经成为丹东市生产规模最大、最具发展优势的产业。主要包括汽车零部件、大中型客车和专用车三个生产基地建设，做精做专锻钢成品曲轴，积极发展车轿、发动机配件、汽车音响等汽车通用零部件生产。

丹东市汽车及汽车零部件产业中的龙头企业辽宁曙光汽车集团股份有限公司，在国内有11个全资及控股子公司，在美国、韩国有2个公司，在丹东、沈阳、上海和美国分别设立4个技术研究中心；拥有客车制造的13条高水平的专业生产线，形成了高中档及经济型齐全、大中轻型兼备的产品结构。

（3）农产品加工产业

丹东拥有丰富的物产资源，特色农产品更成为丹东人的骄傲。板栗、草莓已发展成为全国最大的出口基地，均已占据日本市场份额的50％以上。近年来，农产品深加工成为让这些农产品走出丹东的探索途径之一。

2007年，依托丹东港口优势建设的重点项目丹东帕斯特350万吨谷物加工综合利用项目开工建设。2009年7月，项目一期工程建成投产，采用了国际最先进的工艺技术，核心设备精良、运行稳定，年加工大豆100万吨，精炼大豆油18万吨，各项产品指标均达到或超过了国家标准，是目前东北地区同行业日处理大豆量最大的单条加工生产线。2010年实现产值50多亿元，上缴各类税金近3亿元。2011年11月，二期工程奠基，预计今年年末竣工，进入调试生产。这个投资60亿元的现代农业综合项目竣工后，年加工大豆200万吨，可成为我国北方最大的粮谷加工企业，大大提高丹东地区农业资源开发、中转、仓储能力，对东北地区农业发展具有辐射带动作用。

（三）强化、优化支柱产业——区域发展的动力

1. 石化产业

东北东部边境地区的石化产业发展具有一定的发展基础，按照多元化、国际化、精深化的发展方针，研究区应积极引入国内外战略投资者，大力发展地方配套化工，加快完善以石油化工、生物化工为基础，以精细化工、化工新材料、汽车配套化学品为特色的化工产业体系，推进传统化工向现代生态化工的转变，把化工园区建设成为国内一流、国际有影响力的综合性化工生产基地。

未来发展重点：一是发展提升石油化工；二是大力发展精细化工；三是做大做强化工新材料；四是加快发展生物化工。

以延边州为例，可将该州打造成为千万吨的石油储备基地。延边州可以充分利用俄罗斯远东地区丰富的石油资源，加强与吉林省石化龙头——"吉林石化"——的合作与交流学习，争取国家政策、资金等方面的支持，并将中俄石油贸易项目纳入中俄总理定期会晤内容和贸易分委会会谈内容之中，签订政府合作协议，在延边州建立千万吨石油储备基地，从而促进东北东部边境地区石化、轻工、纺织等产业的大发展。

2. 冶金产业

东北东部边境地区冶金工业具有多年的发展基础，可以围绕黑色、有色、炉料三大领域，加快整合产业资源，拉长冶金产业链条，重点发展高技术含量、高附加值和替代进口产品，大力提高资源综合利用水平，把冶金产业建设成为技术先进、结构合理、特色鲜明、竞争力强的支柱产业，将东北东部边境地区建成北方重要的精品钢生产基地和全国重要的炉料基地。未来发展重点：

一是打造以钢铁为中心的冶金产业集群，以通钢为引擎，带动整个东北东部边境地区钢铁行业的发展脚步。如今，通化市的钢铁产业已经步入了新的发展阶段，通钢坚持出精板、出精材，以及进一步开展钢铁深加工的发展方针。钢铁深加工产业扭转了之前"少、小、弱、散"的局面。不仅由原来的多加工生铁、原钢，发展到了加工板材、线材等，利用钢结构这一建筑用钢的发展趋势，培育出建筑和装饰材料产业链条；循环利用轧钢产生的氧化铁皮、氧化红铁等废料，形成独具特色的软磁和永磁材料产业链条。可以预见，通化钢铁旺盛的生命力势必会成为带动区域内整个钢铁行业腾飞的决定性力量。

二是充分发挥东北东部边境地区有色金属资源优势，合理有序地对有色金属资源开发利用。东北东部地区位处太平洋成矿带，具有良好的天然成矿条件，辖区内有色金属矿种也广为分布。延边州、鸡西、鹤岗、七台河、牡丹江、佳木斯、双鸭山、通化、白山、丹东均有一定的黄金储量。除了黄金之外，通化具有工业价值且已开发的主要有色金属矿种有：铜、铅、锌、金、镍等矿，其中镍保有储量约占吉林省的 23.00%；白山地区已发现铅、锌、铜、镁、金、锑、银等有色矿产资源。这些有色金属资源充分利用，将对东北东部边境地区的经济发展起到积极的作用。

三是加快冶金炉料产业升级改造，以提高科技含量及高附加值产品比重为方向。

3. 农产品加工业

东北东部边境地区的农业主导县（市）包括萝北、抚远、同江、饶河、虎林、密山、延吉、敦化、珲春、凤城等县（市），其域内有较多的可供利用的农业自然资源。政府应充分利用当地自然资源优势，大力进行农业的深度开发，加强农业基础产业地位的进一步提升，逐步形成以商品性农业生产为龙头，兴办以农产品为原料的加工业。

未来发展重点：以绿色有机和专用农产品生产为基础，延伸发展粮食深加工、畜禽产品深加工、各地区特产资源加工，打造国内重要的安全优质农产品加工基地和生物化工基地。具体而言：一是加快发展粮食深加工产业；二是不断扩大畜禽产品加工产业；三是积极推进区域内各地区特色资源开发，如深度开发山葡萄、山野菜、食用菌、干果和经济动物资源，等等。

4. 非金属矿产加工业

以提高资源集约和节约利用水平为目标，以结构调整为重点，以体制创新和科技创新为动力，加大非金属矿产资源的开发力度，加强矿产资源综合利用，对具有战略价值的非金属矿资源实行保护性开采，保护矿山生态环境，促进非金属矿工业可持续发展，培育壮大非金属矿产业，建设资源节约与综合利用示范基地，同时，要扩大非金属矿物制品的深加工和出口，提高产品的竞争力和出口创汇能力。

未来发展重点：一是依托骨干企业，加快提高非金属矿业技术创新能力及产业结构升级速度，加大生产经营中的科技含量；二是大力发展资源综合利用产业，如建设无机粉体环保纸、矿渣超细粉、粉煤灰蒸压砖等项目；三是利用已有的非金属矿物产业基础，发展非金属矿物产品深加工，延长产业生产链条。

（四）加强产业的区域分工与合作

资源型工业的发展需要大量的原料供给，所以对于原料的来源市场不应仅仅定位于某个地区或国家，应该放眼于全球。

东北东部边境地区各市进行经济合作是生产力发展到一定阶段的客观要求，也是振兴东北老工业基地的必然选择。区域内城市可以共同谋划一批合作项目，支持区域内企业间开展技术、生产、投资合作，形成优势互补、协作配套、共同发展的产业布局，共同促进冶金、医药、食品、汽车及零部件、纺织服装、机械制造、仪器仪表、新型建材等支柱及优势产业体系和产业集群的形成发展。同时研究区要加强与东北中部和南部发达地区的合作。

在搞好境内合作的基础上，应充分利用东北东部边境地区的边境优势，加强与朝鲜、俄罗斯等周边国家的经济合作，构建长期稳定的资源供应基地。如具有对朝区位优势的延边州珲春市，可以加强与朝鲜茂山铁矿的合作，利用其丰富的铁矿资源不断地实施区域内还原铁、高速线材、特种钢材等重大项目，同时，向朝鲜方面提供电力、机械设备等硬件设施；与俄罗斯相邻的绥芬河市，距俄远东最大的港口城市海参崴（符拉迪沃斯托克）仅210千米，距俄远东自由经济区纳霍德卡270千米，地缘优势突出。俄罗斯的木材、石油、天然气等资源极其丰富，与绥芬河市在生产和加工领域具有广阔的合作空间和美好的合作前景。以林木业为例，绥芬河市不仅可以从俄罗斯输入木材在当地建立木材生产基地，也可以向俄罗斯输出本市充足的劳动力，进行异地建厂和生产。双边合作不仅能充分利用俄罗斯的资源，也可以缓解当地居民的就业压力。

（五）将持续发展理念贯穿产业发展之路

1. 转变经济发展方式，积极发展替代产业及后续产业

东北东部边境地区资源型工业走可持续发展之路，就必须在思想上、生产方式等方面有所改变，如从粗放经营转向集约经营、从封闭保守转向开放发展、从重开发轻保护转向开发与保护并重，等等。并在此基础上，大力发展替代产业及推动区域经济发展的后续产业，完成资源型城市的成功转型。

纵观东北东部边境地区各市（州）的实际情况，各市（州）应发展新的主导产业，培育新的经济增长点。如以鹤岗市为例，可将替代产业作为接续产业中的重点来发展，将产业结构由过去的煤炭采掘、加工为主变为化工、轻工等多种行业协调发展的新格局；可以转型为第三产业与工业共同发展的城市，如鸡西市，可以利用地区丰富的旅游资源，依托虎头旅游开发区、乌苏里江、珍宝岛湿地等景区为骨干的环兴凯湖旅游经济圈，将鸡西市建设成为生态避暑旅游名市。同时，大力发展绿色有机食品种植业、养殖业和农产品加工业等接续产业，最终，通过这些接续产业的发展实现经济、社会、政治的全面大发展。

2. 加强环境保护，实现资源型产业"低碳化"

温家宝同志在振兴东北地区等老工业基地领导小组会议上特别强调指出，现在振兴东北地区等老工业基地一定要以较小的资源消耗，以保护生态环境为前提来换取经济的可持续发展。

就东北东部边境地区资源型工业的发展而言，要注重发展过程中产生的环境问题，加强生态建设，严格执行国家有关环境保护的法律、法规；污染物排放必须达到国家规定的环保标准，并对已经造成的环境问题进行治理；积极推进节能减排，在生产中尽量采用低碳、绿色环保技术，减少能源消耗，降低对环境的污染，最终达到经济、环境、社会效益和谐统一的发展目标。以鹤岗市源丰煤矿矿山的环境问题治理为例，该矿山在生产过程中造成了严重的环境及地质问题，如地区的含水层破坏、水土污染严重、地裂缝，等等，相关专家、学者在详细分析了该矿区各种环境问题成因的基础上，从点至面进行了全面的论证，根据个案的治理措施最终推及到此类所有相似问题的解决方案，具体如下：

（1）含水层破坏问题的治理

具体治理措施为：一是排水要达到满足矿山生产为止；二是排放到地表的地下水不能随意排放，应排放到指定的排水渠中；三是闭坑后自然恢复水位。

（2）水土污染的防治

排放的矿坑水和生活用水含有污染质，要建立一个蓄水池，废水应经过沉淀、过滤等治理并达到相应的工业排废标准后方可进行排放。

（3）地裂缝的治理

根据煤层埋藏情况，矿区采空区边缘可能出现地裂缝，工作人员必须积极采取措施，用煤矸石回填压实至距地表 0.5 米处，然后回填黏土和耕植土，最终，恢复地面原有的水平高度。

鹤岗市源丰煤矿矿山环境问题治理方案的提出，解决的不仅仅是某个矿区的环境问题，而是为所有问题、情况相似的矿区找到一条共同的可持续发展之路，对于拥有大量煤矿企业的东北东部边境地区而言，是值得大力推广和借鉴的。

3. 大力发展循环式经济

发展循环经济是实现社会经济可持续发展的重要途径，也是东北东部边境地区资源型城市尤其是枯竭型城市走出困境并步入良性循环的重要途径之一。只有发展循环经济，提高现有资源的利用效率和效果，实现废弃物的减量化、资源化和无害化，才能减轻废弃物对环境和经济发展的不良影响。目前，需要采取有效措施对区域内资源型城市现有的生物资源、矿产资源、耕地资源和森林资源等进行有效的保护，使其资源总量保持在一定的标准之上。此外，应该有序地开展资源综合利用活动，减少现有资源的不必要消耗。想方设法增加可再生及可更新自然资源的存量，形成经济与资源同时增长的良好局面，从而达到东北东部边境地区资源型城市可持续发展的目标。

目前，东北东部边境地区各市（州）均积极试图或已经走上循环经济发展之路。如鸡西市，在资源型城市面临转型的大背景下，该市积极调整生产方式和产业结构，大力发展循环经济，不断延长产业链，并不断探索发展循环经济的新路子，使企业间组成了资源共享、副产品互用的大循环圈，循环经济成为鸡西发展的"新引擎"。作为亚洲第一座煤矸石发电厂，鸡西矿业集团矸石热电厂运行 29 年来累计发电 65.5 亿千瓦时，"烧"掉煤矸石 1900 万吨，相当于节约标煤 500 多万吨；始建于 1979 年的鸡西矿业集团矸石热电厂，年均"吃"掉滴道、城子河、杏花等煤矿的矸石约为 105 万吨，相当于鸡西煤矸石年产量的四分之一；七台河市本着"环境就是资源，就是成本"的发展理念，在大力发展循环经济的过程中，以环保和效益并重为前提，正在逐步完成煤炭循环经济健康运行体系的打造。把转变线性经济增长方式，实现可持续发展作为全市经济发展的主要思路，围绕煤炭资源转化升级，大力实现"六水循环"（即矿井水、洗煤水、熄焦水、冲在水、井冷却水及城市污水的综合治理和循环利用）、"六固利用"（即煤矸石、劣质煤、煤泥、粉煤灰、炉渣、垃圾的综合开发利用）、"两化开发"（即煤气和煤焦油的综合开发利用），这些均为发展循环经济奠定了坚实的基础。

第五章　东北东部边境地区特色农业发展研究

东北东部边境地区境内、外丰富的生物资源为其特色农业发展提供了得天独厚的条件。发展特色农业不仅使本区域经济成长具有竞争优势，也为其增添了活跃的因子，使县域经济更富有生命力。

第一节　特色农业概述

一、特色农业的内涵

特色农业的概念在报纸文章中时有所见，在农业会议中也经常被提及，如何正确理解特色农业直接决定着发展的方向和思路。农业部农业司司长李福荣2011年在全国特色农业研讨会上提出：特色农业是在农业发展变化的过程中呈现的一种公认的形态，也就是说它利用当地的资源优势或是独特的加工技术手段，开发出具有市场竞争力的农产品或是农产品加工品。结合学术界对特色农业的不同定义，笔者认为特色农业的内涵应有以下理解：

（一）特色农业不仅指发展"土特产品"

农产品生产离不开土地。生长于不同区域的物产自然有优劣之分，在得天独厚的自然条件下，某些物产品质要优于其他地区。但如果这样理解特色农业，思考问题的思路就受局限。有些"土特产品"有潜力可挖，但有些"土特产品"品种老化，单产水平比较低，品质不符合现代人们的要求，因而不具有市场竞争力，市场开拓的困难太大。

（二）特色农业可以在三次产业中延展概念

特色农业是全球农业市场细分的结果，是以追求最佳效益和提高产品市场竞争力为目的。因此，从广义上来讲，特色农业不仅局限于特定原生植株或动物的种植与饲养，还可以延展至对这些动植物的加工与销售。这样理解，特色农业就跨越了农业和加工业，如果再考虑在休闲农业中设置采摘或猎捕的乐趣，则特色农业的概念可以在三次产业中得以延展，特色农业的发展就可以是多维度的，即包含了特色种植、特色养殖、特色加工和特色服务。

（三）特色农业的"特色"与文化结合才能持久

一个区域有别于其他区域的物产并不鲜见，但能让世人记住并偏爱却极为难得。澳大利亚的羊毛和泰国的香米之所以能让人印象深刻，"库尔勒香梨"、"绍兴酒"能行销全中国，其浓郁的地域文化特征是根源。之所以要将"特色"与文化相结合，是因为只要这种文化不消散，该产品的特质就存在，即便它与其他产品相差无几。因而，这种特色无法通过复制而从一个所有者转移到另一个所有者。

二、传统农业与特色农业的区别

特色农业是从传统农业中分化出来的概念。特色农业以传统农业为基础，又在传统上有所突破。特色农业与传统农业相比，有以下区别：

（一）特色农业具有较高的收益性

首先，特色农业是在特定自然地理条件下培育产品的，其品质有别于其他区域，具有不可复制性，因此可以提高单位产品价格。其次，特色农业提供的农产品更为注重个性化需求，迎合市场需要，因此售价可以定得较高，进而有可能获得较传统农业更高的收益。再次，特色农业采用先进的生产技术，可以有效降低生产成本，在售价相同的情况下，获得超额利润。最后，特色农业延伸了农业的概念，将传统农业与加工业和服务业劳动附加值注入，增加了产业产值。

（二）需要承担较高的风险

特色农业虽然是高收入产业，同时也是高投入、高风险的产业。原因如下：一方面，如前所述，特色农业更擅长满足个性化需求，但这样一旦产品供给过剩，价格就会骤降，给经营者带来较大的损失。其次，特色农产品市场考察、种植技术学习、贮藏、加工技术研发等都需要大量的先期投入，管理中一个环节的疏忽都可能给投资者带来不确定性的损失；另一方面，虽说现代科技发达，但农业生产离不开自然条件，无论是传统农业还是特色农业均要受气温、光照、降水等条件的影响，特色农业对自然条件的要求可能比传统农业更为严格，因而可能会有自然条件变化影响而导致的损失。

三、特色农业发展的条件

不同的地区有不同的自然、经济条件，适合发展不同的农业。东北地区农业发达，是我国主要的农业生产基地之一。经济作物以春麦、大豆、马铃薯、玉米、甜菜、高粱为主；北部盛产大豆、甜菜、大米等，中部则盛产高粱、小米、棉、花生等，南部盛产温带水果、玉米、棉花等。"寒暖农分异，干湿林牧全，麦菽遍北地，花果布南山"，较好地描述了东北地区农业的特点。东北东部地区作为东北地区的一个组成部分，农业基础较好，得益于以下条件：

（一）自然条件

1. 气候

热量、光照、降水等气候条件决定一个地区农业生产的品种、生产季节、耕作技术等。东北地区属于温带湿润、半湿润大陆性季风气候，夏季高温多雨，冬季寒冷干燥。东北东部是我国经度位置最偏东地区，地处中温带，南面临近渤海、黄海，东面临近日本海。受冬季风影响较大。从小笠原群岛（高压）发源，向西北伸展的东南季风，可以直奔东北。至于经华中、华北而来的热带海洋气团，亦可因经渤、黄海补充湿气后进入东北，给东北带来较多雨量。由于气温较低，蒸发微弱，降水量虽不十分丰富，但湿度仍较高，从而使东北地区在气候上具有冷湿的特征。位于东北边境最北部的佳木斯市（抚远），冬长夏短，无霜期130天左右，是全国无霜期最少的地区之一。年有效积温平均值为2 521℃；位于东北边境最南部的丹东市属暖温季风型大陆性气候，全年无霜期150天，年有效积温2 600℃。

东北四季分明、雨热同季的气候特点使其自然耕作的农作物品种为喜凉作物，生长季节为4—10月，且一年一熟。东北地区由于地处高纬，正午太阳高度低，白昼时间短，热量较少，但与同纬度的区域相比，受夏季风的影响，热量条件又比较优越，因此，我国东北是同高纬度地区唯一可以种植水稻的区域。这些独有的自然条件使东北成为我国的主要粮食产区之一。

表 5.1　　　　　**2010 年黑龙江省东部地区温度情况一览表**　　　　　单位：℃

月份	佳木斯	鸡西	牡丹江	鹤岗	双鸭山	七台河
年平均	3.2	4.0	4.3	3.3	4.3	3.6
1 月	−18.4	−15.9	−16.3	−16.6	−16.2	−17.1
2 月	−16.9	−15.2	−14.0	−15.9	−14.8	−16.0
3 月	−8.5	−7.6	−7.2	−8.1	−6.9	−7.8
4 月	3.5	3.3	3.8	2.8	3.9	3.3
5 月	15.0	14.5	15.4	14.3	15.3	14.7
6 月	23.8	23.2	23.7	23.3	24.2	22.9
7 月	22.2	22.2	22.9	21.5	22.5	22.2
8 月	20.9	21.7	22.1	20.6	21.9	21.4

续表

月份	佳木斯	鸡西	牡丹江	鹤岗	双鸭山	七台河
9 月	14.3	15.5	15.3	14.7	15.5	14.8
10 月	5.7	6.1	5.8	5.4	6.7	5.4
11 月	−5.0	−4.1	−4.2	−5.7	−3.4	−4.2
12 月	−17.9	−15.8	−15.3	−17.3	−16.8	−16.9
春季	−7.3	−6.5	−5.8	−7.1	−5.9	−6.8
夏季	20.3	20.0	20.7	19.7	20.7	19.9
秋季	13.6	14.4	14.4	13.6	14.7	13.9
冬季	−6.7	−5.3	−5.4	−6.3	−5.1	−5.9
最高	8.7	9.2	10.3	8.1	8.9	8.8
最低	−2.3	−0.6	−0.9	−1.0	0.3	−1.4

资料来源：2011 年黑龙江省统计年鉴。

东北东部地区冬季时间较长，全年 12 个月中，多数地区有 5 个月的平均温度在 0℃以下。吉林省 2010 年全年平均温度为 4.8℃。辽宁省同期全年平均温度为 8.3℃（见表 5.1，表 5.2）。

表 5.2　　　　　　2010 年吉林、辽宁省东部城市月平均气温　　　　单位：℃

月份地区	通化市	白山市	延吉市	本溪市	丹东市
1 月	−14	−16.5	−12.4	−11.6	−8.5
2 月	−9.7	−12	−10.2	−8.0	−3.9
3 月	−4.2	−6.2	−4.8	−1.5	0.9
4 月	4.5	2.6	4.4	6.2	7.0
5 月	15.2	12.8	14.3	16.1	14.8
6 月	21.4	19.8	22.0	22.4	20.9
7 月	22.5	21.4	21.3	24.4	24.0
8 月	21.3	20.2	22.2	23.0	23.5
9 月	15.9	14.9	15.8	17.7	19.4
10 月	6.9	5.8	6.7	8.9	10.7
11 月	−2.0	−3.6	−2.0	1.6	2.8
12 月	−10.6	−12.5	−11.4	−8.4	−5.9

资料来源：吉林省统计年鉴。

长冬气候有利于土壤有机质的积累，所以东北的土地肥沃；同时，冬季积雪融化可以缓解春旱现象，还可以缓解土地墒情；东部广泛分布的山区中，树木成材的时间长，病虫害少，材质上乘。但长冬的气候也有不足，它使得东北的农业只局限于种植对热量要求不高的农作物，草类枯干期长，不利于畜牧业发展；气象灾害主要表现为低温冷害和霜冻。四季分明的气候特征使得东北地区农业生产体现为春播、夏营、秋收。农忙时，农民集中劳动力进行农业生产，农闲时可以进行农田基础设施建设或从事副业，增加收入。

2. 土壤

东北的黑土区是世界上仅有的三大黑土区之一[①]。黑土土壤腐殖质深厚，有机质含量高，团粒结构好，通气和蓄水性能高，是所有土壤类型中肥力最高的。

东北东部边境北部地区是中国最大的沼泽分布区，黑龙江、乌苏里江和松花江，三条大江汇流、冲积而成三江平原。平原区内水资源丰富，总量187.64亿立方米，人均耕地面积大致相当于全国平均水平的5倍，在东部完达山地区，低山丘陵地带还分布有252万公顷的针阔混交林。从行政区划来看，鹤岗、佳木斯、七台河和双鸭山市均处于该区域。

三江平原的西南部是连绵起伏的长白山地区。长白山脉北接三江平原，南延至辽东半岛与千山相接，包括完达山、老爷岭、张广才岭、吉林哈达岭等平行的断块山地，山地海拔多在800~1500米。气候属于受季风影响的大陆山地气候，气候受地势高低影响大。在海拔较高的山峰，降水主要以雪的形式存在。土壤随着气候、地势、海拔高度的不同而不同，海拔从低到高垂直分布着4种类型的土壤：海拔700~1 600米属于暗棕色森林土；1 100~1 700米分布着棕色针叶土（山地棕色森林土）；1 700~2 000米为山地草甸森林土、2 000米以上为山地苔原土。分布迥异的土壤生长着不同的植被。暗棕色森林土其地貌为熔岩台地，植被以阔叶红松林为主以及白桦、椴木等；棕色针叶林土其地貌属倾斜熔岩高原，受河流的切割，河谷多呈"U"型隘谷，土层厚度达30—40厘米，植被以云杉、冷杉和鱼鳞松为主。从行政区划来看，鸡西、牡丹江、白山、延吉、通化地处该区域。

长白山脉延绵至本溪、丹东，就进入辽东丘陵区域。该区域土壤的成土过程以粘化作用为主，地带性土壤是棕壤，较高山地为暗棕壤，平地分布有草甸土等。地带性植被为赤松和栎林为主的暖温带落叶阔叶林，随着地势增高，分

---

① 另外两处分别在美国的密西西比河流域和欧洲的乌克兰大平原。

布有针阔叶混交林、针叶林和岳桦矮林，是我国柞蚕和暖温带水果基地。

3. 水

东北地区是水资源相对贫乏的地区，但东北东部水系发达，由北向南，除黑龙江、乌苏里江和松花江外，还分布有图们江、鸭绿江等大的河流，江河密集。区域内除江河广布外，境内还分布有兴凯湖、镜泊湖等大小众多湖泊。充足的水资源保证了农业生产的需要。东北地区年降水量与其他地区相比并无显著优势，但由于蒸发较弱，因此，相对湿度较高。东北东部地区年降水量均超过 500 毫米，相对湿度普遍为 60%～75% 之间，因而有利于农作物的生长。

4. 生态

许多特殊植物或动物会对生态环境有特殊的要求，比如海蚯蚓，它必须在无污染的海水里才能生长；人参只能生长在昼夜温差小、海拔 500～1 100 米山地缓坡或斜坡地的针阔混交林或杂木林中；松茸长在寒温带海拔 3 500 米以上的高山林地，生长的地方需要具备三个基本条件，即美人松、大理香花、沙壤土。这些特色农产品只有在特定的良好生态环境中，农产品的本质特色才能保持住。东北东部边境地区生态环境保持良好，珍稀物种才得以生存与繁衍。

（二）技术管理条件

地域性是农业生产鲜明的特征。因为各种动植物都有特定的"适生环境"，同某种自然环境之间形成特定的依存关系。批量生产，追求经济效益，自然在技术管理方面有一定要求。

1. 粮食生产、储运技术管理

东北边境地区的主要粮食作物是玉米、水稻、大豆。玉米喜温、要求生长湿度适宜，降水少的地方需要灌溉方可大面积种植。我国满足这种条件的最佳地域就是东北三省。水稻是一种喜温、喜湿作物，多分布在有水源和排灌设施的平原、丘陵、盆地等地区。东北东部由于水资源丰富，成为我国北方稻区的重要组成部分，不仅产量大，还因生长期长、米质佳而畅销关内。大豆随着纬度提高，含油量逐增，而蛋白质含量渐减。东北地处高纬，大豆的品质要优于我国的低纬度区域，成为世界上最大的非转基因高油大豆产区。由于气候、水源、土质、土地规模的优势，东北地区是我国公认的商品粮生产基地之一。黑龙江省粮食商品量、专储量均居全国第 1 位，吉林省的人均粮食占有量、人均商品粮保有量、外销量居全国第 1 位。区域内主要栽作物玉米、大豆和水稻。粮食优质种子的培育、生产、推广和使用在全国居于前茅。由于地广人稀，东北边境的平原地区人均耕地面积居全国首位，因此可以采用机械化作业，并十分适宜推行深耕、深松技术和玉米、大豆轮作，大量节约生产成本。从管理角度而言，东北地区商品粮生产、收购等管理经验丰富。生物化肥技术的使用程度也高于全国平均水平。在东北农业耕作中，基本普及使用一次性化肥和除草剂，以提高粮食单位产量。

2. 专项技术管理

东北东部除作为我国重要的商品粮基地之一，还有许多特殊物产。这些特殊物产依赖于特定的地理环境才能存在，由此决定了该物产的生产技术达到了国际或国内最优。例如柞蚕，也称"野蚕"，靠食用柞树叶生存，吐出的丝可用于该种织绸可防辐射。柞蚕的生长需要特殊的温度与湿度，否则蚕病发生几率大，影响柞丝品质。而满足柞蚕生产的自然条件的辽宁，占有全国柞蚕生产的80％以上，而其80％又分布在辽东山区等少数区域。因而，辽宁成为全国最大的柞丝生产基地。在长期的农业生产中，人们逐渐积累了这些特殊物产的生产技术，因此，作为全国最大的柞蚕生产基地，其柞蚕育种、柞丝处理与柞蚕病防治技术均居于世界领先地位。

蓝莓喜酸性土壤，空气应湿润、冷凉，全国有部分地区的气候、地理环境均符合。全世界有30多个国家和地区正在开展蓝莓商业化栽培，但因自然条件和苗木培育较难，产业很难做大。在辽宁丹东地区，自然条件不是问题，攻克苗木培育等技术难题成为做大蓝莓产业的关键。丹东地区历经近10年的试验种植、技术研究，从多方引进的80余个国外蓝莓品种中选育出适合丹东地区种植的14个蓝莓品种，使丹东地区成为截至2012年4月为止，我国最大的蓝莓种植基地和集散地，在技术管理上积累了丰富的经验。

综上所述，由于特色农业针对的种植或养殖对象特殊，往往在特定的地理区域可见，因此，技术管理条件要求也较高。

（三）社会经济条件

传统农业解决区域居民生存所需的粮食、蔬菜和副食品的基本供应的数量问题；特色农业则旨在解决粮食、蔬菜和副食品供应的质量问题。要发展特色农业，必须有特定的社会经济条件与之相适应。

1. 市场条件

从国内外市场目前的发展态势来看，增产即增收的思想已不符合市场的现状。因为只有在物资短缺、供不应求的情形之下，农业生产的重心才是增产。市场情况发生变化，会对特色农产品的需求产生较大影响，通过价格传导机制，进而影响供给。

（1）国内市场

近年来我国工业发展迅速，一方面不断发展的工业提高了人们的生活水平，其发展使农业产品的需求质量与数量不断提高；另一方面农业生产技术水平的提高也离不开工业支持，多数农业生产物资还是由工业生产提供的。因此，发达的工业为农业发展提供了支撑，也为特色农业发展提供了可能。

从农产品需求角度看，近年来，我国居民人均收入不断提高，消费支出结构也发生了较大的变化，城市恩格尔系数由 1999 年的 42.1% 降至 2010 年的 35.7%，同期农村恩格尔系数也由 52.6% 降为 41.1%。城乡恩格尔系数的变化说明居民的消费结构正在向优质化方向变化；人们已远不满足"吃饱"，更多的是追求"吃好"；对农产品的选择性和挑剔性逐渐增强，居民食物结构逐步从温饱数量型向小康质量型转变。居民食物多样化、精细化、营养化的要求，使传统农产品的需求减少，价格弹性也随之下降。

从区域农业产品消费结构来看，东北地区的鲜菜、食用植物油、鲜蛋、鲜瓜果的人均消费量均高于我国其他区域。肉类的消费结构中，牛羊肉消费量最大，猪肉的消费量高于东部地区，但少于中部和西部地区。鲜奶的消费量高于中部地区，低于东部和西部地区。说明东北地区的口味"偏素"，更喜欢食用植物油、鲜菜、鲜瓜果、鲜蛋，肉类（含猪肉、牛羊肉合计）人均消费量为各地区中最小（见表 5.3）。

表 5.3　　2010 年东、中、西部及东北地区城镇居民家庭
平均每人全年购买的主要商品数量　　　　　单位：千克

商品	东部地区	中部地区	西部地区	东北地区
鲜菜	109.34	121.55	119.66	124.07
食用植物油	7.88	9.62	9.38	9.82
猪肉	21.14	19.66	23.63	15.82
牛羊肉	3.38	2.89	4.94	5.16
鲜蛋	10.55	10.31	7.68	11.66
鲜奶	15.36	11.13	15.20	12.44
鲜瓜果	55.31	54.52	49.12	59.23
煤炭	19.17	54.25	40.83	38.25

资料来源：中国统计局网站 http：//www.stats.gov.cn/tjsj/ndsj/2011/indexch.htm。

（2）国际市场

目前，国际农产品供求市场缺口最大的是有机食品市场。有机食品是在生产加工中不使用化学农药、化肥、化学防腐剂和添加剂，也不用基因工程生物及其产物，真正的源于自然、富营养、高品质的安全环保生态食品。目前为止，主要消费地区集中在北美和欧洲，占全球消费的 97%。绝大部分有机产

品与常规产品的差价在 10%～50% 之间，高的可达 3～4 倍、甚至 10 倍。研究显示，有机食物的营养价值，较其他有化学成分的食物高出 3 倍。

自 2005 年起，全球的有机食品产业就一直处在急剧的供应短缺的状态，需求的高增长导致几乎所有类型的有机食品如水果、蔬菜、饮料、谷物、种子、草药、香料等都供应紧张。随着人类环境意识觉醒，人们的食品安全意识也随之提高，消费者对纯天然、无污染的健康食品的需求逐渐增加，全球无公害农产品生产体系应运而生，国内消费者对有机食品的认可度逐渐提高，无论是国际市场，还是国内市场，有机食品的发展均方兴未艾。

2. 运输条件

有了具有商业价值的特色农产品，还要使消费者能够在市场中顺利地购买到。我国是粮食消费的大国，粮食生产重心逐步向主产区集中，流通格局从"南粮北调"变为"北粮南运"。东北地区在国家粮食安全格局中的地位越来越重要，但粮食流通和仓储问题亟待解决。东北东部地区毗邻俄罗斯、朝鲜，与日本隔海相望，整体沿边、靠海、临港的区域优势明显，国际交流日益增多。笔者在珲春考察时遇到我国南方客商寻找商机，设想将我国南方的海鲜运至珲春，但由于珲春没有机场，海鲜需从延吉机场转运至珲春，时间间隔有些长而放弃。丹东到集安的直达客车没有开通前，集安的普通居民想吃海鲜颇费周折，自从当日可达的客车开通后，常见旅客随身携带装虾蟹的小泡沫箱。显然，交通运输条件也是特色农业发展的重要影响因素。

第二节　东北东部边境地区特色农业发展的现状及问题

发展特色农业是对传统农业结构进行升级改造的必由之路。当今发达国家的农产品加工业对国民经济生产总值的贡献是汽车工业的 1.5 倍，食品工业贡献是汽车工业的 2 倍。可见做优特色农产品加工业可以历久不衰。从目前来看，东北东部在这方面已做有益的尝试与探索。

一、特色农业发展的现状

（一）特色农业初具规模

东北东部边境地区农业发展有着得天独厚的优势，黑龙江省的特色农业以三江平原为依托；吉林省的特色农业以长白山物产为基础；辽宁省特色农业以丘陵密布、江海交界为特征。

1. 黑龙江的农场经济

地处黑龙江、乌苏里江和松花江交汇之处的三江平原是水稻、小麦、大豆、玉米及各类经济作物的最佳生长地，土地肥沃，自然灾害较少，人均耕地面积全国最高，适合机械化耕种，是国家战略储备粮基地。黑龙江农业经营以农场经济为主体，农场隶属农管局。黑龙江共有9大农管局，114个农场。其中，东北东部分布着54个农场，农场数量占全省近一半（详见表5.4）。

农场经济的特点是土地经营面积大，机械化程度高，规模经济效益显著。以位处三江平原的佳木斯八五二农场为例，面积有1 363平方千米，比香港略大，耕地面积120万亩。农场职工可以承包耕地，自购或租赁农业机械进行耕种。这种规模化耕种的条件在我国的优势十分显著。同时，通过农场经营的方式也有效地保证了我国的粮食安全。地处边境的许多农场拥有外贸出口权，农管局也积极在俄租用土地，扩大生产和出口量。2006年，我国免除农业税的惠农政策开始实施，同年，又在粮食直补基础上实施对种粮农民的农资综合直补政策。从政策层面，充分调动粮农种粮的积极性，农场经济发展势头良好。

表 5.4　　　　　　　　　黑龙江省东部边境地区农场列表

所属分局	农场名称	所属区域	所属分局	农场名称	所属区域
宝泉岭分局（萝北县）	二九〇农场	绥滨县	红兴隆分局（友谊县）	友谊农场	友谊县
	绥滨农场	绥滨县		二九一农场	集贤县
	江滨农场	萝北县		五九七农场	宝清县
	军川农场	萝北县		八五二农场	宝清县
	名山农场	萝北县		八五三农场	宝清县
	延军农场	萝北县		饶河农场	饶河县
	共青农场	萝北县		红旗岭农场	饶河县
	宝泉岭农场	萝北县		双鸭山农场	双鸭山市
	普阳农场	绥滨县		江川农场	桦川县
	新华农场	鹤岗市		宝山农场	桦川县
	汤原农场	汤原县		曙光农场	桦南县
	梧桐河农场	萝北县		北兴农场	七台河市
	依兰农场	依兰县			

所属分局	农场名称	所属区域	所属分局	农场名称	所属区域
建三江分局（富锦市）	七星农场	富锦市	牡丹江分局（密山市）	八五六农场	虎林市
	大兴农场	富锦市		八五八农场	虎林市
	创业农场	富锦市		庆丰农场	虎林市
	勤得利农场	同江市		云山农场	虎林市
	青龙山农场	同江市		八五五农场	密山市
	前进农场	同江市		八五七农场	密山市
	洪河农场	同江市		八五一一农场	密山市
	鸭绿河农场	同江市		兴凯湖农场	密山市
	浓江农场	同江市		八五一〇农场	鸡东县
	前哨农场	抚远县		海林农场	海林市
	前锋农场	抚远县		宁安农场	宁安市
	二道河农场	抚远县		山市农场	海林市
	八五九农场	饶河县		八五〇农场	虎林市
	胜利农场	饶河县		八五四农场	虎林市
	红卫农场	饶河县			

资料来源：笔者自行整理。

2. 吉林的中草药产业

吉林省的边境城市延边、白山、通化均地处长白山区。长白山素有"世界生物资源宝库"之称，是我国三大中药材基因库之一。由于整个长白山区开发程度低，中药材的生长环境保持得较好。经最新调查，长白山区有药用生物资源443科、2 790种。全国重点普查的363个药材品种中，长白山区就有137种，其中蕴藏量占全国50％以上的药材品种就多达40余个。人参、鹿茸、林蛙油、关防风、平贝母、龙胆草、细辛、五味子、柴胡、大力子、黄芪等药材质量优良，产量居全国之冠。在全国18个中药材大市场上，东北产中药材不但占有较大份额，而且多数品种久盛不衰。

长白山区药材资源的开发潜力还相当大。一方面，中草药的开发前景较好。从中药材产品来源看，上市的中药材中有60％的品种、40％的产量来自野生资源。野生资源的高比例虽然保证了质量的优良，但造成了资源的破坏和部分稀少野生药材更加珍稀，也破坏了优势资源的可持续利用。在中药材专家的努力下，已有20％左右的野生药材资源人工栽培成功，其中一部分正在大力推广，如人工种植关防风、党参、龙胆草、柴胡、大力子、黄芪、远志、五

味子、天麻，养林蛙、养熊、养麝等。中药材专家们在科技部门的扶持下，对其他野生药材资源，特别是那些市场长期缺口大、经济效益高、加工增值潜力大的中药材资源，正在进行"野生变家植"的试验，成功一个，推广一个。尽快实现"野生变家植"，"规范化栽培"，为中药材的种植、加工、市场开拓提供了良好机遇。

另一方面，中草药产业集群在通化已经形成，以修正药业、通化金马等大型医药企业带动了中草药的深加工不断向推进。通化是全国第一个被命名的"中国医药城"，是国家科技兴贸出口创新基地、国家级现代中药、生物医药产业基地、长白山中药材基地和生物产业国家高技术产业基地，制药工业总量和效益连续21年居吉林省第一位。通化市制药企业现已发展到84户，203条生产线通过了GMP认证，8户企业进入全国中药工业利润百强，修正药业进入全国制药行业十强。38户医药企业被认定为国家级高新技术企业，其中13户被认定为国家重点高新技术企业。通化医药产业集群被评为中国百佳产业集群。除了通化本地药业企业，目前，长白山地区中药材的高质量，巨大的市场开发潜力已经吸引全国大型医药集团的目光。同仁堂、三九集团、和记黄埔等十几家全国特大型医药集团，正在制定在吉林省建立中药材种植基地计划。在这些大企业的推动下，东北地区的中药材种植将会进一步向前发展。

3. 辽宁省的水产养殖

辽宁的边境城市丹东地处江海交界，是边境11市（州）中唯一可以同时进行海水养殖与淡水养殖的地区。丹东所处海区是我国纬度最低的海区，海水水温相对较低，海域营养盐丰富，非常适合东港梭子蟹、大黄蚬、菲律宾蛤仔生长。以梭子蟹为例，该生物一般在3～5米深海底生活及繁殖，冬天移居到10～30米的深海，喜在泥沙底部穴居。其适应盐度为16‰～35‰，pH 值在7～9之间，最适盐度为26‰～32‰之间，最适温度是22℃～28℃。水质要求清新、高溶氧。早在2004年，辽宁省丹东市就通过了国家环境质量评价，得天独厚的自然条件造就了这一海区水生物较同类水产品内在品质上的独具优势。丹东出产的上述产品经中科院检验，其营养成分明显高于全国同类产品。这些绝无仅有的海上佳品以品质赢得了市场。2010年6月24日丹东市质量技术监督局正式发布东港梭子蟹、东港大黄蚬、东港菲律宾蛤仔这3项养殖技术标准，标志着该区域的特色水产品生产从此步入规范化、系统化、科学化轨道。

丹东的宽甸县域内河流密集，是"辽宁淡水资源的第一大县"。全县网箱养殖面积达32万平方米，网箱商品鱼产量达3.5万吨，占全县水产品总产量的54%。网箱主养的品种有德国镜鲤、彭泽鲫、鸭绿江斑鳜、黄颡、鲤鱼等，除出口创汇品种外，还有鲢、鳙、丁桂、鲟鱼、马口、香鱼、重唇等。全县为此成立了网箱养殖协会，设置了 12 家渔业专业合作社。网箱设施不断更新改造，机械投饵占养殖户的 86％。网箱养殖品种除出口品种以外，10 多个品种成为网箱养殖的品种。目前，鸭绿江水丰水库已成为全国最大的淡水网箱养殖基地。

在政府的大力扶持下，丹东又着力于建立科技示范区和龙头企业，不断扩大养殖规模。充分发挥示范区和龙头企业对周边地区养殖业的影响力和号召力，逐步建立以海洋红为中心的海蜇养殖示范区；以黄土坎为中心的海参养殖示范区；以北井子为中心的梭子蟹养殖示范区；以长山子为中心的黄颡鱼养殖和稻田养殖示范区。这些养殖示范区带动了水产品养殖技术的推广，也使辽宁东部边境地区的水产养殖独树一帜，声名远播。

（二）特色农业尚有巨大的潜力可挖

东北地区是我国粮食的主产区，东北三省中，黑龙江省和吉林省是农业大省，辽宁省相对而言农业经济规模较小。但在传统农业的经营模式之下，较难取得较高的经济效益。表 5.5，5.6，5.7 列示了黑龙江、吉林和辽宁三省三产业对经济增长的贡献率。

表 5.5　　　　2000－2010 年黑龙江省三次产业对经济增长贡献率　　　单位：％

年份	地区生产总值	第一产业	第二产业 （工业、建筑业）	第三产业
2000	100	−5.1	74.6	30.5
2001	100	11.7	59.3	29.0
2002	100	10.9	58.6	30.5
2003	100	3.6	65.5	30.9
2004	100	14.4	61.5	24.1
2005	100	8.3	62.1	29.6
2006	100	8.7	57.0	34.3
2007	100	4.1	54.3	41.6
2008	100	7.8	55.1	37.1
2009	100	4.9	62.3	32.8
2010	100	5.0	62.9	32.1

资料来源：2011 年黑龙江省统计年鉴。

表 5.6　　　　　　2000－2010 年吉林省三次产业对经济增长贡献率　　　　单位:％

年份	国内生产总值	第一产业	第二产业 （工业、建筑业）	第三产业
2000	100	21.7	44.8	33.5
2001	100	10.1	47.0	42.9
2002	100	12.9	44.3	42.8
2003	100	11.0	55.9	33.1
2004	100	12.0	52.2	35.8
2005	100	14.5	41.4	44.1
2006	100	4.9	49.6	45.5
2007	100	1.2	58.3	40.5
2008	100	8.1	53.6	38.3
2009	100	2.7	59.4	37.9
2010	100	3.1	66.4	30.5

资料来源：2011 年吉林省统计年鉴。

表 5.7　　　　　　2000－2010 年辽宁省三次产业对经济增长的贡献率　　　　单位:％

年份	国内生产总值	第一产业	第二产业 （工业、建筑业）	第三产业
2000	100	－2.0	65.4	36.6
2001	100	8.0	42.2	49.8
2002	100	8.6	47.5	43.9
2003	100	6.5	51.0	42.5
2004	100	6.4	57.0	36.6
2005	100	6.5	53.0	40.5
2006	100	2.1	53.6	44.3
2007	100	2.7	57.4	39.9
2008	100	4.3	60.1	35.6
2009	100	2.0	60.7	37.3
2010	100	3.2	61.6	35.2

资料来源：2011 年辽宁省统计年鉴。

由以上三表可知，第一产业对地区生产总值的贡献率远低于第二产业，对于区域经济增长贡献大的是工业与服务业。特色农业正是要突破传统农业的经营模式，将其注入第二产业（深度加工、精加工）与第三产业（休闲旅游、采摘旅游等）因素，从而增加其对区域经济的影响力。总体来看，东北东部地区的特色农业蕴涵着巨大的潜力。具体表现在：

1. 森林资源丰富，林间产品优质高产

我国的森林资源面积19 500万公顷，次于俄罗斯、巴西、加拿大、美国，高于印尼、刚果（金），居世界第5位。但我国的森林面积和蓄积量同国土面积相比是不相称的。在占地球陆地6.4%的辽阔大地上只有占地球5%的森林，全国森林覆盖率20.3%，人均森林面积居世界第134位。东北东部边境地区由于地处边远，小兴安岭和长白山的林木蓄积量丰富。小兴安岭地区因气候寒冷潮湿，有红松、云杉、冷杉等140多种林木；长白山林区气候较温暖，除有针叶树以外，还有阔叶树生长，成为混交林，以红松、落叶松、杉松、赤松（以上为针叶树）、胡桃、楸、水曲柳（以上为阔叶树）等为主要树种。黑龙江省牡丹江市是黑龙江著名的三大林区之一，素有"林海雪原"之称，森林覆盖率为68%。位处长白山的边境城市区域森林覆盖率达到60%以上，其中吉林省白山市位于长白山腹地，境内森林覆盖率高达83%，居全国森林覆盖率城市之首（见表5.8）。

表5.8　　　　　　　　　　长白山区域边境城市森林覆盖率一览表

指标	丹东	本溪	白山	延边	通化
森林覆盖率/%	65.9	74.5	83	79.5	62.9

森林覆盖率高意味着生态环境保护得较好，林间植被丰富，因而动植物资源丰富，为特色农业的发展提供了良好的条件。林间食用菌类丰富，松茸、猴头、木耳、元蘑、榛蘑、榆黄蘑、鸡油蘑、羊肚菌、扫帚蘑及各种牛肝菌远近闻名；人参、鹿茸、细辛、木通、天麻、黄芪、贝母、龙胆、草苁蓉、甘草、熊胆、蛤蟆油等中药材畅销国内外市场；橡子、榛子、松子、板栗等坚果品质优良；蕨菜、刺嫩芽等山野菜近80种。东部山区中这些山间珍品不仅种类繁多，而且产量很高。因生长在山野林中，没有化肥的污染，营养丰富且具有浓郁特有鲜味。因此，上述特色产品颇受人们喜爱。

2. 水系发达，珍稀物产丰富

东北东部边境均以水为界，极少部分陆路相连。除界江以外，还有较多的内陆湖与界江支流；黑龙江、乌苏里江、图们江、鸭绿江内淡水产品品种丰富。黑龙江人因鱼的种类太多，为了好记，称黑龙江、乌苏里江中的鱼有"三花五罗十八子七十二杂鱼"。鳌花、鳊花、鲇花、哲罗、法罗、重罗、雅罗、胡罗，统称为"三花五罗"；"十八子"并不逊于"三花五罗"，也是鱼之珍品，而且并不止十八这个数，十八只是形容其多。"十八子"包括岛子（大白鱼）、七粒浮子（施氏鲟）、嘎牙子（黄颡鱼）、牛尾巴子（乌苏里鲶）、鲤拐子（鲤鱼）、鲫瓜子（鲫鱼）、鲢子（鲢鱼）、鲇鱼球子（鲇鱼）、柳根子、船钉子（蛇鮈）、细鳞子（山细鳞）、黄姑子（黄鲴）、红眼瞪子（赤眼鳟）、麦穗子（麦穗鱼）、葫芦片子（黑龙江鳑鲏）、沙姑鲈子（葛氏鲈塘鳢）、红尾巴梢子（赤梢鱼）、白漂子（尖头柳根子）。七十二杂鱼中，也有名气较大的，如黑龙江里的鲤鱼、鳇鱼、大马哈鱼、山鲶鱼（江鳕）、黑斑狗鱼、怀头鲶、黄瓜香（公鱼）、刁子、七星子（日本七鳃鳗）、山鲤子（东北鳈）、斑鳟子（黑龙江鮰鱼）等；图们江盛产滩头鱼、大马哈鱼、鲻鱼、梭鱼、细鳞等溯河洄游鱼类和冷水定居鱼类。鸭绿江盛产鲫鱼、斑鳜、唇骨、马口鱼、鲶鱼、鲤鱼、甲鱼、梭鱼、河蟹等，珍稀鱼类有细鳞鱼、花羔红点鲑、鳌花鱼、鸭绿江鱼回鲴鱼等。这些物产，为特色养殖业提供了良好的发展基础。

3. 具有良好的国际市场空间拓展优势

东北东部边境地区与俄罗斯、日本、韩国、朝鲜相毗邻，具有显著的区位优势，由于运距短、运销便捷，适宜蔬菜、水果、水产品、肉类等高价值农产品出口，有利于充分发挥中国农产品的比较优势。中国与这些国家和地区早有贸易往来，通过以往的贸易渠道特色农产品相对容易被国外消费者所接纳。此外，欧美近年来对有机食品的需求量不断增加，但贸易壁垒森严，适当采用转口贸易的方式可以寻找到更多商机。从国内市场需求看，人们对原生态食品的接受度也越来越高，愿意以较高的价格购买高品质的商品。

综上所述，东北东部地区无论从自身的优势，还是从发展的态势来看，特色农业发展时机成熟。特别是近年来，由于国内市场中食品安全问题频发，苏丹红鸭蛋事件、双汇集团"瘦肉精"事件、三鹿奶粉的"三聚氰胺"事件、上海盛禄的"染色馒头"事件，使我国消费者对食品安全问题日益关注。我国消费者认可的是绿色食品。东北东部地区由于特殊的地理位置和气候特征，农作物一年一熟，土地在冬季可以得到一定的"休养"，气候寒冷，病虫害相对较少，农药使用量小；同时，边境山区土地化肥的使用量较小，生态环境保护得较好，水体污染较少，因此，是天然的绿色食品生产基地。部分地区符合有机食品发展的基本要求，具备有机食品生产的潜质。

二、特色农业发展中存在的问题

发展特色农业不仅可以丰富市场，满足人们的多样性需求，而且可以促进农民增收和实现区域经济的繁荣，可谓一举多得。但实际推行过程中，也面临着一些困难。

（一）农业政策投入不足

如前所述，特色农业发展潜力很大，但现在总体而言整个社会对农业的投资仍显不足，在经济相对落后的边境地区，资金的稀缺性体现得更为充分。尽管东北东部边境地区的农产品品质优于经济发达地区，但由于国家的重视程度不够，在同等条件下上市融资等相关资源的配给很难争取获得。东北东部地区的土特产在我国的其他山区有时会遇到竞争者，如中草药、板栗、山葡萄、苗木花卉、菌类土特产、精品鱼类等。如果不能在政策投入上获得政府的倾斜，农业基础设施投入不足，其原材料的优势很难得到充分发挥。因为从种植环节看，特色农业发展与传统农业一样需要提高排水灌溉能力、增强防灾能力、提高生态保护能力；从销售环节看，特色农业经营者需要公共服务平台实时提供全球农业信息，如农产品产量、质量、价格等。如果没有这些投入，仅凭农民的自发投入，这种情况持续下去，最大的可能性是促成东北东部地区成为其他国家和地区同类产品的原材料供应地，在产业链条中始终处于低端位置。

在经济发展水平相对较高的辽宁丹东凤城调研时，我们发现，由于特色农产品的深加工产品在国际市场中推广的市场开拓费用高启，该地区品质优良的小浆果、中药材都仅限于初级产品在国内外市场销售，并且出现了国内市场与国际市场农产品销售价格倒挂的现象。原因在于，一是我国的出口产品退税可以补充国际市场农产品低价销售的亏损部分，涉农企业由于资金不足，因此难以对深加工产品进行研发投入。二是从技术层面来看，出口农产品深加工品种外销需要满足欧美等国的卫生检疫标准，边境县的企业有较多资金困难，因而无法引进技术加以突破。企业一旦资金不足，在竞争激烈的态势下，规模经济无法实现，就无法有效降低成本，进而推进资源的开发利用的深度和广度。一家一户的单独生产模式也不利于生产技术的提高和有效抵御市场风险，最终导致了各地的产业结构趋同、产品结构趋同，造成产品竞争力下降，反而失去了特色。凤城特色农产品销售遇到的问题在东北东部地区较为普遍，在全球经济一体化的趋势下，优质低价的农产品取代质次价高或质优价高的产品虽是市场规律，但用最快的速度抢占市场，树立品牌形象是保证这一市场规律起效的先决条件。这样看来，政府和有关部门在农业技术、农业教育、市场开拓方面所做的投入是使特色农业得到持续稳定发展的基础条件。

（二）农业标准化生产未形成

当前，世界农产品贸易主要在发达国家之间进行，占世界人口 75％以上的发展中国家农产品贸易量只占 30％左右。世界发达国家的农业科技进步贡献率达到 75％以上，而中国仅有 50％左右。在包括专利、地理标志、植物新品种等农业知识产权方面，西方发达国家处于垄断地位，使得发达国家的农产品在世界市场上具有很大的技术竞争优势。国内企业面临的困难之一就是标准化问题。吉林省的边境城市延边、白山、通化均地处长白山区。境内群山起伏，森林茂密，由于自然条件得天独厚，所以是人参、鹿茸、灵芝等珍稀药材的出产地。尽管东北中药材在国内市场中占据重要的市场地位，但在国际市场推广中却困难重重。据世界卫生组织统计，目前全球植物药市场规模约为 600 亿美元，如此诱人的市场，国内中药企业却只能远远地看着。原因出在认证标准上，欧盟 2004 年出台的《传统植物药注册程序指令》规定，产品若在 2011 年 4 月 30 日前不能完成注册，将不能在欧盟境内销售和使用。

中药国际认证门槛代价过高，单个品种注册需要 100 万元，一般企业有多个品种，注册成本都超过许多吉林企业的销售额；认证时间长，一般要 1～2 年；此外，传统草药"在申请日之前至少要有 30 年的药用历史，其中包括在欧盟地区至少 15 年的使用历史"，而国内绝大多数以非药品身份在欧洲销售的中药产品难以提供在欧洲有效的销售证明。

如此高的进入门槛，将包括东北三省在内的我国中药企业排斥在国际市场之外。南方资金经常光顾东北三省中药市场，他们往往通过初级原料的索取，通过香港等市场渠道，代工出口中药衍生品，要不就是外企介绍的方式，获取国外订单。表面上来看，东北的中药资源得到了消化，但显然不是长久之计。长此以往，我国只能获得极为廉价的初级产品销售收入，而高端产品的绝大部分利润为加工销售环节所得。

（三）特色农产品的品牌建设任重而道远

从目前东北边境各地区的发展规划来看，以"五大连池""兴凯湖""长白山"等地理标志命名的特色农产品，既具有知名度，又具有原生态的特征，具有较高的知名度。但其下的品牌系列产品还有待进一步地挖潜。

国家地理标志产品是产自特定的区域，质量、声誉及其他特性取决于产品产地的自然因素和人文因素，有浓厚的地域特征的产品。要成为国家地理标志保护产品，需通过国家质检总局针对该产品设立的专家审查委员会的审查。产品在取得地理标志保护产品保护后，就拥有了较高层次的知识品牌和身份标志，提升了产品的知名度和竞争力。一般来说，售价比非标志产品售价要高出 15％～20％。因为，该产品是在特定区域按特定生产方式生产，因而具有特殊品质的商品。如果有人冒充该地区产品，影响其声誉，可以寻求法律保护。表 5.9 列示了东北东部边境地区已获批准的国家地理标志产品。

国家地理标志产品多数是对初加工产品的品质保护。将拥有国家地理标志的初级农产品进行深加工而获利，也是促进特色农业发展的一个有效途径。例如，东北地区是大米集中的产地，但优质大米不仅可以作为口粮出售，还可以深加工出诸多产品。如米糠油、淀粉糖等。食用米糠油可以降胆固醇，米糠油在日本市场销量不错，价格也高。淀粉糖生产与消费近年来在我国也增势明显。目前，美国等发达国家已把大米蛋白应用到医药、保健品、化妆品和蛋白质工程等高新领域，并普及到婴儿食品、低过敏性食品、高档代乳品和发泡剂等领域。当然，这些深加工产品必然需要品牌化经营。没有品牌，就无法获得产业链高端的利润。

表 5.9　　　　东北东部边境地区已获批准的国家地理标志产品

区域	获批产品
黑龙江东部边境地区	响水大米、兰岗西瓜、穆棱晒烟、东宁黑木耳、海林黑木耳、海林猴头菇、穆棱大豆、镜泊湖红尾鱼、五常大米、饶河黑蜂系列产品、方正大米、铁力北五味子、铁力平贝母、铁力"中国林蛙油"、宝清红小豆、黑龙江大马哈鱼子、抚远"黑龙江鲟鳇鱼鱼子"五营红松籽、五营黑木耳、板子房西瓜、梅里斯洋葱、宝清大白板南瓜子、挠力河毛葱、孙吴大果沙棘、五营木都柿果酒、玉泉酒、珍宝岛大米、讷河马铃薯、中国北极蓝莓、北大仓酒、建三江大米、富裕老窖酒、红星蕨菜、红星平贝母、富锦大豆、桦川大米
吉林边境地区	吉林长白山人参、吉林长白山林蛙油、吉林长白山天然矿泉水、吉林梅花鹿鹿茸、鹿血、鹿鞭、鹿尾、鹿筋、鹿脱盘、鹿胎羔、长白山红景天、长白山淫羊藿、白城燕麦、白城绿豆、白城油葵、抚松人参
	延边苹果梨、延边大米、延边黄牛肉、大川平贝母
	通化山葡萄酒、梅河大米、姜家店大米、集安板栗、集安鸭绿江咸鸭蛋、乾安黄小米、柳河山葡萄、大泉源酒、查干湖胖头鱼、黄松店黑木耳、集安边条参、集安贡米、集安山葡萄、集安北五味子、
辽宁边境地区	桓仁大米、桓仁冰酒、桓仁山参、桓仁蛤蟆油、桓仁红松子、桓仁大榛子
	东港梭子蟹、东港大黄蚬、东港杂色蛤、宽甸石柱参、丹东板栗、东港草莓、东港大米

资料来源：笔者自行整理。

（四）粮食储运条件亟待改善

东北地区受所处地理位置和自然条件限制，粮食外运主要通过铁路进行。由于地处全国铁路网末梢，到南方主销区城市运距长、运费高，铁路运输矛盾较为突出。同时，粮食加工业发展滞后，粮食产业链条短，组织化程度低，整体竞争力和抵御风险能力不高，也加剧了大量粮食外运的压力。

此外，由于东北地区粮食一季生产，收获后大量集中上市销售，粮食购销时间紧、矛盾突出。虽有国家保护价收购大米、大豆政策，但由于目前执行中央储备粮收购任务的粮库库点少、布局不合理等因素影响，部分地区农民交售中央储备粮困难，有些仓库老化陈旧，破损问题严重；仓储设施不配套，整体功能不完善。粮食仓储能力不足形成了粮食储运瓶颈。

第三节 东北东部边境地区特色农业的结构调整

如前所述，东北东部边境地区特色农业依托自然资源优势已有一定的发展，但受制于资金、技术、市场等因素的制约，其发展的速度还有一些不确性因素存在。加上农村劳动力素质低，与新形势下的现代农业发展需求不相适应，致使一些农民想转无路、就业无门。因此，依靠农民自发的力量来发展特色农业速度迟缓，政府为此需在特色农业的结构上加以引导。众多研究产业结构的经济学家认为，如果某一地区能够根据经济发展阶段的要求，正确选择主导产业，加以重点扶持和优先发展，将会极大地促进经济的发展和产业结构的调整。东北东部粮食种植及加工产业、中草药种植及加工产业、山区特色产品的种植采集及加工产业等如果能在保护生态的基础上有序发展，其经济效益潜力大，发展前景好，且可持续。因此，东北东部边境地区特色农业的发展势在必行。方向确定后，其实施的原则为：

一、因地制宜发展劳动密集型特色农业

东北地区既是老工业基地，又是我国的粮食主产区之一。老工业基地转型和城市化建设都是一项长期且艰巨的任务。表 5.10 数据表明，在工业大省辽宁省，2010 年第一产业的地区生产总值虽然只占 8.8%。但同年，第一产业从业的人数却占三次产业从业人员总数的 30.4%。这说明，目前，农业的劳动密集型特征仍然显著，在特色农业发展过程中，必须因地制宜。

表 5.10　　　　　2000－2010 年辽宁省国民经济主要比例关系　　　　　单位：%

指标	2000 年	2005 年	2006 年	2007 年	2008 年	2009 年	2010 年
地区生产总值产业比例							
第一产业	10.8	11.0	10.1	10.2	9.5	9.3	8.8
第二产业	50.2	48.1	49.1	49.7	52.4	52.0	54.1
第三产业	39.0	41.0	40.8	40.2	38.1	38.7	37.1
就业人数产业比例							
第一产业	33.4	34.1	33.7	32.4	31.9	30.6	30.4
第二产业	31.7	28.1	27.7	27.6	27.5	27.2	27.7
第三产业	34.9	37.8	38.6	40.0	40.6	42.2	42.0
农业总产值中五业比例							
农　业	47.9	38.3	38.8	39.4	36.2	33.8	36.7
林　业	2.0	2.7	2.8	2.8	2.8	2.6	2.7
牧　业	31.4	38.1	35.6	39.0	42.5	43.3	40.9
渔　业	18.7	18.3	19.9	15.3	15.1	16.3	15.8
农林牧渔服务业		2.6	2.9	3.5	3.4	4.0	3.9

　　资料来源：2011 年辽宁省统计年鉴。

　　在地形地貌复杂的边境地区，标准化的发展模式可能无法解决现实问题。三江平原的开阔地区适宜采用现代化农业机械耕作，而长白山区、丘陵地带就需另辟蹊径。

　　例如：浑江是鸭绿江最大的支流，是吉林与辽宁两省的分界线。鸭绿江是中国与朝鲜两国的界河。浑江村就位于浑江与鸭绿江的交汇处，行政区划隶属辽宁省丹东市宽甸县振江镇。浑江村子视野狭长，在两行山脉的低谷处，依水而设。这样一个 200 多人的小村庄共有 80 几户人家，人均耕地半亩左右，河漫滩（当地称水没地）人均 50 亩，全村近万亩。河漫滩（水没地）是枯水季裸露、雨季会被汛期洪水淹没的土地。由于江水冲积的淤泥内含养分，在水没地种植粮食作物并不需要再施化肥。村民对其又爱又恨。爱的是其省工省力，恨的是收成全凭运气。因为一旦撒下种子，如果遇到大旱的年份就会有较好的收成，但如果遇到大雨，玉米在水中泡晒一天，就颗粒无收。如果投入资金进行农田水利设施基本建设，改水没地为水田，除了会有淤塞河道可能性，还会有投入资金匮乏的问题。

浑江村纬度偏高，因此比宽甸县其他地区气温都要低，汛期大约在八月初。于是村民试图寻找一种能在四至七月旺盛生长，在八月前收割的经济作物。毛豆、萝卜、土豆等都试过，但都没能成功。2011年韩国客商投资租赁水没地，雇佣农民种植萝卜籽的做法，为村民打开了思路。萝卜苗四月下旬栽植，六月下旬就可以采收萝卜籽。水没地未到汛期就有收成。比萝卜籽更具经济价值的是油菜籽。因为大片的油菜开花，可以吸引大量的观光客。浑江口因为其特殊的地理位置，被称为辽东第一哨，其本身就具有重要的军事意义；浑江在宽甸段出现一个近180度的大转弯，被摄影爱好者称为"辽东第一弯"，是一道独特的风景；秀美的山水资源也吸引了大量的徒步、宿营、自驾游爱好者。这些流动人口在村中住宿、餐饮、游船、购买土特产均可给农民带来收益。萝卜籽、油菜籽出售的收入也相当可观。2011年萝卜籽每亩毛收入3000元，纯收入2000元左右。萝卜籽、油菜籽种植、乡村特色旅游服务业都是需要较多劳动力投入的产业。可见，只要因地制宜，就能为特色农业的培育理出一条新的思路。

二、大力发展可以就近出口的特色农业

三江农业的代表性城市为佳木斯。佳木斯东隔乌苏里江、北隔黑龙江与俄罗斯的哈巴罗夫斯克（伯力）边区、比罗比詹相望。由于特殊的地理位置[①]和物产优势，目前，俄哈巴市场蔬菜70%是佳木斯供应的。全市在俄种植业出口基地面积6 500公顷，在俄建23个作业点，有大棚1 428栋、温室416栋，加工业基地3个，年加工规模20万吨。

具体说来，佳木斯的农产品出口凭借的是以下的优势。一是丰富的物产资源。佳木斯境内除黑龙江、松花江、乌苏里江三大水系外，还有大小河流130多条，年平均气温3℃，无霜期140天左右，年平均降水量316～742毫米左右，年均积温2 590℃。荒地、林地、水面可耕作和养殖的面积达66.7万公顷。佳木斯地区盛产水稻、大豆、小麦、玉米等粮食作物和烤烟、亚麻、白瓜、甜菜等经济作物；鱼类88种。其中黑龙江、乌苏里江产的鲑鱼、鲟鱼、鳇鱼闻名于世。二是良好的企业集群发展态势。目前，佳木斯不仅成为山东金锣公司、上海光明集团、四川四海集团、杭州中谷集团等一大批大公司、大集团的聚集地，还成为对俄农业贸易发展的排头兵。三是地理位置优势，特色农

---

① 佳木斯是全国拥有开放港口最多的城市之一，拥有5个国家一类口岸（佳木斯、富锦、同江、抚远、桦川），1个国际空港（佳木斯），2个公路港口（同江、抚远）。

业发展可以就近获得市场需求信息，其他区域的竞争者无法与之相比，因而成功的可能性更大。

三、积极发展高附加值的特色农业

东北东部地区不乏珍稀物种，但不都是适宜发展的对象，特色农业不但是要追求"珍、奇、特"，而且要在产品的高附加值上下工夫。近几年，化肥、种子、农药、农膜、机耕、机收及人工价格全面、大幅度上涨，尤其是化肥价格上涨过猛，涨幅达50%，种粮成本每亩增加90－100元，而国家对粮食购销体制进行了较大改革，国有粮食购销企业和个体粮商一起参与市场竞争，粮食价格随供需状况而波动。由于粮价不稳定导致农民收入不确定，影响农民种粮积极性，如果仍沿用传统农业的生产模式，农产品的利润空间就十分有限。要使粮农收益较高，就必须积极延伸农产品产业链条。黑龙江省、吉林两省均对大豆、玉米等进行了深加工，开发色拉油、大豆浓缩蛋白、膳食纤维、低聚糖、异黄酮、粮豆饮品等。为了配合产品的多样化，仅玉米，目前正在开发的品种就有高油玉米、高蛋白玉米、糯玉米、甜玉米、爆裂玉米等。由此可见，特色农业的切入点完全可以从传统农业中挖掘，即通过延伸产业链条增加产品的附加值，从而增加农民收入，保护农民的种粮积极性。

吉林省白山市抚松县被国家评为"中国人参之乡"、靖宇县被评为"中国西洋参之乡"，白山因此而成为全国重要的人参种植、加工、销售集散地。白山因此依托其独特的人参资源，进行一系列人参产品系列开发项目：现已进行批量生产的有人参酵素饮品、人参化妆品、人参系列功能性食品。目前，该市人参种植面积和产量基本平稳，向精深加工倾斜。2009年，该市新上的人参精深加工项目有6个，全市新增人参加工产值2亿元。

辽宁丹东独特的地理和气候条件，非常适合小浆果的生长和发育，为小浆果产业发展创造了良好的先天条件。作为新兴小浆果的代表，蓝莓在丹东发展迅猛，栽培面积超过666.7公顷，占全国栽培面积的20%。蓝莓中的花青素能够延缓记忆力衰退和预防心脏病的发生，因此被人们视为超级水果。多吃蓝莓或喝花青素饮料可减少结肠癌的发生。蓝莓及其制品在国内外市场上均广受欢迎；丹东的草莓栽培历史悠久，生产面积全国最大，栽培技术处于国内领先水平；树莓、短梗五加、五味子、软枣猕猴桃、板栗等也各具特色。由于上述浆果产量较高且品质优良，因此，深度研发小浆果系列产品，延伸其产业链条，增加产品附加值，对促进果农增收、促进农村经济增长作用显著。

高附加值特色农业的发展可以节约资源，经济效益显著，但对技术支持要求较高，技术研发周期较长，但从长远发展来看，这是大势所趋。

四、积极倡导发展循环经济条件下的特色农业

循环经济以提高人们的生产质量和福利为目标，以"福利量"经济替代"生产量"经济，把经济增长对区域自然环境的影响降低到尽可能小的程度。农业发展离不开土地，但近年来土地供需矛盾日益尖锐，人均耕地面积不断下降。由于土地资源有限和紧缺，各类用地均不能满足需要，建设用地与农业用地以及农业内部用地结构之间的矛盾日益尖锐。而且随着经济的发展，人口的增加，人均耕地占有量不断减少还有继续下降的趋势。在农业用地吃紧的情况下，土地资源也遭到破坏，耕地质量不断下降。由于受工业"三废"污染影响，土地污染比较严重，有的已造成农作物减产。因此，特色农业的发展需要在提高土地利用率的前提下进行，需要在不破坏生态平衡的前提下进行。

表 5.11　　　　2010 年黑龙江省按人口平均的主要农业产品产量

年　份	粮豆薯 千克	油　料 千克	猪牛羊肉 千克	牛　奶 千克	水产品 千克	木　材 立方米
1990	655.7	4.9	13.0	28.8	4.2	0.43
1995	703.2	5.4	19.1	32.9	6.9	0.30
2000	670.0	11.5	33.1	40.6	10.1	0.18
2001	696.2	9.5	35.3	49.6	10.6	0.17
2002	771.6	13.9	38.8	61.9	11.0	0.16
2003	658.7	11.7	43.9	78.8	11.0	0.20
2004	821.6	12.1	53.3	98.1	11.3	0.16
2005	942.8	15.9	63.5	115.3	11.7	0.20
2006	989.1	16.5	67.3	120.5	8.7	0.20
2007	1 037.1	13.1	49.4	123.9	9.0	0.20
2008	1 104.7	7.5	63.3	151.8	9.0	0.23
2009	1 137.9	7.4	40.9	138.2	10.0	0.20
2010	1 309.0	7.2	43.2	144.3	10.4	0.20

资料来源：2011 年黑龙江省统计年鉴。

上表显示，黑龙江省人均木材的占有量比 1990 年减少了近一半。资源的枯竭不仅会影响林业生产本身，还会影响以其为原料的加工制造业。例如：佳木斯江福浆纸有限公司总规模年产 100 万吨木浆项目已列入黑龙江省的"十二五"规划，计划于 2013 年投产。项目落成后，龙江福浆纸年产能规模达 50 万

吨，是国内最大的硫酸盐针叶商品木浆生产项目。由于黑龙江省木材逐年减少，龙江福公司不得不投资3000万美元，在俄罗斯远东地区购买林地，建设林产业基地，还与多家俄林业公司签订了意向收购协议，每年向龙江福浆纸公司提供纸材约400万层积米以上的木片原料。可见，有了产业规模优势，还要看资源的可持续性。在国内资源不足的情况下，可考虑进口，但无论是国内还是国外，重视资源的可持续开发均同等重要。特色农业的发展也应注重节约资源，除了科学利用土地资源以外，还要珍惜森林资源。

在这方面，辽宁宽甸的做法值得学习。近年来食品安全问题频发，因此有些无法人工养殖的食材备受推崇。人们对生长于深山的原生态菌类、山野菜等需求量增长，这类产品的价格也一路攀升。在高需求、高利润的驱动下，生产规模不断扩大造成森林过度采伐，陡坡开荒等，引发新的水土流失。20世纪90年代以后，宽甸县食用菌生产发展速度迅猛，发展不断加快。食用菌产业已经成为宽甸农村经济的支柱产业。由于生产规模不断扩大，食用菌生产原料出现困难。为此，政府集思广益后，制订了《宽甸"一县一业"暨食用菌产业发展规划》，决定在符合国家有关林业政策的情况下，大力建造食用菌原料林，打破食用菌原料不足的瓶颈。按照规划安排，宽甸县到2015年，食用菌生产共需原料37.5万吨，通过经济林修剪改造、正常天然林加工可解决原材料10万吨，通过建设5万亩薪炭林基地可解决原材料10万吨，秸秆替代解决原材料10万吨，棉籽壳、稻壳、食用菌生产原料二次利用解决原材料7.5万吨。为此，宽甸全县到2015年，新建食用菌原料林基地30万亩，每年新建5万亩；同时，加大代料方面的研究，逐步实现秸秆替代木材，并作为食用菌接种的主要原料，从而使产业得以健康持续发展。

五、积极发展"菜篮子"产品加工业

东北东部地区畜牧业比较发达，针对这一特点，应根据自然条件和市场需求状况，建立不同类型、不同规模的畜牧业生产基地。我国肉羊、肉牛传统产区是草原牧区，季节性强，仅在秋冬季节出栏供货，供货时间也短，只两三个月。有人设想，如果调整区域布局，在农区或半农半牧区发展牧业，则一年四季都能出栏供货，活羊、活牛、冻品、鲜肉都能生产。农区饲草饲料资源丰富，其优势产区是玉米种植区。在玉米主产区可以发展青贮玉米。青贮玉米是世界上产量最高的牧草，它比干草营养丰富，又新鲜适口性强，可以使用大半年。草原面积无法增加，但青贮玉米的面积可以增加。东北地区是玉米产区，拥有潜力巨大的饲草资源，如果再加上"玉米秸立秆放牧"人工种草，这一区域可成为饲草资源最丰富的地区。肉羊、肉牛的饲养如果能上规模，加上养

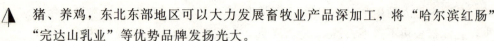

猪、养鸡，东北东部地区可以大力发展畜牧业产品深加工，将"哈尔滨红肠""完达山乳业"等优势品牌发扬光大。

除此之外，还可利用区域开放的良好契机，积极向国内外客商推介黑龙江、乌苏里江、图们江、鸭绿江、黄海等水域出产的优质鱼、虾、蟹、贝类等水产精深加工产品。积极发展有机水果、蔬菜加工，推广净菜上市、发展脱水蔬菜、冷冻菜、保鲜菜等，注重发展干鲜果品保鲜、储藏及精深加工。同时，利用东北东部农村特有的自然资源和人文资源条件，适度发展观光农业，以充分发挥资源优势，推进农业和农村经济的快速可持续发展。

第四节　东北东部边境地区特色农业的产业化经营对策

东北东部的地理特点与经济现实，决定了发展特色农业是有效促进东部边境地区经济增长的必由之路。现代经济的特点与市场竞争的现实又决定了产业化经营是成败的关键。特色农业产业化的基本特征，一是要面向国内外大市场；二是要立足本地优势；三是依靠科技的进步；四是形成规模经营；五要实行专业化分工；六是要实现贸工农、产供销密切配合；七是要充分发挥"龙头"企业开拓市场、引导生产深化加工、配套服务功能的作用；八是要采取现代企业的管理方式。要实现东北东部边境地区特色农业产业化经营的成功，需要做出以下努力。

一、做好规划与引导

东北东部边境地区发展特色农业的自然条件得天独厚，根据地形、地貌、天然形成粮食产业区、林下经济产业区和临海养殖区三部分。但规模化经营，势必要对生态环境产生影响。由于边境地区的农业生产组织是由行政区划来进行组织的，因此各区域内部仍需要做好规划和引导。具体来说，包括以下内容：

（一）减少对生态环境的破坏

农业生产离不开适生环境，同时又对环境产生较大的反作用力，因此，特色农业的产业化发展需要进行环境承载力的科学评价。

例如，柞蚕是只在我国北方山区可见的"野蚕"，在辽宁丹东的凤城、宽甸山区密集分布。柞蚕的放养经济效益显著。因此，蚕农在林地资源可获得的情况下，养蚕积极性很高。放养柞蚕需要不停地割场、倒茬、移场、食叶。割场，就是把老化的树头伐掉，让它萌生新枝嫩叶；移场，就是这片山场的树叶吃完，再换一片新的山场。延续放养柞蚕多年的区域，林木日渐稀疏、矮小，林地日益退化、沙化。蚕农深有体会：以前养一把蚕（剪），只需2～3公顷林子，后来增加到4公顷，现在则要6～7公顷。以前7年一割场，后来缩短为5年，现在3年就得进行一次。柞蚕场大多分布在公路沿线、村屯周围、河流两侧的迎面山上。人多的地方沙多，人多的地方树少。林蚕，就此成了一对矛盾。多年经验表明，因为市场空间相对固定，蚕民放养柞蚕增产不增收、减产不减收。因此，为了保护生态环境，完全可以把沙化残次的蚕场退下来，保留优质蚕场集约经营、提高单产，而退下来的蚕场还可以改造利用。在山区种植菌类比较普遍，农民可利用蚕场倒茬下来的木材加工食用菌菌棒，这既解决了农民种植食用菌的原料问题，也为残次蚕场改造造林和扩大造林面积提供了空间。

柞蚕放养主要用于纺织。柞蚕丝刚性强、耐酸碱性强、色泽天然，纤维粗，保暖性好，是蚕丝被、蚕丝毯的首选；又因其耐热性良好，温度高达140℃时强力才减弱，耐湿性亦强。绝缘、强力、伸度、抗脆化、耐酸、耐碱等性能均优于桑蚕丝，因此在工业和国防上也有重要用途。柞蚕除作纺织之用，还可食用。柞蚕蛹含有丰富的营养成分，每百克柞蚕蛹含蛋白质52克，脂肪3.1克，碳水化合物7.8克，还含有多种维生素、多种矿物质、激素等成分，是高蛋白低脂肪食物。柞蚕蛹性味咸辛、平，具有健身强神、强腰壮肾的功效，适于动脉硬化、肝硬化、冠心病、高血压等病症患者食用，还可防治老年病。山区群众常用盐煮柞蚕蛹为婴幼儿增加营养。柞蚕一身都是宝，柞蚕放养可以解决山区农民的增收问题，柞蚕纺织产业又是劳动密集型产业，如果能通过加强规划和引导，消除其对生态破坏的不利影响，那么这一特色产业就能为山区的经济发展做出应有的贡献。

（二）保护濒危物种

特色农业产业化经营面向市场，以价格为市场需求的引导，但追逐经济效益的同时，还要兼顾社会效益。在东北东部粮食产区走访过程中，无论是农产品加工企业的管理者，还是农业主管部门的官员都有对濒危物种的可持续发展而担忧。有的尚未发生，有的已见端倪。

中国是大豆的故乡，世界各国栽培的大豆都是直接或间接由中国传播出去的。1936年中国大豆产量曾占世界总产量的91.2%。黑龙江是中国大豆的主产区，大豆种植面积和产量均占全国三分之一以上，商品量占全国的一半以上。但目前，黑龙江的非转基因大豆种植面积正在日益缩小。黑龙江省大豆协会公布的2010年大豆种植数据是428万公顷，这比2009年减少了47万公顷左右。大豆播种面积缩减的原因为：一方面，由于国外转基因大豆的低价冲击，水稻价格不断上涨，水稻的收益比大豆高一倍左右。黑龙江大豆协会提供的数据表明：黑龙江一亩水稻的产量是 300～350 千克，每斤 1.2 元左右，一亩水稻收入 720 至 840 元；一亩大豆的产量是 220 至 230 斤，每斤 1.92 元，每亩收入 430 元左右。农民放弃大豆改种水稻也是无奈之举。另一方面，在进口转基因大豆的不断增加，以及低廉的成品转基因大豆油冲击下，黑龙江目前 80% 的制油企业停工停收，有的为了维持只能阶段性生产。跨国企业丰益国际已斥巨资进驻东北，每年以高于国家保护价的价格收购国产非转基因大豆，已基本垄断国内非转基因大豆市场。跨国企业盯住中国市场，是因为转基因食品的安全性在国际市场中仍有争议。在英国和日本，95% 以上的人都不接受转基因食品，是转基因食品要明显标示出来，而且价格特别便宜，但是也没有什么人买。非转基因食品的安全性却是显而易见的。由此可以推测，随着人们收入水平的提高，非转基因大豆作为稀缺商品，价格将会一路攀升。因此，保护非转基因大豆不仅是我国优势产业扶持的问题，还应上升至物种保护的高度，不能听之任之。

鸭绿江面条鱼又称小银鱼、小白鱼，通体晶莹通明，生长速度缓慢，因其无皮无骨，煮熟后如面条一般，因此被称为"面条鱼"。因为其营养丰富，被人们所喜爱。鸭绿江生态环境好时，产量颇高，最高峰时年产量 600 吨，1966 年曾出口日本 130 吨。后来江水污染，产量大减，至 20 世纪八九十年代，产量减至 3～5 吨。因为稀有，售价涨至每条 15～20 元。市场上几乎找不到货源，人们能看到的多是外地出售的大银鱼。近年来，经过综合治理，鸭绿江水质明显改善，经过近几年的繁衍，几近绝迹的面条鱼产量有所回升。由此可见，生态环境的维护，是濒危物种转化为可批量生产特色农产品的基础。

二、加强特色农业科研支持

农业生产力的提高依赖五大要素：土地、劳动力、资本、科学技术和市场体系。传统农业只注重五大要素中的前三项，而特色农产品的产业化经营是一个系统工程，它不但要重视前三项要素，更要重视后两项要素，特别是科学技术，具体来说包括特色农产品的配套生产技术、特色无公害综合管理技术、特色农产品贮藏、保鲜与深加工技术等。科学技术是发展特色农业的助推器。

调研中我们发现，由于资金积累有限，经营规模较小，信息渠道不畅，特色农业发展受制于技术的问题较为普遍。一方面，农村从事种养业的主体农民年龄集中在 40～55 岁之间，这部分农民接受新知识、新技术的意识不强，大多数农民还存在着凭经验发展种养业的习惯，政府部门下派的技术人员培训农民的方式方法还有待改善。另一方面，由于多方面因素制约，部分地区专业技术人员老化，技术力量薄弱，服务能力不足，农口机关多年没有分配专业毕业生，后续人才匮乏。

在涉农企业普遍弱小的情况下，从政府层面来说，第一要建立合理的特色农业科研支持体系。对基础性研究领域的问题倚重公益性研究机构；对应用型研究以企业与农业科研机构为主，鼓励区域内特色农业技术研发活动，对农业技术研发、技术承包、兴办各种科研生产联合体和科技型企业给予更多的优惠政策。第二，发动各农业科研单位、高等院校、各专业团体和专业协会加入农业技术推广行列。第三，创新特色农业科技人才引进和培养模式，充实农业科技人员队伍。加大对农业科技人员、农村适应技术人才的培训和管理，切实提高技术水平。第四，由政府出台相应人才引进措施，鼓励农业技术人员深入基层指导农民耕作和生产。建立农业科技人员深入乡镇、村组一线指导特色产业发展工作长效机制，加大对农业特色产业的技术指导力度，并建议县、乡政府对一线技术指导人员给予一定的津贴补助。第五，充分发挥农村合作社在技术培训与农业企业合作开发方面的积极作用。进一步理清合作社与龙头企业的职责，充分发挥合作社和龙头企业各自的优势，鼓励和引导合作社与龙头企业对接和配套。龙头企业负责合作社生产的产品加工和销售，合作社负责组织标准化生产，以此调整和平衡农户与企业的利益关系，构建"利益共享、风险共担"的利益共同体。第六，通过项目扶持资金，鼓励和支持已成规模的特色农业产业进行技术研发合作。

三、积极投建基础设施

如前所述，鉴于东北东部边境地区特色农业分区发展的特点，投建农业基础设施，规模效益显著。经过"十一五"期间各地政府的大力支持，东北东部边境地区的基础设施投入增加，农业发展的基础条件有所改善，但基础设施陈旧，抵御自然灾害的能力较弱的问题仍然存在。基础设施由于是经济学意义上的公共产品，因此，靠市场调节供给不太现实，容易出现供给不足的现象。边境地区由于地处边远，基础设施投建成本较高，要获得农田水利、农村交通、电力电讯、农村市场化和信息化的投资更为困难。因此，在积极争取由政府出资，或政府引导企业出资的基础上，还应鼓励受益农户以出工、出料的方式来积极参与投建，从而提高农业基础设施投入产出比。

三江平原粮食优势产区，应重点加强节水灌溉、除涝、农田主干道路硬质化、土壤改良等基础设施建设；大力发展机械化、信息化生产，推广优质、高产、高效、安全生产新技术，提高规模化、标准化生产水平。充分发挥粮、畜、菜主产区优势，发展优质粮和设施农业生产，促进优势农产品的精、深加工业发展。

长白山林区及丘陵地带应重点加强专用粮生产基地建设，开展田间排灌、林网改造等农田基础设施建设，推广配方施肥、深耕深松、秸秆还田、增施有机肥、保护性耕作等措施，培肥地力，改善耕地质量，增强防灾抗灾能力。支持发展玉米、中草药种植和林间产品开发。

辽东地区根据涝灾严重的现状，重点加强灌溉提水工程、排水工程、防洪工程及水土保持工程等水利骨干工程以及农田灌溉渠系、排水沟系工程建设，提高农业机械化生产水平，促进优质稻米生产。

表 5.12　　　　　　　　　黑龙江省特种作物播种面积　　　　　　　单位：公顷

品种	2004 年	2005 年	2006 年	2007 年	2008 年	2009 年	2010 年
药材	2 919.1	3 204.4	3 712.4	3 686.6	3 293.4	2 117.7	2 440.0
人参	95.6	100.0	100.4	129.2	107.7	108.0	90.0
甘草	108.0	53.0	80.0	57.0	56.0	102.0	135.0
枸杞	29.0	9.0	11.4	11.8	15.8	8.6	23.0
龙胆草	58.1	92.0	92.8	12.4	15.6	5.7	3.5
月苋草	79.1	371.6	307.1	889.8	592.2	157.9	54.2
白瓜子	8 689.7	10 677.4	13 269.1	10 629.2	10 011.0	5 323.4	5 965.5
万寿菊	1 305.0	2 231.8	1 568.1	1 181.0	790.1	442.4	456.2
甜叶菊	224.6	204.1	223.8	139.0	192.2	143.9	350.4
甜葫芦	132.8	130.3	132.8	162.5	130.3	288.6	42.9
花卉	140.2	491.6	151.8	51.0	57.8	128.6	65.7

表 5.13　　　　　　　　黑龙江省特种作物产量　　　　　　　　单位：吨

品种	2004 年	2005 年	2006 年	2007 年	2008 年	2009 年	2010 年
药材							
人参	1 020	1 102	1 514	2 375	2 151	3 178	2 836
甘草	5 336	744	1 226	1 898	1 484	1 297	438
枸杞	102	103	159	249	352	442	1 117
龙胆草	1 208	565	1 733	245	334	72	48
月苋草	1 682	7 114	7 331	18 427	11 629	3 252	1 525
白瓜子	151 366	199 553	234 342	180 050	175 507	97 926	110 984
万寿菊	203 511	407 374	271 973	238 464	198 177	121 034	93 076
甜叶菊	14 736	10 173	9 464	4 128	10 591	6 213	17 572
甜葫芦	7 261	4 709	4 427	3 198	3 171	535	1 280
食用菌（吨）	63 826	88 505	112 899	136 147	236 496	323 365	491 123
黑木耳（干品）	27 200	41 755	49 524	62 318	103 631	149 105	169 604
香菇（干品）	795	1 308	2 116	3 024	2 737	3 428	13 159
蘑菇类（鲜品）	31 726	45 442	61 114	70 677	130 128	170 832	308 360
鲜切花（万枝）	207	131	218	171	214	148	270
盆栽观赏植物（包括盆景/万盆）	261	352	208	200	231	357	336

数据来源：根据黑龙江省统计年鉴整理。

　　由表 5.12 可知，特色农作物的播种面积与产量有些较为平稳，但也有些波动较大。花卉的播种面积高峰期是低谷期的近十倍；甜葫芦的产量高峰期是低谷期的十几倍，市场需求波动明显。如果政府能够加大市场信息基础设施的投入，使农民足不出户就可以及时获得市场价格等信息，这不但可以降低发展特色农业的风险系数，同时还会提高农民参与发展特色农业的积极性。

　　四、加快土地流转制度改革步伐

　　特色农业的发展，大的趋势是规模化、标准化。人为割裂的土地经营权阻碍了农业的产业化发展。以家庭承包经营为基础的农村土地管理制度在改革开放的初期极大地调动了农民的生产积极性，但土地经营权分散与规模化生产相矛盾。在实际操作过程中，已有土地流转制度改革的实践解决了这一固有的困难。在东北边境地区的考察表明，多数地区为实现农业规模化经营，采用了灵活的转包、出租、互换、转让或者法律允许的其他方式流转土地承包经营权，使土地真正成为农民创业发展的资本、股本，为发展特色农业所需要进行的农业区域化布局和集约化经营创造了条件。比如，在土地流转制度中取得突破，并相应建立各省、市、县及土地承包经营权流转信息平台，同时探索和开展农村集体土地和房屋确权登记、创新耕地保护机制、推动农村建设用地使用权流转和农村房屋产权流转。在有条件的地方，可以探索成立"农村土地信用合作社"，农民自愿将土地承包经营权存入"农村土地信用合作社"，收取存入"利息"，"农村土地信用合作社"再将土地划块后贷给愿意种植的农户，收取贷出"利息"，种植农户则按照"农村土地信用合作社"要求进行种植，实现土地的规模化、集体化、集约化经营。

五、扶持龙头企业

从经济学的角度而言，企业规模的扩大可以有效摊低单位产品中所植入的固定成本，因此企业需要具有一定的规模。从我国已审批通过的农业产业重点龙头企业分布情况来看，东北边境地区的农业产业重点龙头企业增长速度低于东北平均的龙头企业增长速度。分析原因，边境地区的农业企业虽然接近原材料产地，但由于信息传递速度、交通便利程度、市场消费能力等均不及东北中西部地区，因此，相比较而言，东北边境地区的农业产业重点龙头企业增速较慢（见表5.13）。

表5.14 第1—5批国家农业产业重点龙头企业

地区	第一批	第二批	第三批	第四批	第五批
全国	151	235	210	333	362
东北	20	31	22	41	47
东北东部边境	3	5	6	3	5

注：以上统计数据截至2011年。

（左侧竖排）中国东北东部边境地区经济成长机制研究

表 5.15 东北东部边境地区国家农业重点龙头企业

第一批	第二批	第三批	第四批	第五批
黑龙江省完达山企业集团乳品有限公司	通化葡萄酒股份有限公司	东港黄海大市场有限公司	延边朝鲜族自治州畜牧开发总公司	辽宁丹玉种业科技股份有限公司
柳河华龙实业有限公司	黑龙江省穆棱富邦集团有限公司	七台河市大自然油脂有限公司	黑龙江泰丰粮油食品有限公司	黑龙江省万源粮油食品有限公司
绿都集团	黑龙江省桦南白瓜子集团公司	佳木斯希波集团有限公司	通化万通药业股份有限公司	本溪龙宝（集团）参茸有限公司
	牡丹江绿特食品批发市场有限公司	吉林省西洋参集团有限公司		佳木斯市吉庆豆业有限公司
	黑龙江省北大荒米业有限公司	吉林紫鑫药业股份有限公司		黑龙江北大荒种业集团有限公司
		黑龙江北大荒麦芽有限公司		

注：以上统计数据截至 2011 年。

分析东北东部边境地区特色资源的优势和已获批的国家级重点龙头企业分布特点（表 5.14），粮食种植与精深加工类、畜牧产品类、中药加工类龙头企业带头作用明显。从地区政府角度而言，还需重点培育的农业产业重点龙头企业的领域有：

（一）山珍食品加工业

菌类养殖与山野菜采摘加工是山区农民近年来大力发展的特色产业。但这些东北山珍要走出大山，推向国内国际市场，必须有知名企业的推动。例如，我国最大的边境县——宽甸县，因为位处长白山余脉千山山系，地貌多变，地形复杂，全境呈现西北高东南低的地势，可概括为"九山半水半分田"地貌特征。宽甸森林茂盛，林地面积 49.4 万公顷，占县域总面积的 80%。活立木蓄积量 2 445 万立方米，森林覆盖率 78%，居辽宁省首位，位列全国前茅。这样一个自然资源丰富的区域，同时又是一个经济欠发达的山区县，也是一个贫困县。贫困的原因主要是因为没有主导产业和没有实现产业化生产。山间的土特产品没有得到开发利用，大部分老死深山。人工栽培食用菌的历史长达 30 多年，但始终形不成规模，资源优势无法转化成经济优势。企业家马玉珠带领北方山奇的创业者进行了十几年的探索与努力，试图将山区的土特产品带出深山，促进农户增收，从而带动区域经济的发展。北方山奇最先开发批量加工生产的土特产品是食用菌。企业业务内容为开发、研制、推广高科技含量的食用菌新品种，进行食用菌栽培新技术开发，为种菇户提供放心、先进的各类菌种和栽培管理技术及各种菌需物资；回收、加工、经销、出口食用菌及各类地方特产。由于产品市场需求量大，企业经营管理规范，菌业公司由小到大、由弱变强，食用菌产业逐渐成为宽甸县农业的支柱产业。

2000 年前，全县种植食用菌的农户约为 2000 户，户均收入不到 4000 元，到 2007 年，一跃发展到 1 万余户，户均收入超万元。近五年来，该公司经过不懈努力，目前已形成北方山奇产品六大系列产品：①林蛙油系列：主要有即食林蛙油线林蛙油干品林蛙油；②食用菌系列：木耳、香菇、红蘑、杏鲍菇、滑子蘑等；③蜂产品系列：天然野生蜂蜜、花粉；④山野菜系列：蕨菜、大耳毛、刺嫩芽；⑤人参系列：柱参；⑥山货野果系列：山里红颗粒等。

企业的努力，使得昔日只能在山沟沟里默默无闻的山间特产，变得不仅能登大雅之堂，而且熠熠生辉。企业的发展也得到了政府的有力支持。北方山奇不仅是辽宁省农业产业化扶贫龙头企业，省级名牌产品生产企业，省级著名商标开发企业，省级重合同守信用企业，还是国家"兴边富民"行动项目基地，国家食用菌生产标准化示范基地，丹东市科技创新企业和 AA 级放心视频生产企业，北方山奇及其产品被评为"辽宁省著名商标""辽宁省名牌产品"。如果东北东部边境地区多一些像北方山奇这样的农业龙头企业，就可以有效地带动山区经济的发展。

（二）观赏、休闲农业

休闲旅游农业是以农事活动为基础，以农业生产经营为特色，把农业和休闲旅游结合在一起，充分利用田园景观、自然生态、农业资源及环境资源，结合农林牧渔生产和经营活动、农村文化及农家生活，吸引休闲旅游人员前来观赏、品尝、习作、体验、休闲、旅游度假的一种新型农业生产经营形态，是农业发展进入新阶段而产生的农业产业态势。

为打造休闲旅游农业品牌，提升经营管理水平，吉林省 2011 年评定 48 户休闲旅游农业星级企业。吉林东部地区以白山市绿林野猪林山庄、长白县细鳞红点鲑养殖场等为代表，休闲以观林区景致为特色。黑龙江东部地区则以其丰富的水域资源、大农场的独特景观吸引游客。辽宁的丹东宽甸地区有长甸万亩燕红桃生产基地、鸭绿江万亩网箱鱼养殖基地。东港市重点规划建设海角之村生态园、东港市欣绿缘有机农业开发中心、东港市红旗休闲养殖园区和东港市黑沟农业采摘观光园。这些休闲、采摘农业龙头企业以新颖、规范的服务模式为市民短途旅游休闲提供了便利和高品质原生态产品，也使果农、养殖户等打开了销路，获得了产品与服务的多重收益。

（三）精品鱼类的养殖业

从营养质量角度讲，水产品是脂肪量低的优质蛋白食物，是人类摄取无机盐和维生素等营养物质的主要来源，鱼类还富含不饱和脂肪酸（DHA），可大大提高人的智力水平，因此，水产品在城乡居民"菜篮子"中有着不可替代的地位，而且对确保国家粮食安全无疑也发挥着重要的补充替代作用。东北东部具有黑龙江、乌苏里江、松花江、图们江、鸭绿江以及为数众多的支岔河流，这种得天独厚的条件，十分适合发展水产养殖业。

由于南方地区积温高、鱼类生长快，年养殖时间比较长，相对来说，南方鱼类养殖成本低，产量高。东北东部边境地区要想在鱼类养殖业有所建树，就要绕开常见鱼类的竞争，充分发挥东北东部边境地区具有很多珍稀鱼类的优势，大力发展本地特有的名贵珍稀鱼类的养殖。一些国家以及省级重点保护的珍稀鱼类品种黑市价格畸高，如2010年，鸭绿江里的野生鳌花鱼售价达每千克340元；细鳞鱼每千克460元，花羔红点鲑每千克360元。偷捕偷渔现象时有发生。为解决供需矛盾，除在做好珍稀物种保护工作之余，要大力发展鲟鳇鱼、大马哈鱼、"三花五罗"等经济价值高的鱼类的人工繁育孵化，积极推广兴凯湖大白鱼、高白鲑、虹鳟、金鳟、松浦鲤等优质高产水产养殖新品种，推广特色鱼类养殖技术，提高规模化养殖水平和市场竞争力。通过特色鱼类养殖龙头企业带动，覆盖边境地区水产养殖特色名优良种。

例如，抚远县鲟鳇鱼繁育养殖公司2012年7月向农业发展银行成功申请了为期3年的农业小企业渔业短期贷款1 100万元，用于鲟鳇鱼繁育养殖。企业已经成功建立了大力加湖、五道沟子、辽宁丹东和湖北姊归四个养殖基地，拥有17个网箱养殖区，共1 700个网箱，每年可孵化鲟鳇鱼受精卵1 200万粒，孵化鱼苗400万尾，加工鲟鳇鱼系列产品300吨。

辽宁宽甸拥有三江六河，548条溪流，河流总长2 778千米，水域总面积3.8万公顷，可渔水面2.8万公顷，人均占有淡水水面0.067公顷，是辽宁省人均占有量的20倍，发展淡水养殖的自然条件得天独厚。为此，宽甸县政府与省海洋与渔业厅合作实施水产健康养殖示范区建设项目，对当年新增加的网箱养殖给予扶持，每增加1万立方米养殖水体给予5万元补贴。政策激励成效显著，全县网箱养殖面积达42万平方米，养殖产量达3.8万吨，占养殖产量的80%以上，成为全国最大的网箱养殖基地和淡水鱼出口基地。养殖品种不仅有地产的鲤、鲫、鲟、斑鳜、细鳞，还有国外引进的枫叶鲑、银鲑、道氏

鲑、钢头鲑、三文鱼等，名特品种养殖比率达 80％以上，精品鱼产量达
3.32 万吨。在众多水产养殖企业中，丹东英波鸭绿江生态科技有限公司脱
颖而出，成为亚洲最大的淡水网箱养殖场，目前该公司正积极筹备上市。辽
宁汇丰实业有限公司成功收购宽甸县内水产品加工企业，投资开发淡水鱼深
加工业，目前正在搞产品研发，和大连工业大学食品学院建立技术合作关
系，重点研发即食产品和分割产品。目前全县水产加工企业有十余家，年加
工量 0.4 万吨，加工值 0.68 亿元。

第五节　结论

从发挥资源优势的角度出发，东北东部边境地区发展特色农业有其得天
独厚的自然条件，但仅有自然条件还远远不够。发展特色农业必须有适宜的
市场定位、一定的土地经营规模、高效的经营组织、发达的市场信息系统和
一定水准的加工处理技术。针对东北东部边境地区的具体情况，可以得出以
下结论：

（1）粮食生产是东北东部特色农业发展的基础。目前，我国人口增长趋势
不减，人民生活水平在不断提高，两项因素同时推动粮食需求不断上升。因
此，依靠科技、集约使用土地，保证粮食生产同步增长，将是未来东北东部农
业发展的重中之重。三江平原广袤的土地赋予了粮食种植规模化经营的便利条
件。发展中相关部门应在土地肥力保持、农药和化肥用量和用法、粮食深加工
等方面着眼，使其出产的玉米、大豆、水稻及其加工产品能在国际、国内市场
中保持品质与价格的优势。

（2）林间产品生产要与森林保护和水土保持相协调。森林资源不仅是林间
产品生产的基础，还是经济动植物适生环境的保障。因此，保护生态要放在
首位。

（3）农场经济条件下，农业的规模经济效应能够得以实现，在边境的山区
推行则存在一定的困难。因此，在现有的土地产权制度上，推动农用地使用权
流转，让市场调节土地经营的适度规模，会极大地促进土地更好地发挥经济
效益。

（4）发展特色农业要有政府投入，但特色农业经营的企业与家庭需要自发
形成自律性组织，行业协会或合作社的效能还有待进一步地挖掘。政府投入侧
重于农业灌溉、信息、技术推广等基础设施与公共服务平台；行业协会或合作
社投入侧重生产资料批量采购、制定行业技术标准、质量规范、市场拓展、竞

争行为自律等。

（5）边境地区特色农业的发展，一定要把目光瞄准境内外两方面的资源开发利用，特别是要用前瞻目光开拓占据境内外两个方面的市场。

第六章　东北东部边境地区旅游业发展研究

东北东部边境地区历史文化积淀深厚，自然景观奇特，少数民族众多，又具独有的异域风光的吸引力，天然具备发展旅游业的基础。国内外、区内外成功发展旅游业的案例可以说是不胜枚举。因此，我们认为旅游业应成为东北东部边境地区经济成长活跃积极的因子。其独有的自然景观和人文景观的科学组合运用，必将促进经济社会的发展。

第一节　边境旅游概述

一、边境旅游定义

对于边境旅游，比较公认的定义是：指经批准的旅行社组织和接待我国及毗邻国家的公民，集体从指定的边境口岸出入境，在双方政府商定的区域和期限内进行的旅游活动。

二、发展边境旅游的重要意义

（一）稳定边疆，巩固国防，促进边境地区的经济发展与精神文明建设

边境旅游活动的开展增加了相邻国家人们之间的直接接触、交往，促使人们为了共同的利益而极力地谋求合作。中国边境贸易和边境旅游的开展大大改善了我国边境地区和相邻国家的友好合作关系，使得昔日大兵压境、刀枪对峙、冷冷清清的邻里关系一去不复返。

一方面，边境旅游活动的开展拉动了人流、物流、信息流，促进了边境地区外向型经济的迅速发展，带动了边境地区的商务旅游、边境贸易、边境地区商品的生产与销售以及与邻国相关企业的协作，拓展了对外经济贸易的合作领域，极大地推动了边境地区经济的迅速繁荣与发展。同时，边境旅游的兴起也有利于边境地区调整产业结构、振兴服务行业、带动交通运输、增加财政收入以及促进边境地区国民经济的协调发展；另一方面，开展边境旅游有利于促进

边境地区的精神文明建设，加快城市建设的步伐。为了适应边境旅游的需要，各边境地区普遍新建或改建了口岸联检设施，整顿了市容市貌，广泛宣传了边境旅游的重大意义，树立了争做文明市民的良好社会风尚。

（二）增进相邻国家和人民以及内地与边境地区人民的相互了解

边境地区的开放，等于打开了两扇大门：一方面，向境外邻国打开了大门，把人员和商品引进来，通过边境地区输送到内地；另一方面，向内地打开了大门，把内地的人员和商品引向边疆，通过边境地区输送到境外。在内外交流中，边境地区的优势得以体现，成为国内与国外经济交流的连接点，推动了边境地区与国内外的横向经济联系。

自开展边境旅游以来，我国接待了数百万计的邻国旅游者。这些来华的外国人和华侨通过亲自体验加深了对我国的了解和热爱；通过交流，也使我们得以更快、更全面地了解邻国情况，增强了两国人民之间的友好睦邻关系。和平友好的睦邻关系是边境旅游及边境贸易发展的基础，而边境旅游和边境贸易的发展，将会进一步改善睦邻关系。这不仅对边境地区有利，而且对整个国家来说都是非常有利的。中国和俄罗斯、吉尔吉斯斯坦以及越南等周边邻国关系的改善都印证了这一点。

同时，边境地区通过开展边境旅游活动，也增进了与全国各地的横向联系，提高了自身的知名度。如黑河市，据统计，黑河地区已同全国 29 个省、市、自治区的 3 000 多家企业建立了经济关系，全国各地在黑河设办事处的单位达 50 多个，这也是边境旅游和边境贸易紧密结合的成果。

（三）增加地方财政收入，促进边境地区经济社会发展

边境旅游业是一个综合性的行业，主要由旅行社、交通运输、饭店餐馆、旅游商场等部门构成，这些部门取得的收入即为旅游收入。因此，边境旅游业的发展，必然会加速以上各部门行业的经济发展，从而扩大经济收入。可见，边境旅游收入的来源广泛，涉及众多行业，数额相当可观。边境地区政府因边境开展旅游业而获得的税收构成了地方财政收入的一个重要部分。许多国家发展边境旅游业的地区经验表明，在国家经济能力许可的范围内，发展边境旅游在促进地区经济发展、增加边境居民收入方面可以发挥积极有效的作用，通过发展边境旅游业来发展当地经济，具有较大优势。以黑龙江省为例，尽管开展边境旅游业与世界旅游发达国家相比，起步较晚，但发展快。到 2007 年底，据旅游部门的不完全统计，已接待俄罗斯等独联体国家游客 200 多万人次，回笼货币 10 亿多元人民币，创汇达 3 亿多美元，对边境地区和全省经济建设、社会发展都产生了重大影响和作用。

在边境旅游发展过程中，边境地区还加强了与国内外的横向联系，与内地

或邻国相关企业进行横向经济联系，组建合资、合作企业，在一定程度上促进了当地的加工业，拓展了对外贸易领域，使当地的地缘优势和资源优势得以发挥。当然，边境旅游最明显的作用体现在增加地方财政收入这一方面。

（四）开阔边境地区人民的眼界，有利于促进思想解放

开展边境旅游，不仅可以使那些发展相对滞后地区的居民有机会了解和学习游客带来的新观念、新信息、新知识和先进技术等，解放思想，开阔眼界，而且能够提高当地居民的开放意识、旅游意识、服务意识、生态保护意识等，促进了边境地区的物质文明和精神文明建设。边境旅游的开展，还可以让当地的人民更好地了解和认识自己文化、环境和资源的价值，有利于克服自卑感，增强民族自豪感和自信心。此外，边境旅游的发展还带动了边境地区科技、教育、文化、卫生和体育等相关事业的发展。

（五）促进中国旅游业的发展

边境旅游是中国旅游业的一个重要组成部分，边境旅游的发展，为中国旅游业开辟了新的客源市场。方便快捷的一日游或二日游，使得国外旅游者能够尽快对中国经济和中国文化、风貌有一个直观的印象，从而激发旅游者想要进一步了解中国的需求。边境旅游的实践表明，从国内旅游来讲，边境地区的旅游城市和景点的知名度越来越高，边境地区独特的景观文化吸引着内地中心城市和沿海经济发达地区的旅游者向边境地区流动，使边境地区成了国内旅游的新热点。与此同时，外国旅游者也在边境地区一日游活动的基础上，将旅游线路向内地和沿海地区延伸，三日游、五日游或更长时间的旅游活动越来越多。在货币支付方面，从一般的不动用外汇的对等交换旅游团，发展到现汇交易的长线团。实际上，他们已经构成了我国国际入境旅游的一部分，增加了国家的国际旅游收入。

三、开展边境旅游的成功案例

（一）愈演愈热的云南边境旅游

近年来，云南充分发挥毗邻东南亚的独特地缘优势及口岸通道优势，精心打造边境旅游产品，受到境内外游客热捧，现已拥有9条经国家旅游局批准的边境旅游线路。在加快建设"桥头堡"的新机遇下，云南计划进一步加强区域合作，简化边境旅游手续，增强云南旅游经济的外向型功能，把边境旅游产品打造成云南最有影响力的旅游产品之一。

云南旅游资源具有丰富性、多样性、独特性等特征，尤为特别的是，云南各种旅游资源实现了高度的聚合，几乎每一阶梯土地上，都有一个或数个特色浓郁的少数民族生活在其间。自然旅游资源和人文旅游资源的有机融合，极大地增强了云南边境旅游的吸引力，这些资源是其他沿边省份无可比拟的。加之云南气候条件优越，可以全天候地发展边境旅游。据云南省旅游局不完全统计，截至 2011 年 6 月底，云南共接待口岸入境一日游游客 179.57 万人次；口岸入境一日游创汇 9 817.34 万美元。

（二）飞速发展的黑河边境旅游

1988 年 9 月 24 日，经国务院和国家旅游局批准，黑河利用国家给予的异地办证政策，在全国沿边地区率先开通了"中俄（苏）一日游"。此后，又相继开通了"两日游"、"三日游"以及"疗养观光游"等多种边境旅游项目。在当时，黑河边境旅游以其开通早、距离近、手续简等闻名全国。近年来，黑河边境旅游又逐步向俄罗斯腹地延伸，相继开发了莫斯科、圣彼得堡、贝加尔湖等旅游线路。

近年来，边境旅游业对黑河地方经济社会发展的影响力和贡献度不断提高。为此，黑河市委、市政府提出"旅贸牵动"战略，加大对旅游基础设施的投入，同时加快对旅游线路的开发。2009 年 3 月 31 日，黑龙江省政府在省城哈尔滨召开新闻发布会，宣布黑龙江省边境旅游异地办证试点工作正式启动，黑河市、绥芬河市、东宁县 3 个市县开始办理边境旅游异地办证工作；4 月 8 日，黑河边境旅游异地办证试点启动仪式举行，黑河再次迎来了边境旅游的明媚春天。据统计，2010 年黑河市全年共接待旅游者约 267 万人次，同比增长 23.4%，其中国内旅游者 233 万人次，边境游客 34.1 万人次，分别增长 21.8%和 35.6%，实现旅游收入 39.8 亿元。截止到 2011 年 11 月末，黑河市共接待中外游客 306.7 万人次，同比增长 17.5%；实现旅游收入 43.7 亿元，同比增长 14.1%。其中，接待边境游游客 35.3 万人次，同比增长 10.3%。边境旅游在发挥远东"桥头堡"和对俄罗斯"窗口"作用的同时，也有力地带动了交通、通讯、经贸、商服等相关产业的发展，促进了城市建设水平的提升，为黑龙江旅游产业的发展做出了贡献。

第二节　东北东部边境地区旅游业发展的区域背景分析

在东北振兴战略和区域一体化推动下，自 2005 年以来，由丹东市首发倡议，上述所涉及的东北东部边境地区 11 市（州）外加吉林市（即人们常指的东北东部地区）共同举办了两届"构建东北东部经济带论坛"、两届"东北东部区域合作圆桌会议"，2009 年大连市又以观察员身份加入进来，从而形成了东北东部（12＋1）区域合作的态势，使东北东部区域合作与发展得到了深入推进，合作机制不断完善，合作领域不断扩大，合作态势积极务实，双边和多边合作交流呈现上扬态势。目前，这个跨越三省的东北东部区域合作正在如火如荼地加速推进，已经从务虚走向实质性操作阶段，正在合力打出一张"集群牌"，以期发挥区域比较优势，实现资源优化配置，推进区域经济一体化发展，打造具有独特优势和竞争力的新的经济增长区域。

可以看出并预见，随着辽宁省的沿海经济带、沈阳经济区，吉林省的长吉图开发开放先导区，黑龙江省的哈大齐工业走廊等区域合作作为国家战略先后获批并实施，东北区域一体化进程将明显加快；同时，一批助推一体化进程的重大基础设施也在加紧建设，东北东部铁路、丹通高速公路等各项重点项目相继开建，东北东部城市群的区位优势更加凸显，东北东部区域合作的前景将更加广阔。

作为东北东部（12＋2）区域合作的主体，东北东部边境地区旅游产业合作共赢开发具有非常重要的现实性和可行性。其在共同研究制定区域旅游发展战略和市场开发战略，策划和推广区域精品旅游线路；协调对外谈判立场，开发和拓展边境旅游、过境旅游等特色旅游项目；构建区域旅游网络营销系统和商务服务平台，共同开展宣传促销，打造区域旅游品牌等方面具有极大的合作发展空间。

此外，东北东部边境地区所拥有的自然环境、历史人文、地理区位、社会经济、交通和基础设施、发展机遇等优势为旅游产业的发展奠定了坚实的基础。

一、自然地理条件

东北东部边境地区位于欧亚大陆东岸，纬度较高，东近太平洋和亚洲的边缘海，山水丰美，沃野千里。由于地处温带湿润、半湿润季风气候区，使得该地区夏季短促而凉爽，冬季漫长而严寒。地区内山环水绕、平原内孕的自然地理格局以及特殊的自然环境历史演变历程，造就了本区特有的自然旅游资源，也是形成地区秀丽自然景观的主导因素。

（一）地质地貌条件

东北东部边境地区复杂的地质条件和丰富的地貌类型形成了本区域多彩的自然景观。其中最为典型的地形地貌特点在于东南部的长白山地和北部的三江平原。长白山地为中国东北地区东部山地的总称。长白山地区域内分布有多座平行排列的中低高度山体，包括完达山、张广才岭、哈达岭、长白山主脉等，山间还分布有穆棱河、牡丹江、辉发河等开阔河谷地，河流每遇转折横截山脉即成峡谷。此外长白山地区域内熔岩面积广布，分布有熔岩台地、熔岩中山和低山、熔岩丘陵，以及巨大的休眠火山、火山口湖等。这些均为东北东部边境地区地貌景观旅游资源的形成奠定了基础。

由黑龙江、乌苏里江和松花江汇流、冲积而成的三江平原地形平坦，土壤肥沃，水泽广布，农业发达，为旅游开发提供了丰富的水体湿地以及现代化农业观光旅游资源。

（二）气候条件

东北东部边境地区冬季低温漫长，地区的降雪量充沛，雪期长，雪质好，天然的气候条件为冰雪旅游的发展带来了得天独厚的优势。东北东部边境地区正在利用自然条件赋予这片沃土的冰雪资源，成为中国冬季首选的冰雪旅游胜地。本地区夏季短促且凉爽，避暑旅游胜地广泛分布，无论是山地与水滨，还是城镇与乡村，都已成为人们夏季度假疗养的理想之地。

（三）水文条件

东北东部边境地区江河纵横交错，湖泊泡沼星罗棋布。著名江河有黑龙江、松花江、乌苏里江、图们江、鸭绿江、辽河、牡丹江等，其中黑龙江、乌苏里江、图们江、鸭绿江为国界河流。著名的湖泊有兴凯湖、镜泊湖、天池等，其中长白山天池、兴凯湖为国界湖泊。

（四）土壤条件

以弯月状分布于黑龙江、吉林两省的黑土带是中国最肥沃的土地，也是世界著名的三大黑土区之一，总面积为1 000万公顷，目前已开垦出耕地700多万公顷。适宜的气候、丰富的水源，加上这片肥沃的土壤为东北东部边境地区农业发展创造了无与伦比的自然条件。东北东部边境地区农业资源丰富多彩，农业旅游资源地域差异性明显，为发展东北的生态农业旅游奠定了基础。松嫩平原的黑钙土是仅次于黑土的宜农土壤，经济作物小麦、玉米、高粱、谷子的数量、质量均属上乘，农产品的加工业及其附属产业都有极大的发展空间，它们对于旅游者来说极具吸引力。

（五）冻土广泛发育

冻土是东北地区冷环境的综合反映，同时也影响其他自然环境的形成和发展。季节性冻土在东北地区普遍存在，且冻结层冻结和融解时间，随各地气温而异；东北地区的多年冻土属于亚欧大陆高纬度多年冻土区的南缘地带，是东北地区冰缘地貌产生的主要场所，如石海、石河、冰丘等。此外深厚的季节冻土与多年冻土广泛分布，又阻碍了地表水与土壤水的下渗，从而有效地涵养了水源，使区域形成了许多具有代表性的湿地景观。如三江平原湿地、兴凯湖湿地、镜泊湖湿地、敬信湿地、鸭绿江口湿地，等等。湿地不仅是冷湿环境的重要组成部分，具有生态原始品质和生物多样性，其本身更是开展湿地景观旅游的宝贵资源。

此外，由于冻层的存在，阻止了水分下渗，减弱了土壤淋溶过程，这种特殊的水文状况，加上茂密的草本植被，为东北平原创造了美丽的草甸草原景观。

二、人文历史条件

复杂的历史演变历程和独特的地理位置，使东北东部边境地区形成了多元色彩的地方文化。该地区的文化充分融合了满族、蒙古族、朝鲜族、鄂伦春族、锡伯族及赫哲族等文化习俗以及日本、俄国和朝鲜等国的风俗文化和语言类型，并在此基础上形成了极具区域特色的地方文化。

东北东部边境地区几乎浓缩了中华民族的半部近代史，在许多方面均受到了外来文化的洗礼。如本地区的方言在一些词汇上就受到了日本、朝鲜及俄罗斯文化的影响；词汇方面，如"噶斯"（日语音译，即煤气）、咧巴（俄语音译，即面包）、笆篱子（俄语音译，原为栅栏，转意为监狱）、旮旯（满语，即角落），等等。饮食方面，如对俄式食物和朝鲜食物的喜好，都反映出了特殊的地缘关系给东北东部边境地区文化形成所带来的影响。而地区这种异域风情恰恰是吸引国内游客的重要法宝之一，是开展边境旅游的宝贵人文旅游资源。

东北东部边境地区聚集着众多的少数民族，黑龙江的鄂伦春族、长白山下和鸭绿江畔的朝鲜族、遍及东北的满族等，不同民族异彩纷呈的民俗、饮食、服饰、娱乐等使这里充溢着浓郁的民族情调，形成了地区多彩的民族文化。在文化部正式公布的第一批国家非物质文化遗产名录中，吉林省延边朝鲜族自治州的朝鲜族农乐舞、朝鲜族跳板、秋千，辽宁省本溪（桓仁）的象帽舞、乞粒舞等均榜上有名，这些都为地区的民族民俗旅游开展奠定了稳定的基础。

东北东部边境地区同样也拥有着丰富的"本源"文化，如发源于东北农村的乡土娱乐二人转、秧歌、吉剧、踩高跷，等等，其中踩高跷早在古代文献有关渤海国的记述中就有过描绘。地区的饮食文化虽然没有形成一系或派，但也拥有自己独特的风格，东北菜以炖、酱、烤为主要特点，形糙色重味浓。粗线条的东北菜，不拘泥于细节，就像豪爽热情的东北人一样，广迎天下八方来客。

三、社会经济条件

（一）经济保障

近年来，地区经济总量增长速度加快，加之东北东部边境地区各地的地缘优势突出，国内外经济合作加强，并初步形成"沿边"经济一体化开放的新格局，顺应了经济高速发展和区域经济一体化的新要求。随着经济的腾飞，东北东部边境地区基础设施建设的短板也正在逐渐补齐，多项铁路、公路、机场、港口、水利、电力以及城市轨道交通、发展旅游设施等重点工程建设都取得了进展，为东北东部边境地区旅游业的发展提供了先决条件。

（二）政策保障

"振兴东北战略"使东北地区成为中国乃至世界关注的热点。借助"振兴"之风，东北东部边境地区在国内外的知名度也有所提升，影响力不断扩大。2004 年 4 月，国务院正式成立了振兴东北地区等老工业基地办公室，振兴战略正式全面启动。同时，为支持东北地区等老工业基地振兴，国家有关部门还制定实施了一系列相关的优惠扶持政策。这些政策不仅促进了东北东部边境地区经济社会的快速发展，同时也为地区旅游业的蓬勃发展提供了自由空间。

在《国务院关于进一步实施东北地区等老工业基地振兴战略的若干意见》中，明确提出要大力发展旅游业，加强旅游基础设施建设，进而保证东北旅游业的有序健康发展。在具体措施上，国家在把扶持旅游业发展的有关资金加大向东北老工业基地倾斜的同时，还对东北地区基础设施、生态环境保护、产业结构调整等方面的项目建设提出严格要求，指出在合理条件下，一切都要兼顾旅游业发展的需要，这为东北东部边境地区旅游业的成长提供了肥沃的土壤。

（三）交通条件

东北东部边境地区交通发达便捷，是中国交通网络较为密集的区域之一（见图 2.1）。便利的交通条件，把东北东部边境地区与世界联系在一起。以"哈大"高速公路为轴线，"京沈"高速公路全线贯通，把该区域连成一片，为东北东部边境地区打造无障碍旅游精品路线创造了良好条件。所有通向旅游区（点）的支线道路已经基本建成，并达到一、二级公路标准。同时，东北东部边境地区的铁路网具有极高的密集度。2004 年国务院东北振兴办、铁道部及辽宁、吉林两省联合签署了建设东北东部铁路工程的协议，这条沿中俄、中朝边境走向，纵贯东北三省东部的铁路，将成为联结东北东部经济发展的纽带，推进东北东部经济带的形成和发展。这必将为东北东部边境地区旅游产业的发展带来前所未有的机遇。

（四）国内外良好的发展环境

1. 良好的国内大环境

目前，国内经济形势良好，国内大环境安全稳定，中央政府将振兴东北老工业基地列为国策，和西部大开发相提并论，东北的战略意义再度凸显，为东北东部边境地区经济和旅游业的发展带来了千载难逢的机遇。而旅游业本身也在逐步趋于完善，旅游已经成为一个多行业相互联系、相互配合、相互支持的区域性、世界性行为。它已打破了行业的界限、行政区域的限制，形成了众多与旅游业相关的行业联合和区域性联合，打破了旅游业发展的束缚；为了产生更大的市场效应，同一区域的旅游业联合起来，资源共享、优势互补，以合作促进发展，以合作应对竞争，为东北东部边境地区旅游业的发展指明了正确的方向。

2. 和谐的国际政治格局

纵观国际政治格局，近年来，中国与周边国家政治局势稳定，国际关系逐步上升到战略协作伙伴关系，谋求经济发展已成为中国与邻国政策的主要方向。和谐的政治格局对于拥有众多边境城市的东北东部边境地区经济发展来说如虎添翼，同时也为地区边境旅游的发展搭建了广阔的平台，加强了区域内边境城市与邻国的双边、多边旅游合作。以黑龙江省东部边境地区为例，2000年，黑龙江省与距佳木斯市抚远镇航道距离仅 65 千米的俄罗斯远东第一大城市——哈巴罗夫斯克市——签署了旅游合作协议，确定了双方定期会晤制度和共同发展双方旅游的设想框架。2002 年 9 月双方达成了《2004 年共同开发黑龙江（阿穆尔河）流域旅游资源》的相关协议。这一系列的事实表明，良好的国际政治环境，使得黑龙江省东部地区边境旅游迅速发展壮大，并且逐渐成为一个新的经济增长点。

第三节　东北东部边境地区旅游资源分析

东北东部边境地区是东北旅游经济的重要组成板块。特殊的自然与人文风貌，造就了丰富而有特色的旅游资源体系。其旅游资源类型可概括为以下几个方面：

一、边境旅游资源

（一）多界江和多邻国资源

东北东部边境地区拥有沿海、沿江、沿边的地缘优势，四条界江（黑龙江、乌苏里江、图们江、鸭绿江）使其与俄罗斯、朝鲜等国山水相依，有着得天独厚的边境贸易和边境旅游优势，为边境跨国旅游提供了极为便利的近距地缘优势和广泛的联系接触面。位于黑龙江省北部的中俄界江——黑龙江，自然原始，人烟稀少，曾经经历过的"冷战"气氛赋予了边境地区极大的神秘色彩；位于本省东部的黑龙江分支——乌苏里江，渔产丰富，风景秀美，是全国没有被污染的几条大江之一。随着中俄关系的持续发展，中俄边境旅游有望牢牢占据中国边境旅游的首要位置。

流经吉林省的图们江作为中朝界河，千里水线把中、朝、俄紧紧连为一体，成为中国从陆路进入日本海的唯一水上通道。这一特殊的地理位置，使图们江对中国、对吉林省和延边朝鲜族自治州的意义，远远超出了它的长度。随着《长吉图规划纲要》的实施，新一轮图们江开发大幕已徐徐拉开，深度开发图们江文化旅游资源，研究探讨图们江历史文化底蕴，精心谋划图们江文化旅游发展战略，倾力打造图们江文化旅游品牌，对于贯彻实施《长吉图规划纲要》，助推图们江大开发、大开放、大发展具有十分重要的意义。

历经百年风云变幻的中朝界江——鸭绿江，它自上世纪 50 年代那场战争之后更加令世人瞩目。鸭绿江两岸青峰耸立，风光旖旎，江水蜿蜒曲折，名胜古迹历史久远，游一江可观赏中朝两国风光。丹东市是中国最大的边境口岸城市，其赴平壤出境游如火如荼，丹东鸭绿江国际旅游节更是享誉全国。

东北东部边境地区以其超凡的边境魅力已经成为越来越多国内外游客所向往的旅游胜地。

（二）丰富的边境口岸资源

东北东部边境地区沿边境线分布着绥芬河、东宁、同江、抚远、珲春、图们、丹东等诸多不同类型的口岸，形成了东北东部沿边口岸群。口岸的开放，使许多边境口岸城镇的交通、通讯、旅游、娱乐等第三产业也随着边贸往来的频繁而迅速发展，使远离腹地的边陲地区直接走向了国际市场。口岸作为经济的支撑点，不仅推动着边境地区经济的振兴，同时也是地区开展边境旅游的最好窗口。

1. 主要对俄边境口岸

从东北三省东部地区（自治州）对俄边境口岸的分布状况来看，黑龙江省东部边境地区贸易口岸最多。在黑龙江省东部边境地区与俄罗斯远东地区接壤的边境线上，双方坐落着近 20 个对应城镇。目前已获准对外开放的一类口岸 10 余个，河运口岸如佳木斯口岸、桦川口岸、绥滨口岸、富锦口岸、同江口岸、抚远口岸、饶河口岸及萝北口岸等；公路口岸有东宁口岸、绥芬河口岸、密山当壁镇口岸和虎林吉祥口岸等；一类铁路口岸 1 个，即绥芬河铁路口岸。现多个口岸已与俄罗斯开通了边境旅游线路，国际旅行社和口岸国际旅行社的入驻使边境旅游业务逐渐完善。吉林省延边朝鲜族自治州珲春海关所属的长岭子口岸是吉林省唯一的对俄口岸。随着中俄旅游业的发展，现平均每年有 14 万中国人通过珲春市长岭子口岸出境到海参崴市参观游览，同时，约有 4 万俄罗斯游客通过长岭子口岸进入中国进行观光游览度假活动。

2. 主要对朝边境口岸

东北东部边境地区对朝口岸主要集中在吉林省延边朝鲜族自治州和辽宁省的丹东市。延边朝鲜族自治州对朝著名的一类口岸有珲春公路（铁路）口岸、圈河公路口岸、图们公路（铁路）口岸以及集安口岸等；二类口岸有沙坨子口岸、古城里口岸等。珲春、图们、集安、长白等口岸已开发出十几条境外旅游线路。在吉林省还可以进行"一省跨五国"（中国、朝鲜、韩国、俄罗斯、日本）的跨国之旅。

而辽宁东部地区的口岸主要集中于丹东市，其中包括主要对朝口岸和其他综合型口岸。其中一类口岸包括：铁路口岸、公路口岸、海港口岸、界河口岸、输油管理口岸。这些边境口岸不仅是经济发展的重要窗口，其本身也是一种特殊的旅游资源，是人们展望境外的平台。每逢重大节日，口岸的客流量都会大幅增加。到这里感受边境风情已经成为一种流行趋势。辽宁省的丹东市与朝鲜新义州仅一江之隔，有的地方只有几步宽（有一步跨之称）。丹东与朝鲜之间长达 203 千米的国境线是仅以鸭绿江为界的；特殊的国界划定，使游客可以在这里以最清晰、最近的视角欣赏到朝鲜的异域风光。

二、生态旅游资源

东北东部边境地区的生态环境十分优越，森林、湿地、草原等均在中国占据重要地位。本区域拥有三江平原、长白山地以及大型湿地等诸多国家级乃至世界级的生态资源。同时，良好的生态与辽阔的地域融合，构成了极佳的游憩空间。大森林、大湿地、大平原、大草场、大界江、大冰雪……成为东北东部边境地区旅游的重要形象。吉林、黑龙江两省更是继海南省之后较早被国家批准通过的生态省建设试点，这里的冰雪资源和森林资源均居全国之首，并建成了各级生态示范区百余个。走向大自然、回归大自然正在成为一种时尚。依托原始森林、冰雪、草原、湿地、农业、狩猎、界江、湖泊、山脉、岛屿、野生动植物等资源，开发出的专项旅游特色产品形成了数十条生态环保旅游精品线路。

东北东部边境地区的风景名胜不仅数量多，而且各具特色。其中处于本区域的最典型山体是被誉为圣山的长白山。其位于延边朝鲜族自治州安图县和白山市抚松县境内，因其主峰白头山多白色浮石与积雪而得名。作为中朝两国的界山、中国十大名山之一，长白山风光秀丽，景色迷人，并与五岳齐名，1980年被列入联合国国际生物圈保护区，2007 年成为国家首批 5A 级风景区。长白山以旅游胜地、满族发祥地、朝鲜族圣山而闻名于世。以长白山天池为代表，集瀑布、温泉、峡谷、地下森林、火山熔岩林、高山大花园、地下河、原始森林、云雾、冰雪等旅游景观为一体，构成了一道亮丽迷人的风景线。

位居黑龙江和乌苏里江汇合口的中俄边界极角——黑瞎子岛，其特殊的地理位置和历史积淀，孕育了丰富的旅游资源。岛上地势平坦，沟汊交错，留存着中国最原生的沼泽湿地景观；且地处中国最东极，有半年时间是中国最早见到日出的地方，因而拥有最独特的气象景观；同时又地处黑乌两江交汇处，横跨中俄两国，形成了最特殊的政治地理景观。黑瞎子岛别具一格的旅游资源和未来主推"边境游"、"生态游"、"东极游"等现代旅游产品的开发理念，使得黑瞎子岛在带动黑龙江省"极地旅游"和"边境生态旅游"发展方面将处于核心地位。

三、民族民俗资源

聚居在东北东部边境地区的少数民族，多年来以其独特的民俗风情吸引了众多国内外游客。特别是达斡尔族、赫哲族、鄂伦春族等是中国人口最少的几个民族之一，其杀生鱼、独木舡、鱼皮袄、桦树皮衣等原始社会的生存方式还时有所见，在饮食、起居、服饰、节庆、婚嫁、娱乐及宗教等各个方面也仍然保留着中国北方少数民族狩猎文化的原生形态，骑马狩猎、刀耕火种的生活方式吸引着众多的境外游客，对旅游者具有特殊的吸引力；区域内朝鲜族、满族等人口相对较多的民族，浓郁的民族民俗文化正在不知不觉中影响着当地人的生活。以辽宁东部地区的满族为例，宽甸、桓仁、本溪等满族自治县至今仍然聚居着大量的满族人，并保留着本族人原有的生活方式和文化信仰，在习俗、饮食等方面对其他民族都有极其深刻的影响。饮食方面，满族在长期的生活积累中形成了色味丰富、独具特色的满族饮食文化。这其中既有融合了满汉饮食精华、享誉国内外的满汉全席，也有寻常百姓日常习惯的家常风味及面点小吃，如风靡全国的名点萨琪玛、小窝头等；礼仪方面也非常独特，对神佛、祖先、帝王，满族人要三跪九叩。女人礼仪又不同于男人，有"蹲安礼"（俗称"半蹲儿"），妇女平日相见，行"抚鬓儿"礼，即手指从眉上额头鬓角连抚三下，随后点头目视，至亲久别相见彼此要行抱腰接面大礼，等等。这些严格的礼数虽然在平时生活中大多已经简化，但作为一种特殊的旅游资源，它的魅力从未被遗忘，而且随着时光的流逝它所沉淀出的精华正在吸引着越来越多的游客。

四、冰雪旅游资源

东北东部边境地区纬度较高，冬季最低气温达零下二三十摄氏度，积雪期长达 4～6 个月，这使东北东部边境地区成为中国初雪最早、终雪最迟的区域之一。区域内的雪质洁净丰厚、硬度适宜，且雪量大、雪质好，具有开展冰雪旅游的最好条件。

具体而言，黑龙江省雪量最大，雪期最长，由于冬季气温最低，冰的优势更为突出。吉林省比黑龙江雪量略小，雪期也略短些，冬季温度介于黑、辽两省之间，少寒风侵袭，户外活动限制少，雪软硬适度，略显优势。辽宁省冬季气温相对较高，冰雪存留期不长，需要适当辅以人工造雪。此外，黑龙江省和吉林省山地资源较为丰富，具备一定坡度的山地为滑雪旅游的开展创造了得天独厚的条件，结合优越的自然条件区域内现已建立了大批规模较大、设施齐全、项目丰富且交通便捷的滑雪场，为游客提供了完美的滑雪天堂；以牡丹江雪堡、中国大海林雪乡等为典型代表的观光类冰雪旅游产品，其规模和艺术水准都接近世界先进水平，在这里可以使中外游客充分体会到冰雪文化的魅力；众多的冰雪节庆活动将冰雪与文化、民俗、健身相结合，已经成为区域冰雪旅游的一个品牌。如长白山冰雪旅游节、黑龙江中国雪乡旅游节、通化冰雪旅游节，等等，为冷艳的冰雪平添了一抹火热的人文气息。

第四节　东北东部边境地区旅游业发展现状及问题

一、旅游业发展现状

（一）旅游产业发展较快，地位不断提高

在全国旅游产业大发展的形势下，东北东部边境地区旅游业在近些年来也得到了迅猛发展，各地市均确立了旅游业的新经济增长点和支柱产业地位。2010 年东北东部边境地区 11 个市（州）接待国内外旅游者约为 7412.93 万人次，旅游收入约为 564.77 亿元人民币。其中尤以牡丹江、延边朝鲜族自治州、丹东等拥有大量较高名度旅游景区的地市最为突出。

"十一五"期间，牡丹江市累计接待旅游者 2 343 万人次，年均增长17.3％。其中，海外旅游者 283 万人次，年均增长 2.1％；国内旅游者 2 060 万人次，年均增长 19.5％。旅游业总收入 139.3 亿元，年均增长 15.4％。其中，外汇收入 9.34 亿美元，年均增长 7.1％，国内旅游收入 100.27 亿元，年均增长 28.3％。

进入 21 世纪以来，吉林省延边朝鲜族自治州各级政府逐步认识到旅游业对吉林省延边朝鲜族自治州经济发展的拉动效力和国民经济积累效应，十分重视旅游业发展，在旅游人数和旅游收入上也取得了骄人的成绩，以吉林省延边

朝鲜族自治州旅游收入和接待规模为例,具体情况详见表6.1、表6.2。

表 6.1 　　　　　　　　　延边 2002 年—2010 年旅游收入

指标	2002	2003	2004	2005	2006	2007	2008	2009	2010
旅游收入合计/亿元	11.3	13.6	19.5	24.9	30.3	38.3	46.0	66.6	83.0
国内旅游收入/亿元	8.7	11.7	16.6	21.6	26.1	33.6	41.0	60.6	76.0
国内旅游收入增长速度/%	67.0	35.0	42.1	30.0	20.5	28.9	22.1	32.9	25.4
海外旅游收入/亿元	2.6	1.9	2.9	3.4	4.2	4.7	5.0	6.0	7.0
海外旅游收入增长速度/%	−8.0	−27.0	50.9	18.3	24.7	11.9	6.6	22.1	16.7

表 6.2 　　　　　　　　　延边 2002 年—2010 年接待规模

指标	2002	2003	2004	2005	2006	2007	2008	2009	2010
接待旅游者合计/万人次	207.3	207.2	259.9	289.5	338.1	395.7	478.1	607.6	719.0
接待海外旅游者/万人次	15.9	12.1	16.8	18.6	21.4	25.1	27.4	30.7	38.0
海外游客数量增长速度/%	−7.0	−24.0	38.4	10.9	15.3	16.8	9.1	12.0	23.8
接待国内旅游者/万人次	191.4	195.1	243.1	270.9	316.6	370.7	450.7	576.9	681.0
国内游客数量增长速度/%	−4.0	2.0	24.6	11.4	16.9	17.1	21.6	24.7	18.0

资料来源:根据《延边统计年鉴》及相关资料整理获取。

近年来,丹东市旅游业的快速发展使其成为国内外知名的边境旅游城市。2009 年丹东市接待国内外游客人数、旅游总收入等主要考核指标均位居全省前列,已经正式进入辽宁省旅游业发展的第一阵营。

其中一些边境口岸因边境旅游的开展也产生了显著的效益。图们市明确提出"强工、精农、兴游、靓城、弘文、富民"的工作指导思想,并正式把旅游业作为该市特色产业之一。随着旅游业的逐年发展,2009 年图们市继续以"图们江文化旅游节"为载体,开展"斗牛节"、"美食节"、"国际登山节"等节庆活动,成立了图们江旅游资源开发有限公司。"十一五"期间,累计接待国内外游客 164 万人次,年均增长 28.2%,实现旅游产业总收入 2.9 亿元,年均增长 20.7%。

绥芬河市以商贸游等形式为主。目前,经绥芬河口岸出境旅游者在申报12 小时内即可办理完毕出国手续。旅游线路由乌苏里斯克、海参崴等俄边境城市延伸到莫斯科、圣彼得堡等俄腹地。截止到2010年10月末，绥芬河市累计接待进出境旅游者36.8万人次，与2009年同期相比增长13.6%。其中，接待入境旅游者35.9万人次，同比增长12.4%；接待出境旅游者0.8万人次，同比增长102.6%；实现旅游外汇收入6 337万美元。

珲春在推进中俄朝跨国环线旅游方面取得了实质进展，增强了边境旅游活力。表6.3为2005年以来珲春口岸出入境旅游人数变动的基本情况。

表6.3			珲春口岸出入境旅游人数			单位：人次
年度	合计	赴俄人数	俄人人数	赴韩人数	韩人人数	边境旅游人数
2005	157 142	4 274	12 873	17 578	17 417	105 000
2006	177 409	5 730	22 875	17 621	18 183	113 000
2007	189 437	2 409	50 739	11 753	11 648	112 888
2008	285 609	2 404	53 815	7 820	8 070	213 500

截至2011年5月末，珲春市全口径接待国内外游客17万人次，俄入境游客16207人次，比上年同期增长20%，实现旅游总收入1.8亿元，旅游接待人数和旅游总收入实现了双增长。

（二）旅游客源市场不断完善

东北东部边境地区现已基本形成了以俄罗斯、日本、韩国为主体，港澳台、东南亚以及欧美等多方位的国际客源市场和以区内为基础、华北为近程，以及东南沿海、西南地区为远程的国内客源市场格局。

（三）旅游景区及旅游产品开发各有特色

尽管东北东部边境地区旅游业的整体发展背景相似，但每个市（州）均有自己的特色，结合自身特点各地纷纷形成了一系列成熟的景区（景点）及优秀的旅游产品。

1. 丹东——山水之城

作为中国最大的边境城市，丹东气候宜人，环境幽雅。集凤凰山之峻、鸭绿江之柔，打造"最美的边境城市"，推出"鸭绿江畔美丽丹东"旅游整体形象，成为丹东做大旅游产业的第一要素。境内以江、河、湖、海、山、泉、林、岛等自然景观以及战争遗迹等人文旅游资源开发而形成的国家、省级以上旅游风景区、自然保护区和森林公园20余处。经过不懈的努力，虎山长城、鸭绿江断桥顺利晋升为国家级文物保护单位，凤凰山山城也被列入了国家100个重点保护大遗址之榜。中朝界河鸭绿江流经丹东210千米，沿途6大景区、100多个景点构成一幅独具风情的边陲画卷和蔚为壮观的鸭绿江百里文化旅游长廊。作为辽宁沿海经济带发展的重要组成部分，鸭绿江景区已经具备了组合休闲度假旅游集聚区的核心资源，目前创建 5A 级景区的工程已经全面启动。作为国家特许经营赴朝旅游的城市，丹东依托境内鸭绿江、虎山长城、凤凰山、五龙山、天华山、黄椅山、大孤山、天桥沟、青山沟、蒲石河、玉龙湖、大鹿岛、獐岛等景区（景点），与沈阳、大连构成了辽宁旅游的"金三角"。丹东市待建和准备完善的景区（景点）也如雨后春笋般猛升，可以说该市在大力发展边境旅游的同时，其他形式的旅游项目和旅游产品也在迅速成长。

2. 牡丹江——北国"小九寨"

牡丹江市的旅游产品组合较好，冰雪、森林、边境、遗址等构成了相对丰富的旅游产品体系。旅游主题侧重于生态观光、休闲度假及边境风情旅游。目前，已开发的主要风景名胜古迹及人文景点有镜泊湖景区（国家 5A 级风景区）、地下森林公园、莲花湖风景区（中国北方最大的人工湖）、牡丹峰国家森林公园和国家自然保护区、雪乡滑雪场、牡丹峰滑雪场、八女投江纪念雕像、亿龙水上风情园、横道河子东北虎饲养场及冬季在牡丹江江面上建设的雪堡，等等。牡丹江的中俄、中朝、中韩等跨境旅游发展得也十分迅速，现已开通了长白山—镜泊湖—海参崴"名山名湖出境游"、首尔—牡丹江—延吉"中韩国际热线游"和哈尔滨—牡丹江—海参崴等多条跨国旅游精品线路，牡丹江正向着国际旅游城市方向迈进。

3. 佳木斯——"东端明珠"

随着《中国东北地区与俄罗斯联邦远东及东西伯利亚地区合作规划纲要》的签署实施和中俄跨江铁路大桥建设的推进，它在东北东部城市群中的地位逐渐凸显出来。佳木斯市的三江口景区、三江自然湿地保护区、靖边营遗址、大亮子河森林公园、富锦国家湿地公园、抚远口岸、享誉中外的东方第一哨等景区（景点）闻名远近，其中最令人向往的莫过于在 2008 年 10 月 14 日正式归属我国的黑瞎子岛（抚远三角洲）中国境内部分（位于黑龙江省佳木斯市抚远县东北部），特殊的地理位置和背景决定了它未来开发的巨大潜力。利用无可比拟的旅游资源，佳木斯市已打造了近 20 条精品旅游线路，如中俄界江风光游（佳木斯—同江三江口—街津山国家森林公园—抚远乌苏镇东方第一哨）、生态湿地游（洪河三江生态湿地—同江八岔岛生态风光游）、民俗风情游（桦川新中国第一集体农庄—同江赫哲族文化村），等等。

4. 珲春——边境热市

位于吉林省最东部的珲春市，东南与俄罗斯接壤，西南与朝鲜隔江相望，是中国唯一一个地处中、俄、朝三国交界的边境城市，也是东北亚的几何中心，具有同时开展三国边境旅游的独特优势。珲春南部的防川国家级风景名胜区可以看到中朝俄三国的边境风光，可在此探访朝鲜，感受俄罗斯，回味别具一格的"一眼望三国、犬吠惊三疆"之意境。

目前，珲春市充分利用已有优势，形成了许多成熟的旅游线路及旅游产品。国内旅游线路有两条，分别是珲春—长白山夏季避暑观光和冬季滑雪观光游旅线，以及灵宝寺—敬信湿地—莲花湖—沙丘公园—一眼望三国游旅线；跨境旅游线路有四条；珲春—俄罗斯海参崴的旅游线路，两条（分为三日游和四日游两种），另外两条是珲春—朝鲜罗先的旅游线路（分为二日游和三日游两种）；此外，珲春市还开辟了一条多国旅游线路，即珲春—俄扎鲁比诺—韩国束草旅游热线。除了这些成型的旅游线路之外，珲春还打造了众多知名的景区（景点），如东西炮台遗址、沙州、唐代渤海国仿古城，等等。

（四）旅游基础设施日臻完善

就整个东北东部边境地区而言，总投资 18.8 亿元的东北东部铁路，北起黑龙江省绥芬河，沿中俄、中朝国界走向，途经吉林省的图们、通化，辽宁省本溪、丹东、庄河，南抵大连。全长 1 380 千米，连通了东北东部 10 多个城市和 30 多个县，辐射总面积达 22 万平方千米，还连接着中国对俄罗斯和朝鲜的10 多个边界口岸，深入到东北经济区东部经济腹地，是连通丹东、大连两大出海口的"黄金海陆大通道"。东北东部铁路不仅贯穿了整个东北东部边境地区，同时也是整个区域旅游业发展的血脉，为地区旅游业的腾飞提供了先决条件。

就区域内部而言，各市（州）的交通及基础设施发展情况各有不同，但整体表现出良好的发展态势。

延边州的珲春市，现已基本形成连接全市、通往内地、通向国外的公路网络；同样，州内的图们市，目前在交通、通信等方面也已初步具备了旅游业发展所需的基本条件（见表 6.4、6.5）。

表 6.4　　　　　　　　延边州分市（县）旅行社数　　　　　单位：个

	全州	延吉市	珲春市	图们市	敦化市	和龙市	龙井市	安图县	汪清县
国际旅行社	31	19	8	3			1		
国内旅行社	50	39			4	1		4	2
旅行社总数	81	58	8	3	4	1	1	4	2

资料来源：《延边统计年鉴 2008》。

表 6.5　　　　　　　　　延边州分市（县）星级宾馆数

指标	全州	延吉市	珲春市	图们市	敦化市	和龙市	龙井市
客房总数 300～499/间	1	1					
客房总数 200～299/间	3	3					
客房总数 100～199/间	2	1	1				
客房总数 99 间以下/间	24	6	2	1	7		1
星级饭店总数/个	30	11	3	1	7		1

资料来源：《延边统计年鉴 2008》。

　　图们市目前在交通、通信等方面基础设施有较大的改善。延吉机场可起降波音 737、757 和 MD82 等中型客机，设计年吞吐量 150 万人次。已开通国内航线 9 条，国际航线 1 条。延—图高等级公路的开通，使图们与延吉机场的距离不足 40 千米。区外铁路交通基本满足旅游需求，图们至北京、长春、吉林、哈尔滨、牡丹江、大连、沈阳已有旅游客车。另外还有图们—朝鲜罗津边境旅游列车。图们市与周边县市间公路畅通。固定电话、移动电话以及计算机网络覆盖全市，通讯设施完全可以满足图们旅游业发展的需求。

　　珲春市目前已基本形成了连接全市、通往内地、通向国外的公路网络。相继开通了珲春至朝鲜罗津、珲春至俄罗斯斯拉夫扬卡和至符拉迪沃斯托克等的跨国客货运输线路；珲春至哈尔滨、沈阳、牡丹江、绥芬河、东宁等的跨省客运线路；珲春至长春、蛟河、抚松、江原等的跨地区客货运输线路；珲春至全州各县市的跨县市客货运输线路。

　　〔近年来，丹东市铁路建设工作取得了全面进展，贯穿境内的两条主要铁路线分别为沈（阳）—丹（东）线和凤（城）—上（河口）线〕为游客轻松方便地出行提供了更大的可能，同时，北京—平壤、莫斯科—平壤的国际联运列车，可以使游客经丹东顺利地出入国境。丹东地区的公路网四通八达，纵横交错，经丹（东）—本（溪）的高速公路可直通沈阳，丹大高速公路也已建成。目前丹东已开通了多班次通往全国各地的快速、直快、普快和普客列车。便捷的交通为丹东大尺度、大区域旅游提供了广泛的平台。

　　隶属于黑龙江省牡丹江市的绥芬河地处东北亚经济圈的中心，是国内东北铁路干线滨绥铁路和 301 国家二级公路东端的起点。该市交通顺畅，水电充足，通讯发达，遵循三路为轴（即滨绥铁路、301 国道、绥芬河至东宁公路）、条状延伸、块状发展的建设方针，拓展城市空间，完善城市功能，正在稳步实现城市基础设施现代化、城市环境生态化、城市形象个性化和城市社会文明化的目标。

随着黑瞎子岛的回归，目前抚远县正在进行铁路、机场和高速公路的规划建设。这为祖国的东极经济社会发展提供了助推力量。

二、旅游业发展中存在的问题

（一）边境游线整合开发较弱，且许多地区存在出入境通关环境差的问题

尽管东北东部边境地区以鸭绿江、图们江、乌苏里江、黑龙江为界江，边境线长达7 737.7千米，但事实上，依托界江开发边境风情旅游的地区并未连接成线，而是仅仅在各地市旅游产品中体现，无形中将界江旅游分割为小段的水上观光，边境游线整合开发较弱。

特殊的地理位置，使出入境旅游成为地区的一大旅游热点，但由于国与国在基础设施建设、签证时间、相关规定、费用等方面存在较大差异，无法形成和谐有序的边境旅游市场，无形中给游客的出入境旅游带来了诸多不便。以黑龙江省东部边境地区的对俄出境旅游为例，随着"2006年中国俄罗斯年和2007年俄罗斯中国年"的落幕，绥芬河的中俄边境旅游又被推到了一个新的高度，但与此同时暴露出的问题也令人担忧。与其对接的俄方口岸设施相对落后，联检部门工作效率低，随意性较大，查验速度慢，手续繁杂等问题一直存在。据口岸有关部门反映，我方边检规定查验一名过境人员不得超过45秒，而俄方却规定不得少于2分钟。特别是在旅游旺季，中方游客经常要在俄方各方面条件很差的联检场地滞留3～4个小时，不仅身心疲惫，而且使正常的行程也受到延误。

除此之外，中国与邻国的多国旅游与旅游者签证问题之间也存在许多矛盾，以目前情况看（见表6.3），这种矛盾已经成为制约东北东部边境地区边境旅游发展的重要阻碍因素之一。

表6.3　东北亚区域内各国持普通护照公民相互之间的旅游签证限制（2006年）

出发地国家	目的地国家				
	中国	日本	韩国	朝鲜	俄罗斯
中国	——	15日内免签	要签证	要签证	要签证
日本	团体签证	——	90天内免签	不可	要签证
韩国	要签证	90天内免签	——	不可	要签证
朝鲜	要签证	团体签证	团体签证	——	要签证
俄罗斯	30日内团体免签	要签证	要签证	要签证	——

注1：日本和韩国公民到中国港澳台地区旅游、中国港澳台地区居民到日本和韩国旅

游互为 90 天内免签。

　　注 2：中国公民中 15 岁以下的学生修学旅行团到日本访问 30 天内免签。

　　注 3：中国公民过境韩国（前往日本、美国、加拿大、澳大利亚、新西兰中的任一国或者相反的途径）30 天内免签。

　　资料来源：李刚. 东北亚区域国际旅游协同机制研究［J］. 旅游科学，2008，22（2）。

　　此外，还应看到，本区域的边境旅游发展深受周边国家政治、经济和旅游业状况的影响。俄罗斯经济复苏有待时日，朝鲜的闭关锁国和经济低迷状态短期内难以改观；边境的道路、口岸等基础设施不能满足边境旅游迅速发展的需要，过境手续多、收费较高；边境口岸过多，分散客源，部分口岸所在地区由于交通不便，旅游各相关行业相对落后。各种制约因素在一定程度上影响了边境旅游发展。

（二）旅游基础设施有待进一步完善

　　基础建设是直接衡量行业发展质量的重要标准，对于综合性强、涉及面广、产业规模迅速壮大的旅游业来说，更是如此。近几年来，东北东部边境地区旅游基础设施建设虽然有了很大的改观，但部分旅游基础还相对薄弱，旅游交通条件较差，许多设施都达不到国际服务标准。同时，旅游部门服务质量也差强人意，旅行社、旅游俱乐部、登记注册的旅游公司鱼龙混杂，良莠不齐，给游客带来很多不便。作为旅游行业三大支柱产业中的旅行社业、旅游饭店业和旅游汽车业，在经营中更是存在着一定的困难和问题，很大程度上也制约了东北东部边境地区旅游业的发展。

　　丹东是东北东部边境地区的典型边境城市，而且旅游资源极其丰富，具有发展旅游业的优势基础。但其基础设施上的落后却严重牵制着丹东旅游业的前进步伐。首先，从交通情况上看，丹东市公路交通虽然四通八达，但旅游交通却存在明显不足，整体水平不高，针对性不强，特别是有些著名景区交通条件还十分落后。例如，宽甸县的天桥沟、青山沟、白石砬子等旅游景区虽然交通条件比前几年大有改观，但与交通发达地区相比还是相当落后的；鸭绿江水上航运船只、大鹿岛海上客轮等运输工具也都存在问题；其次，从旅游接待能力上看，也存在许多亟待解决的问题。一方面是层次较高的旅游饭店、宾馆绝大部分集中在市内，但市区范围内有观赏价值的景点却非常少，留不住游客，使许多宾馆客房率低下，经济效益不高。另一方面，许多远离市区的旅游景点旅游基础设施少，而且标准低，不配套。比如河口旅游度假村、虎山古长城遗址等景点的旅游设施许多都是低标准的、暂时性的，根本满足不了游客的要求；从旅游购物上看，丹东目前的旅游商品品种少，档次低，缺乏地方特色，粗制滥造，难以满足游客的需求，并且存在"商托"等恶劣行为，降低了游客购物安全感的同时，也使丹东的旅游形象大打折扣。因此，丹东日后必须重视旅游产品的开发，特别是要注重开发、生产多类别、高档次的旅游商品。

这些问题不仅仅只存在于丹东市，而是东北东部边境地区大部分城市的通病。例如，《延边朝鲜族自治州旅游发展总体规划（2006—2020）》中对延边朝鲜族自治州旅游业发展存在的问题诊断时即指出：旅游业发展处于规模扩张的初级阶段；旅游产品开发与旅游区经营管理不规范；旅游投入相对不足；旅游交通、接待服务等配套设施建设相对滞后；海外客源过于单一；缺乏鲜明的旅游形象；缺乏特色旅游商品和商品销售场所；旅游开发与生态环境保护有待加强；旅游管理水平亟待提高，等等。优越且极具特色的旅游资源如果因为一些外在问题而得不到游客的肯定和青睐，将是整个地区旅游业的损失，所以加强基础设施和旅游配套设施建设，提高旅游业服务质量对于东北东部边境地区来说迫在眉睫。

（三）区域内各市之间旅游业恶性竞争，缺少合作与交流

特色相同或相似地区的景区（景点）之间存在不良的竞争关系，各地区都只考虑自身的经济效益而盲目竞争。如恶性争抢客源、争抢跨区旅游资源，等等。竞争本身是件好事，但一旦良性的竞争超越一定底线，就会带来一系列负面效应。尽管现在东北东部边境地区旅游区域合作已经开始起步，各地市之间也建立了旅游经济联合体。但目前的区域旅游合作还只是线路组合、政府间的政策协调，并没有进入区域旅游资源的系统整合、旅游服务设施的综合利用、旅游品牌的统一打造等深层次阶段。这种停留在表层的合作只会减缓发展而不会带来区域旅游业根本性的改变。

以冰雪旅游为例，众所周知，由于受气候条件的影响，自然赋予了东北东部边境地区相对其他地区极具优势的冰雪资源，但正是因为资源相似度极高且地区间地理位置的临近，面对相同客源市场时，各地区间出现了恶性竞争现象。尤其是黑龙江省和吉林省东部地区的滑雪、滑冰等参与性极强的旅游项目，其规划建设上均大同小异，互补性小，造成争夺客源的竞争，影响了旅游收益和冰雪旅游品牌的树立；而对于隶属于同一个省的各市之间的恶性竞争，也屡见不鲜。如吉林省吉林市的雾凇景观，已经成为吉林市冰雪旅游的一种特色文化，每年冬季都吸引着大量的国内外游客，拥有稳定的客源市场，但正是在经济利益的驱使下，省内的其他地区也在借着这张王牌盲目地打造着"雾凇精品"。这样一来，不仅使旅游市场混乱，雾凇旅游产品档次降低，而且也会使整个地区的旅游形象大大受损，阻碍区域旅游健康有序地发展。

（四）旅游资源开发粗放、破坏严重，生态环境恶化

目前本区旅游资源整体上处于粗放的低级开发阶段，多数景区（景点）停留在单纯的观光层面。受资金投入、开发理念、策划深度、宣传力度等多方面影响，优质资源得不到较好的开发利用，未能实现应有的旅游经济效益。休闲度假产品开发层次较低，产品单一，相关的休闲度假配套欠缺。

同时，旅游资源粗放式开发还会直接导致资源破坏，生态环境恶化。这种现象在东北东部边境地区主要集中表现在以下几方面：（1）环境污染问题突出。由于一些旅游区的环境保护设施不配套，对旅游产生的污水、废气和固体废物不能进行有效及时处置，从而污染了附近水体和局部大气环境，甚至殃及浅层地下水资源。（2）生态破坏严重。一些地方为了搞旅游开发，开山、采石、伐树，大兴土木。旅游设施的建设、交通噪声、游人活动等对一些野生动物的迁徙及正常栖息也产生了不良影响。（3）对旅游资源进行掠夺式开发以及自然与历史文化景观破坏的现象亦时有发生。

（五）地区界线阻碍旅游资源合理开发

东北东部边境地区旅游资源分布在空间上表现出一定的规律性，形成了具有相对独立性的地理单元，但这种分布现象与各市（州）之间的行政界线并不一致，地区各自为政，只考虑开发自己行政区域内的资源，使得旅游资源得不到更合理更完整的开发利用。旅游资源特色只有在其各自的地理单元中才能最好地表现出来，而这种以行政区域为主体进行的旅游资源开发，不仅造成了旅游资源特色的割据、丢失，还阻碍了整个区域旅游产业的健康发展。

第五节　东北东部边境地区旅游业发展建议

一、特色旅游产品开发

劳动地域分工论和地域分异规律是形成地区旅游资源和差异的重要原因。而差异即产生特色，从而形成吸引力，致使旅游的产生。东北东部边境地区在进行旅游开发时，必须充分利用这种差异性，优先开发优势旅游资源，形成特色旅游产品，提升旅游吸引力。本区域特色旅游资源为边境旅游资源、自然生态旅游资源、文化旅游资源和冰雪旅游资源，因而在进行旅游开发时，要根据资源特色，针对客源市场需求，开发优势旅游产品。

（一）边境旅游产品

作为东北东部边境地区的区位条件，边境旅游的培育应是本区最优的发展方向。发展东北东部边境地区的边境旅游，必须要选择一些条件较好、客源充足、发展潜力大的边境地区或口岸作为重点发展对象，在政策和资金方面给予特殊扶持，使其逐渐发展成为对国内外有吸引力的旅游中心区。发展边境旅游，要摒弃传统的只是着眼于把国内旅游者送出去，境外旅游者接进来，从中赢得一点"过路钱"的错误观念，而应该将边境旅游打造成为一个重要品牌，同时应发挥自身优势，积极开发富有本区特色的旅游产品，延长游客逗留时间，增加游客旅游消费。同时，还应积极寻求边境旅游与其他旅游形式的整合点，把边境旅游与自然风光游、冰雪旅游、文化旅游等结合起来，形成区域性旅游网络。根据口岸建设情况和发展状况，东北东部边境地区的边境旅游开发应以同江、抚远、绥芬河—东宁、珲春、丹东等几个边境口岸为重要节点。

同江市作为国家一类口岸，与俄犹太自治州对应口岸下列宁斯阔耶隔江相距 35 千米，与俄哈巴罗夫斯克边疆区哈巴罗夫斯克港口水上距离 272 千米。随着同（江）三（亚）等公路网络的完善、铁路的开通和同江中俄跨江铁路大桥的筹建，同江对俄经贸的桥头堡和枢纽站作用将更加凸显，正在逐步建设成为东北亚区域性国际物流中心和边疆生态旅游口岸城市。同江市自然和人文景观优美，民族风情独特，因此，可利用边境的地理区位，开展至俄罗斯比罗比詹、哈巴罗夫斯克、海参崴、莫斯科等诸条国际旅游线路。

抚远口岸，作为祖国的"东极"，与俄罗斯远东地区最大城市哈巴罗夫斯克（伯力）直线距离仅 35 千米，水上距离 64 千米，可以"华夏东极"旅游景区和黑瞎子岛景区为龙头，重点发展与俄罗斯远东第一大城市哈巴罗夫斯克的边境旅游，进而成为黑龙江东北部的旅游核心增长极。

绥芬河—东宁应依托边境旅游异地办证试点的优势，大力开展赴海参崴的边境旅游线，目前已开通哈尔滨—绥芬河（东宁）—海参崴直达国际客运班车。应依托绥芬河的中俄边贸枢纽地位，发挥国际旅游集散地功能，将绥芬河建设成黑龙江国际旅游营销、服务的窗口。

地处吉林省东南图们江下游中国、朝鲜和俄罗斯三国交界地带的珲春口岸，区位优势得天独厚。这里中、朝、俄三国陆路相连，中、朝、俄、韩、日五国水路相通，周围分布着波谢特、海参崴、罗津等众多的俄罗斯和朝鲜港口。近年来，珲春市开辟了珲春经朝鲜罗津至韩国釜山、珲春至俄罗斯扎鲁比诺至韩国束草等多条国际海陆联运航线，实现了口岸无假日通关；珲春口岸还开办了落地签证业务。同时，对俄、朝贸、旅游的联动新平台，不仅繁荣了东北亚地区各国的经贸，也将带动珲春市旅游、文化、物流、餐饮、娱乐等多领域的迅速发展，形成俄贸产业的整体联动，为珲春口岸经济注入新的活力。随着图们江区域开发开放战略的实施，这里已成为我国参与图们江国际合作开发的核心城市和长吉图开发开放先导区的开放窗口，逐步彰显出一个新兴边境开放城市的魅力，边境贸易与旅游业都呈现出蓬勃发展的态势。

丹东口岸作为东北东部重要出海口，是辽东半岛对外开放的重要窗口，对朝旅游的重要枢纽门户。随着新鸭绿江公路大桥的建设、朝鲜改革开放、新欧亚国际大通道的建设，丹东将成为中朝两国最重要、最大的边贸旅游、商务旅游枢纽城市，成为中朝边贸流通业的中枢，也是朝鲜采购的重要城市。丹东将可以直接签发对朝旅游通行证，这是空前现实的机遇。丹东将成为东北亚及世界最重要的客流通道之一，成为中国、东北亚乃至世界最重要的对朝旅游门户和对朝旅游综合服务区。

从更广阔的视野来看，借助于上述各边境口岸，本区域可开展东北亚五国（中、日、韩、俄、朝）跨境旅游线，共同开发和推销跨国旅游线路，使其具有鲜明的主题特色，同时积极建设与跨境旅游线路相配套的基础设施。比如，中国、朝鲜、俄罗斯所构成的"社会主义展览馆"游，朝鲜、韩国构成的"世界最后一个冷战主题公园"游，跨越中、俄、日、朝、韩的"和平之旅"游，"环日本海旅游路线""太平洋长途风光旅游线""长白山—金刚山—富士山—汉拿山旅游线""东北亚冰雪旅游线"以及连接中、朝、韩、日、俄等跨境的商务会展旅游、跨国购物旅游，等等。

（二）自然生态旅游产品

东北东部边境地区具有典型、丰富、优越的自然生态旅游资源，十分适宜在保护的基础上进行合理开发。

1. 山地森林旅游

本区域山地森林旅游产品开发首推位于吉林省东南部的长白山。作为世界级旅游资源，长白山应以建设国际型旅游度假区为目标，以丰富的植物景观分异及温泉资源为特色，发展山岳森林生态观光、避暑度假、温泉康疗等产品，最终建设成为国际山岳型观光度假目的地。

本区域还拥有几十处国家级森林公园，较为著名的如牡丹峰国家森林公园、绥芬河国家森林公园、威虎山国家森林公园、乌苏里江国家森林公园、珍宝岛国家森林公园、帽儿山国家森林公园、图们江国家森林公园、延边仙峰国家森林公园、本溪国家森林公园、凤凰山国家森林公园，等等，均是本区域山地森林生态旅游产品开发的重点对象。

2. 水体湿地旅游

本区域水体旅游资源开发应主要集中在四大界江：黑龙江、乌苏里江、图们江、鸭绿江，以及黑龙江省的镜泊湖和兴凯湖上。湿地旅游开发重点应在三江平原湿地、敬信湿地、鸭绿江河口湿地。

四大界江旅游开发应集中在构建"四条旅游发展轴"上来。具体详见后面"区域旅游发展空间战略部署"的相关内容。

牡丹江市的镜泊湖是黑龙江省的王牌景区。1982年被国务院首批审定为国家级重点风景名胜区，2006年被世界教科文组织评为世界地质公园，2008年被国际休闲产业协会、联合国国际生态安全合作组织、中国国际名牌协会评为中国十佳休闲旅游胜地，2011年被国家旅游局评为国家5A级旅游区。其未来开发应以水上观光娱乐为主要助力、以水岸度假为主体，开发避暑、度假、休闲类高端产品。依托良好的湖泊、生态、冰雪、边贸、文化旅游资源，围绕"国际休闲"主题，重点发展集避暑度假、休闲观光、边贸旅游、文化体验四大核心功能于一体的国际知名、国内著名的休闲度假旅游目的地。

兴凯湖是中俄最大界湖，是国家地质公园和国家级自然保护区，拥有可作旅游开发的高品质沙滩、水质、湿地、口岸等湖泊型休闲度假资源。休闲度假是未来兴凯湖的核心发展方向。依托本区现有的资源，可以开发会议型度假、养生型度假、康体型度假等三个类别的度假旅游产品，构筑一个完善的复合型湖泊养生度假产品体系。

三江湿地是全球少有的淡水沼泽湿地，地处黑龙江与乌苏里江汇流的三角地带，人为干扰较少，原始状态依存。以湿地保护区为核心，育有种类繁多的国家级珍稀野生脊椎动物和高等植物，具有调节气候，涵养水源，控制洪涝灾害等多种生态功能。其未来发展方向应充分利用区别于其他湿地人为开发少的优势，开展湿地生态观光科考旅游，创造性地利用天然资源建设露天博物馆；设计一些趣味性强的亲水类游憩活动；加强基础设施建设。

敬信湿地位于中、俄、朝三国交界处珲春市境内的敬信平原。湿地内江河贯穿，湖泡连片，水域沼泽8 000余公顷，亦称"图们江下游湿地"，是吉林省重点保护湿地之一。该湿地内动植物资源丰富，其中拥有我国唯一一处大果野玫瑰生长地。辽阔湿润及多样的环境，成为众多鸟类迁徙、繁衍和栖居的首选之地，每年都有成千上万的水鸟到此处繁衍生息。其开发方向主要是观鸟、湿地植物鉴赏、图们江探源等。

丹东鸭绿江口滨海湿地国家级自然保护区位于我国海岸线最北端，是我国目前保存较为完整的滨海湿地类型保护区。保护区为内陆湿地和水域生态类型与海洋和海岸生态类型的复合生态系统，不仅保留了北半球原始滨海湿地的完整性，还保持了东北区和华北区生物种类的交汇区特性和东北滨海湿地野生物的遗传性，是生物赖以生存和繁衍的场所。本区还拥有非常丰富的经济动植物资源，年产芦苇5万吨，文蛤、蛏等水产品9万多吨。保护区的建立，为全球提供了一个永久性的滨海湿地生态环境的天然本底和野生生物的基因库，具有重要的经济、社会和环境价值。该湿地还是大洋洲候鸟迁徙的中途站，是世界上鸟类种群最为集中、最为理想的三大观鸟地之一。适宜开发生态旅游、科考旅游、观鸟旅游、观潮旅游等专项旅游项目，不宜设置对环境有破坏的旅游项目。

3. 冰雪旅游

东北东部边境地区冰雪旅游开发重点在延吉的长白山和牡丹江的大海林雪乡。

长白山可突出高山滑雪特色，尤其是要依托地域内的温泉群体，发展冰天雪地的温泉洗浴休闲项目，打造国际生态冰雪品牌，形成世界冰雪圣山，世界冰雪旅游度假基地。

牡丹江的雪乡应继续做好"雪"的品牌，努力成为以雪资源为主，集冰雪、森林、漂流、登山为一体的生态旅游区。同时打造国内最大、设施条件可承办冬奥会雪上项目、国内滑雪时间最长、雪景独一无二的5A级旅游风景区。

其他区域可利用自有山水景区与季节错位特色，发展休闲冰雪旅游。

4. 文化旅游

东北东部边境地区文化旅游产品开发应主要集中在边境异域风情、民族风俗、历史遗迹、北大荒文化、红色旅游等方面。

本区域地处边境地区，由于与他国邻近而形成的边陲风情以及异域风景具有极大的吸引力，是因区位优势而形成的得天独厚的边境文化旅游资源。

本区域少数民族中最具开发潜力的是延边朝鲜族自治州的朝鲜族和同江的赫哲族。民族旅游产品开发要追求精品化，建设全国朝鲜族、赫哲族民俗文化精品景区，要形成一个多层次立体的开发层次，从营造氛围、节庆活动、民俗旅游产品、景区建设、形象导引等各方面进行开发建设。

本区域的历史遗迹旅游开发重点在吉林省集安县的高句丽王城以及镜泊湖的唐渤海国遗址。高句丽王城要完善旅游配套服务设施；渤海国遗址应配合世界文化遗产的申报进行规划建设。

本区域红色旅游产品重点在牡丹江林海雪原的抗联文化和丹东鸭绿江的抗美援朝文化。要在挖掘红色旅游资源文脉、增强区域文化底蕴和内涵的同时，结合周边资源，与城市休闲、民俗、生态旅游捆绑销售。

"北大荒"文化具有两种特色文化内涵，一是军垦文化，二是知青文化。"北大荒"文化是留给子孙后代的一份非常珍贵的精神遗产，在黑龙江旅游中，完全能将这份遗产融入到各种旅游类型中，形成北国风光特色旅游独有的"精神遗产"内涵。应重点开发大农业观光旅游，挖掘知青文化，建设博物馆、纪念馆以及风情浓郁旅游农庄，开发特色体验型项目，形成北大荒知青情结史迹旅游产品。

二、区域旅游发展空间战略部署

针对整个研究区域旅游资源的特点，我们对区域旅游发展做了如图 6.1 的空间战略部署。其中包括六大旅游集合区的培育；四条旅游发展轴的培育；四个中心城市的建设及四个口岸建设。

图 6.1　东北东部边境地区区域旅游发展空间战略部署

（一）六大旅游集合区的培育

1. 鹤岗（萝北）—同江旅游集合区

同江市经济地理位置处于东北亚地区中、日、俄、韩经济核心地带，是中国沿边开放带上重要的国际口岸城市，也是黑龙江省东北部对俄及太平洋沿岸国家和地区的窗口和桥梁。

对于未来旅游发展来说，同江市应该主打"同江三江口"自然景观和"同江街津口赫哲民族文化村"人文景观这两个旅游支撑点，游客可以在街津哨远眺中俄两岸风光，住街津口，品赫哲风味，吃黑龙江鱼宴，享尽同江特色旅游。同时加快地区其他景区（景点）建设，使地区旅游业向相对均衡方向发展。

萝北县依托丰富的界江旅游资源，应该继续加强"两峡一岛"精品旅游线路的建设，包含龙江三峡、小兴安岭兴龙峡谷和名山岛三个综合风景区，大力发展以"界江游"为主打品牌的旅游业。同时，该县还应实施设施建设先行战略，全面推进全县旅游基础设施建设，不断完善食、住、行、游、购、娱等方面的服务设施和功能。在交通基础设施建设上，要从破解旅游集合区内部及外部周边各景区旅游交通瓶颈问题入手，加快基础设施建设，围绕打造旅游精品及旅游环线建设，结合国家、省、市公路建设方略，加快萝北—同江旅游集合区的交通设施建设和改造步伐，把交通对旅游集合区的制约度降到最低。

2. 佳木斯—抚远旅游集合区

该旅游集合区以佳木斯为枢纽城市，以乌苏镇和黑瞎子岛为核心，以三江平原、佳木斯北大荒风情、边境旅游、华夏东极、抚远东方第一哨为主要吸引物，涵盖佳木斯整个市域范围。

目前，该区已经基本形成了集群初级发展的态势。未来进行旅游开发时要充分考虑该区的旅游特色和项目设计的可行性，重点可以集中于四方面：首先，加强中心城市佳木斯市旅游产品的开发，强化佳木斯旅游服务功能，完善基础设施，加强交通系统建设，缩短到达各景区之间的时间，进而提高城市的整体旅游吸引力；其次，对于"北大荒"主题旅游而言，应该避免开发规划仅停留在概念化和形式化阶段，要进行实质性的部署，全面开发"北大荒"系列旅游项目，除建博物馆、纪念馆之外，还应该设计丰富的体验型项目，让游客尽情体验"北大荒"风情；再次，加强区内松花江与黑龙江水路游线的开发；最后，大力开发黑瞎子岛（中国境内部分）的"界岛体验游"，远期在条件具备的情况下可与俄罗斯哈巴罗夫斯克合作开发整个黑瞎子岛的旅游，满足游客环游黑瞎子岛的旅游愿望。

3. 兴凯湖旅游集合区

兴凯湖旅游度假集合区主要以兴凯湖为核心，辐射鸡西市域范围。应该实施旅游精品战略，启动旅游精品工程，推进旅游大项目带动，加快旅游产业化步伐。整合现有旅游资源，优化旅游产品结构，完善旅游基础设施建设，改善旅游发展环境，开拓旅游客源市场。

充分利用好自然生态、界江、界湖等旅游资源，打造"界湖和界江"两个品牌。兴凯湖，不仅自然风光秀丽，其人文积淀也颇深，神秘水怪以及各种民间传说，为这个大界湖蒙上了神秘的面纱。就整个旅游集合区而言，应该突出发展生态风光游、异国风情游和边境游旅游热线，打通兴凯湖至抚远的乌苏里江界江的游线。从产品开发、基础设施、市场营销、产业经营、人力资源等基本方面入手，加快重点景区综合开发，积极打造旅游精品，构筑多种特色旅游共同发展的新格局。尤其是要规划好兴凯湖旅游资源开发与基础设施建设，最大限度地发挥"一湖两国"政治地理景观优势，将兴凯湖旅游度假集合区打造成为国内外著名的旅游目的地。

4. 牡丹江—绥芬河旅游集合区

牡丹江—绥芬河旅游集合区主要以牡丹江市为旅游中心城市，辐射绥芬河市、东宁市、中国雪乡在内的整个牡丹江市域。在开发规划时，主要以镜泊湖、绥芬河边境风情、大海林雪乡为核心吸引物，将牡丹江—绥芬河集合区打造为以生态观光、休闲度假、边境风情旅游为主题的旅游胜地。

该区的旅游产品组合较好，其中冰雪、森林、边境、遗址等已经构成了相对丰富的旅游产品体系。在此基础上，要做强做细已有的精品旅游项目，如镜泊湖、绥芬河边境游等。作为黑龙江省最大的对俄贸易口岸，异域文化和俄罗斯风情是东北东部边境地区最为浓郁的，在这里可以游览镜泊湖湖光山色，赏紫菱湖、火山口地下森林风光，感受镜泊峡谷朝鲜民俗村民族风情，等等，从而起到对其他旅游产品的龙头带动作用；同时，要加强牡丹江市的枢纽功能，强化牡丹江与镜泊湖、绥芬河、大海林（雪乡）的交通联系，尽最大可能减少游客到达这些知名景区（景点）的阻碍因素，完善旅游基础设施，提高服务档次，为游客创造最为舒适和满意的旅游环境。

5. 延吉—长白山旅游集合区

未来长白山的旅游开发，要以建设国际型旅游度假区为目标，突出对"生态游"、"养生游"、"四季游"、"错时游"等旅游业态的营销推广。挖掘整理长白山"原始、源头、元气"，"神奇、神圣、神秘"等文化概念，打造"休闲养生地，大美长白山"的品牌形象。

对于整个延吉—长白山旅游集合区的开发而言，要充分考虑延吉市的地缘优势和少数民族特色，依托长白山这一国内外知名的山岳型避暑旅游景观，以构筑中国新的避暑胜地为主题，集生态游、自然风光游、边境风情游、民俗游四位一体的生态避暑旅游胜地。

6. 本溪—丹东旅游集合区

本溪和丹东两个地级市属于辽东山水区域的范畴，所以应该主打山水旅游牌。具体开发实施时要考虑这两个地区的山青、水碧、洞古和石奇，还有水体景观与山岳景观的融合。应注意促进区域文化挖掘，加强山水生态保护建设，特别注重构建风情浓郁旅游城镇体系。同时作为辽中城市绿色屏障与水源涵养地，产品的生态科普教育意义也极为突出。

被誉为"地质博物馆"的本溪（桓仁），不仅矿藏储量大，森林、自然林地、历史遗迹等旅游资源也十分丰富。本溪（桓仁）可依托五女山、望天洞等奇观打造生态避暑城市，并借助每年一度的枫叶节，主打"枫叶红于二月花"

的本溪秋色，扩展生态消暑旅游内涵，同时开发野菜、人参、鹿茸、冻梨等当地著名的风味特产作为旅游商品，最终将本溪（桓仁）建设成为生态避暑旅游名市。

作为中国最大的边境城市，丹东气候宜人，环境幽雅，应打造集五龙背、东汤温泉、五龙背荣军疗养院等疗养保健以及大孤山古建筑群、抗美援朝纪念馆等自然、人文旅游资源于一体的避暑胜地，建设以界江风情游、生态疗养保健旅游产品为特色的旅游城市，最终成为辽宁生态绿色旅游的标志性旅游目的地、中朝边境山水度假旅游目的地。

（二）四条旅游发展轴的培育

1. 黑龙江中俄界江旅游发展轴（漠河—呼玛—黑河—逊克—嘉荫—萝北—同江—抚远）

黑龙江中俄界江是世界上最长的界江，它连通了我国的"北极"漠河和"东极"抚远，贯穿了祖国的东北。界江上不仅有黑河、同江等中俄重要口岸城市，还串联着大量优秀景区（景点），如黑河口岸、瑷珲纪念馆、嘉荫龙骨山、萝北龙江三峡、名山岛、同江街津口赫哲民族村、抚远东方第一哨等著名景区（景点），加之回归不久的中俄界岛——黑瞎子岛，这些旅游资源的稀有性和独特性是培育该旅游轴成长、成熟、成功的强劲力量。

在进行旅游开发时应以森林、峡谷、山泉的原始风貌为核心，打造反映黑龙江沿岸良好自然风光的生态体验旅游区。此外，还可与上游的伊春和下游的佳木斯市合作，全力培育黑龙江界江水上黄金线路，合力推出漠河—呼玛—黑河—逊克—嘉荫—萝北—同江—抚远旅游水线。

2. 乌苏里江中俄界江旅游发展轴（兴凯湖—虎头—饶河—抚远）

中俄界江乌苏里江位于本区东部边界，流经黑龙江省密山、虎林、饶河、抚远等市县，将中俄界湖兴凯湖和中俄界岛黑瞎子岛联系起来。密山县地处乌苏里江源头，境内森林茂密，野蜂成群。东北与俄罗斯隔江相望。旅游业应以保护为主，以生态旅游为核心，以"游江、玩湖、跨国旅游"为重点。中游的虎林和饶河旅游资源十分丰富，要重点打造虎头军事要塞遗址、珍宝岛战役遗址、乌苏里江国家森林公园、乌苏里江沿江游等旅游景区。乌苏里江下游的抚远县旅游业应合理利用，集约开发，并以"生态旅游和民族风情游"为核心，以边境旅游为辅助，把抚远建设为新兴的旅游城市。在整合旅游资源上，抚远市应重点建设三条旅游线：一是乌苏里江旅游线；二是哈抚线，即以哈尔滨至抚远沿线景区（景点）为依托，将黑瞎子岛、三江湿地、东方第一哨等景点点缀其间；三是抚漠线，该沿线可由中国的最东方直达中国的最北方，具有巨大的吸引力。当年的一首老歌《乌苏里船歌》更是为这条界江平添了几分浓郁的怀旧气息，将水上旅游和爱国主义教育结合起来，加之轴线上景区（景点）的点缀，无疑更能带动轴线所经城市与景区的快速发展。

3. 图们江中朝界江旅游发展轴（长白山—图们—珲春—朝鲜）

图们江千里旅游轴线西起长白山图们江源头，东至珲春防川入海口。吉林省八大名景的长白山与防川望海阁东西贯通、遥相呼应。全线以图们江为链条，穿起图们江左岸（右岸为朝鲜领土）现有景点，以线穿点，以点连线，全线开发，在此基础上，整合图们江区域所有旅游资源，力争把图们江旅游长廊打造成世界级旅游"金地"。可依据图们江上、中、下流域地理及人文等特点设计旅游项目。图们江上游（三合以上）山势陡峭，河道弯曲狭窄，以开发建设生态风光、森林资源项目为主，如已初具雏形的图们江源头、圆池、金日成钓鱼台等景点都比较原始，仙峰雪凇壮美的奇观也少有人见；图们江中游（三合至甩湾子）比较开阔的河谷盆地，以开发朝鲜族民风、民俗、民居为主，让游人体验到最"地道"的朝鲜族风情，从而使图们江中游地区成为展示朝鲜族文化的大观园。重点做好图们江大漂流，并根据具体情况设计出不同流程；图们江下游（甩湾子以下）地势平坦，水流平稳，开发空间广阔，珲春可以做大防川一眼望三国景区，使其成为名副其实的东北亚金三角明珠。做大做强张鼓峰战役展览馆，使其成为延边朝鲜族自治州重大历史事件红色旅游基地。做深做精图们江三国交界江面游，尽情饱览江海奇观，尽心品味异国风情。

4. 鸭绿江中朝界江旅游发展轴（长白—临江—集安—太平沟—丹东—东港）

鸭绿江为中朝西段边界界江，从长白山脚下发源，直至丹东汇入黄海。抗美援朝战争时期的一首"雄赳赳，气昂昂，跨过鸭绿江"让更多的人知道了鸭绿江。鸭绿江连通了临江、集安、丹东等重要城市，同时，鸭绿江沿线的自然景观丰富、文化底蕴浓厚、生态环境优良、边境风情浓郁、界江资源独特，是集多种资源于一身的综合性旅游目的地。随着高句丽已成功申报为世界文化遗产、长白山正在积极运作申请世界自然遗产，以及丹东临港产业的发展，鸭绿江沿线已成为日益吸引国内目光的旅游新热点。

未来旅游开发应向边境休闲体验方向做深度挖掘，并与鸭绿江吉林段以及朝鲜沿江的旅游开发形成合力，共同构建世界级深度休闲旅游带。其重点是：建设虎山至大东港61千米鸭绿江大道；建设鸭绿江国家湿地观鸟园；东港江海分界区域建设独具特色的海角公园；开发建设月亮岛；全面改造改建沿江开发区；增加游乐设施，实施沿江和大桥亮化工程，开展江岸和江上夜间活动；美化市区段防洪坝，包装成有文化内涵的景观长廊；开发安民镇和古楼子乡的边境旅游项目；建设夹心岛朝鲜族民俗村；挖掘中日甲午战争历史文化，建设纪念地标志或纪念馆。太平湾重点发展工业旅游，建设旅游度假设施，并开发赴朝登岸游。水丰湖景区修建码头，购置豪华游船，扩展游江线路，规划开发蟠龙峪大峡谷。疏通鸭绿江至太平湾江上航线，对沿岸进行美化、绿化，恢复自然生态，形成沿江水陆两条游览线，打造北方漓江。

三、区域合作模式构建

东北东部边境地区旅游合作的前景非常广阔，涉及"大旅游"要素下的众多领域。11个市（州）应该在各自旅游"十二五"规划的基础上，共同制定一个旅游协同发展规划，把整个范围内的旅游资源融在一起共同开发，统一或协调发展政策，建立共同的旅游发展项目库，在此规划为纲的前提下，打造无政策障碍、无市场障碍、无交通障碍、无服务障碍的无障碍旅游区。在共同开发市场方面，11个市（州）应努力打造旅游一体化形象，在国际、国内旅游市场实施同步的宣传促销活动，设计共同的对外旅游线路产品和区域间旅游线路产品并与其他省市相对接，发送共同的宣传推广手册，联通政府网、旅游网，引导区域内的旅游企业进行卓有成效的合作。

（一）内部合作模式

发展旅游产业既需要区域自身的发展，也需要从一个更大的区域空间范围内进行省市之间的竞争与合作，即"大区域旅游观"。了解与掌握东北东部边境地区的关联区域，尤其是周边各地区发展旅游业的现状，对于东北东部边境地区大力发展旅游产业大有裨益，有利于与周边各地区的协作，是实现"旅游产业作为支柱产业"目标的基础。因此，东北东部边境地区发展旅游产业需要处理好区域之间的竞争与合作关系。

各地政府必须拿出自己的诚意进行认真地研究、商讨，打破传统的行政空间观念，树立大旅游、大产业的经营思想，建立与各个区内邻近区域的协作，形成资源合力，把本区域的小利放在第二位，加强实际意义上的合作，通过系统性规划建设，全力打造东北东部边境地区的大旅游圈。在整体规划中应该注重各地区的特色，并把各省区的共性与个性相融合，把人文旅游资源和自然旅游资源相叠加，组合在一起形成独特的地方"性格"。具体实施时，可以学习一些成熟案例的成功之处，如珠江三角地区的旅游合作开发。该地区不仅合作模式成功，而且合作内容也极其丰富，包括旅游产品、旅游客源、旅游品牌、旅游人才等诸多方面。取他人之长处，最终将东北东部边境地区建设成为具有全国甚至全世界影响力的旅游胜地；在打造区域整体旅游品牌时，要结合区域内的标志性品牌，诸如形象鲜明的城市、价值突出的各类旅游资源，以及多姿多彩的关东文化，等等。只要将这些方面的特色有机结合，就可以打造出能够代表整个区域的共同品牌，并以此提升区域旅游吸引力。

（二）外部合作模式

由于文化、历史等多方面原因，各国在旅游业的经营管理中缺乏共同语言。这既不利于消费者信息的获得，又不利于行业间的合作。东北东部边境地区可以参照世界旅游组织的建议标准，制定东北东部边境地区特定标准。如东北东部边境地区饭店星级标准、导游规程、旅游购物退税制度、旅游投诉处理程序等，并建立方便快捷的旅游通道，简化对入境旅游者的签证手续等，使跨国旅游不再"障碍"重重。

除此之外，还需要各国政府和旅游企业的全方位参与并积极配合，将区域内的休闲旅游和文化旅游进行有效地融合，并以此为切入点，从旅游资源整合、旅游设施建设、旅游产品丰富、旅游线路开发和旅游宣传等方面着手，从双边合作逐步发展到多边合作。具体而言，将已有的边境游做大、做强，使其具有世界影响力，并在此基础上，寻求更多的多边合作契机，最终实现东北东部边境地区旅游一体化。在合作的过程中，除了加大宣传力度、扩大区域影响力外，还要加大对旅游基础设施的资金投入，并将合作重点放在旅游线路开发和旅游产品创新方面，最终打造东北东部边境地区区域国际旅游圈。

第七章 东北东部边境县域经济发展

县域经济作为我国国民经济的重要基础和重要组成部分，是现有行政管理体制下最基本的区域单元。县域经济的强弱又是区域社会经济发展的重要标志。因此，县域经济的发展在东北东部边境地区经济成长中的地位举足轻重。

第一节 东北东部边境县域经济概述

一、县域经济的含义及特点

作为一级行政区划和行政管理组织，"县"在世界许多国家都普遍存在，但县域经济却是中国特有的经济现象。与其他国家相比，过去我国农业经济的成分比较高，几乎等同于农村经济。县域经济不被列为单独的研究范畴。随着我国经济发展总体水平不断提高，县域经济的内涵也不断丰富。实际上，农村经济只是构成县域经济的一个重要组成部分。县域经济不仅包括农村经济，还包括农村以外的乡镇经济；不仅包括农业发展的部分，还包括工业与服务业发展的部分。

县域经济具有以下几个特点：一是县域经济同属于区域经济范畴，具有明确的地理界限，它是以当地县城为中心，以乡镇为纽带，以大农村为腹地的，城乡兼容，社会经济功能较完整的基本经济单元，是国民经济的基础和重要力量。二是县域经济具有典型的二元经济结构特征。非公有制经济已经成为县域经济的主体。核心乡镇充分发挥了对农村的辐射带动作用，县域经济发展有了内生积累和外在推动。三是县域经济具有相对独立性和能动性，每个县都具有自身的行政权与财政权，市场机制在经济活动中起到基础性调节作用。县域经济是以市场为导向的基于县域经济要素禀赋的特色经济。四是县域经济地域特色明显。五是县域经济具有一定的开放性。随着市场经济的发展，县域经济需要在更大的区域内进行资源配置，获取竞争优势，因此，其主导产业的选择不仅要着眼国内，还要着眼国外，要有国际化视角。最后，县域经济是综合性经

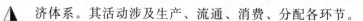

济体系。其活动涉及生产、流通、消费、分配各环节。

二、县域经济发展的影响因素

县域经济发展水平受诸多因素的影响，对下列主要影响因素的分析，有助于理解东北东部边境县域经济发展现状。

（一）离中心城市的距离

中心城市指省会城市或经济发展水平较高的经济计划单列城市，这些城市作为区域的经济和政治中心，具有较强的扩散力和凝聚力。辽宁省进入全国百强县的县（市）大部分出自于大连市，是因为大连市的县域经济发展依托于大连市临近海港的区位优势，受益于大连市工业发展的带动力，从而使县域经济发展获得了强有力的支撑。吉林省长春市所属的三个县（市）居于吉林省县域经济前 10 位。黑龙江省哈尔滨市所属的肇东市曾在全国百强县市评比中榜上有名。以上例证说明，距离中心城市的距离会构成对县域经济发展水平的一项重要影响因素。

（二）交通便利程度

交通与经济发展的关系极为密切。观察已有的现实，交通发达的地区经济发展水平都比较高。原因在于，一方面，交通运输条件的改善可以使生产要素的流动性提高，节约要素流动的成本，从而使其从某一个地区释放出来，在其他地方与固定资本结合产生更大的效益，从而克服生产中的瓶颈状态，进一步促进经济扩张；另一方面，经济发展水平较高的地区也有财力来维系高度发达的交通基础设施建设和维护费用。如果没有外力作用，就会形成一定的锁定循环。即越是经济发达的地区，交通便利程度越高，交通基础设施越完善；越是经济落后的地区，交通便利程度越差，交通基础设施投入越是不足。

（三）信息发达程度

市场经济条件下，市场信息、技术信息、产业信息、政策信息等对区域经济的发展具有重要的影响作用。因此，信息的可达性与及时性构成了经济增长速度的制约性条件。县域经济观察中，我们发现，由于广播、电视、互联网络的普及，即使在边远的边境县、村，信息的可达性已然得到满足，这与大中城市并无差异。但由于缺少参照系，边远地区人们的信息辨识能力与整合利用的能力远不及核心城市地区。

（四）资本充裕程度

县域经济发展过程中，资本要素不可或缺。较高的资本持有量，意味着较高的风险承受能力和较为灵活的资源配置自由。资本可以是自身的积累，可以从外部引入，也可以通过金融机构获得。一个区域对资本的吸引力越高，区域経济获得较快成长的几率越大。

（五）人力资本的积累

资本、土地、劳动力的结合，需要适时融入技术；技术要素需要由人力资本提供。人力资本的形成靠教育投入，或依赖产业技术培训，即"干中学"。教育发达地区、产业技术成熟程度较高的地区，人力资本的积累速度也较快，因而形成良性循环；反之，教育欠发达地区，产业技术成熟度较低的地区，人力资本自身积累的速度慢，区域本身对外部人力资本的吸引力也较差。因而，在经济欠发达地区，人力资本不足是常态，产业结构失衡也就不难理解。

三、县域经济概况

东北东部边境地区县域范围包括辽宁、吉林、黑龙江三省区的 43 个县（市），面积约 20.9 万平方千米，占东北东部边境地区面积的 87.4%。人口逾 1 524 万，约占东北东部边境地区总人口的 79.4%。

（一）县域的基本情况

尽管地处相近区域，但东北各边境县的基础情况不同，如面积和人口，既有方圆上万平方千米的县，如吉林的敦化 11 957 平方千米，也有几百平方千米的边境城市，如黑龙江的绥芬河市只有 422 平方千米。43 个县中面积超过 6 000 平方千米的有 17 个县。其中在黑龙江省境内有 12 个。从人口规模看，人口最多的是辽宁省的东港市，有 62.3 万人，人口最少的市是黑龙江省的绥芬河市，只有 6.4 万人。这使得东北东部边境县域经济发展相关问题的研究较难使用统一标准。从经济发展水平角度而言，2009 年这些县 GDP 总量 3 072.97 亿元，人均 2.25 万元，县均 71.46 亿元。以上指标都低于 2009 年东北县域经济平均水平（见表 7.1、7.2）。

表 7.1　　　　　　　东北东部边境地区县（市）数量

省份	县（市）	县级市	县	自治县
辽宁省	4	2	0	2
吉林省	17	9	6	2
黑龙江省	22	8	14	0
合计	43	19	20	4

表 7.2 　　　　　　　 **2010 年东北东部边境地区县域经济基本状况**

县（市）	面积/平方千米	人口/万人	生产总值/亿元	第一产业/亿元	第二产业/亿元	第三产业/亿元	人均GDP/元	地方财政收入/万元
萝北	2 167	22.5	51.6	31.7	6.6	13.3	22 985	33 299
绥滨	3 335	19.1	35.2	25.7	2.2	7.3	18 547	11 697
集贤	2 258	31.8	66.5	21.2	29.6	15.7	20 913	39 770
宝清	10 001	42.2	100.5	50.9	29.3	20.3	23 860	55 744
友谊	1 647	12.7	28.5	9.6	10.9	7.9	22 676	18 366
饶河	6 865	14.6	30.1	20.7	4.4	5.0	19 791	32 938
密山	7 843	29.7	88.3	31.5	26.0	30.8	21 540	43 474
虎林	9 334	29.3	88.7	48.3	16.4	24.0	30 240	33 821
鸡东	3 243	29.7	78.9	19.5	31.5	27.9	26 571	49 532
绥芬河	422	6.6	78.8	0.5	12.3	66.0	67 988	125 023
东宁	7 139	21.1	90.0	21.1	23.1	45.8	43 271	81 902
宁安	7 924	43.3	98.6	30.0	32.0	36.5	22 422	60 025
海林	8 814	40.7	103.7	21.6	50.9	31.3	25 576	158 914
穆棱	6 673	29.6	98.5	16.9	56.3	25.3	33 477	113 482
林口	7 185	38.3	59.9	22.1	16.4	21.4	15 862	52 385
同江	6 300	17.8	58.3	39.2	6.7	12.3	27 433	25 613
富锦	8 227	47.4	109.5	60.3	23.1	26.1	23 202	51 807
桦川	2 268	22.2	20.5	10.2	5.2	5.1	9 028	13 349
抚远	6 263	9.8	33.7	23.5	2.8	7.4	28 933	30 329
桦南	4 415	46.7	58.5	25.9	15.4	17.1	12 544	32 949
汤原	3 416	268	42.5	18.9	12.1	11.5	15 853	19 986
勃利	4 455	35.7	60.6	10.8	32.9	16.9	18 877	70 633
珲春	5 154	22.5	78.6	4.3	52.2	22.1	35 044	53 203
汪清	9 016	25.4	38.8	7.9	17.6	13.3	16 169	22 765
图们	1 143	12.8	26.4	1.3	14.4	10.7	20 427	15 682
龙井	2 591	18.0	23.7	3.4	8.7	11.6	13 023	16 197

县（市）	面积/平方千米	人口/万人	生产总值/亿元	第一产业/亿元	第二产业/亿元	第三产业/亿元	人均GDP/元	地方财政收入/万元
敦化	11 957	48.4	107	21.6	47.3	38	22 109	63 266
和龙	5 069	19.8	32.5	4.3	16.3	11.8	16 270	22 375
安图	7 444	21.7	23.6	4.3	9.7	9.5	27 864	18 593
延吉	1 350	51.3	206.4	4.0	91.7	110.6	40 590	132 061
通化	3 725	24.5	87.5	6.9	48.6	32.0	35 688	47 228
抚松	6 152	28.8	102.2	16.4	48.0	37.8	33 949	55 068
靖宇	3 094	14.5	36.6	4.9	20.1	11.6	26 159	21 600
临江	3 009	17.3	57.0	5.0	28.0	23.1	32 785	28 758
长白	2 498	8.5	23.6	4.3	9.7	9.5	27 864	15 144
集安	3 355	22.3	68.4	7.5	31.2	29.8	30 568	35 156
柳河	3 348	37.3	69.3	17.4	29.6	22.4	18 581	33 391
梅河口	2 174	61.9	180.4	18.2	86.1	76.1	29 163	85 638
辉南	223	35.4	66.9	12.4	27.5	27.1	18 870	33 030
桓仁	3 457	30.2	142.4	20.8	73.8	47.8	10 261	106 547
宽甸	6 194	43.4	141.9	18.2	75.3	48.4	10 746	103 000
凤城	5 513	59.0	249.0	21.0	143.0	85.0	11 374	16 740
东港	2 360	62.0	337.3	79.0	282.8	210.7	14 827	220 774

（二）县域经济竞争力状况

按照中国县域经济研究所评选县域经济百强县的标准，县域经济竞争力可以简要地理解为县域经济单位进行资源优化配置取得某些竞争力优势的能力。县域经济竞争力体现的是县域经济单位在资源利用、产品开发、技术创新、市场开拓及服务中具有的与其他区域经济主体竞争的竞争优势。县域经济竞争力是县域经济单位的诸多方面"分力"的"集合力"，有以下几个含义：（1）与县域经济单位进行竞争的可能是其他县域经济单位，也可能是中心城区经济单位。竞争是没有区域限制的，县域经济竞争要在更大区域范围内竞争。县域经济形成良好的互动。（2）县域经济竞争力体现的是竞争优势。自然优势和比较优势固然重要，但决定性的是竞争优势。具有自然优势和比较优势的产业能够相对容易地形成竞争优势。比较优势是竞争优势形成的重要基础，但不是充分必要条件。比较优势强调的是要素禀赋的投入，而竞争优势强调的是创造一个好的环境和制度来提高要素禀赋的高效利用。（3）县域经济的竞争优势表现在某些方面，但不是全部。县域经济的特点是特色经济，是具有区域特色的区域经济。县域经济不追求"小而全"，而是追求"独特"。（4）县域经济竞争力是一个"集合力"。从结构功能主义来讲，县域经济竞争力可以是来自不同方面的"分力"的"集合力"。

根据评价结果，东北东部地区县域经济基本排名一般。辽宁省得分 1401 分，等级为 III，排在第 8 位；吉林省得分为 1166 分，等级为 III，排在全国的第 13位；黑龙江省得分 836 分，等级为 IV，排在全国的第 22 位。总体来看，东北东部地区的县域经济竞争力水平一般，处于全国的中游水平，甚至有些靠后。

2011 年东北地区跻身全国百强县的共有 12 个，其中属于东北东部边境地区的只有 3 个，分别是吉林省的延吉市（71 位）、辽宁省的东港市（75 位）、凤城市（87 位）。其百强县数量只占整个东部地区的 1/30。这说明，东北东部地区的县域经济整体发展水平还比较低，竞争能力比较差。

（三）县域经济发展阶段分析

东北师范大学陈才等人按照国际上的通用划分方法，将某一地区人均生产总值与全区人均生产总值的比值作为划分的标准，对东北地区的县域经济发展水平所处阶段进行了划分。其中，比值在 1.5 以上的定位发达地区；比值在 1~1.5 之间的为发展水平中等偏上地区；比值在 0.75~1 之间为发展水平中等偏下地区；比值在 0.75 以下为落后地区。陈才等人结合东北地区各县市的经济总量、居民实际生活水平、财政收入、公共基础设施发展状况等，将东北地区的县域划分为发达县、次发达县（发展水平中等偏上和发展水平中等偏下地区）和后进县（见表 7.3）。

表 7.3　　　　　　　东北东部边境地区县域经济发展水平分类

县城划分	黑龙江省	吉林省	辽宁省
发达县	绥芬河市	延吉市	东港市
次发达县	抚远县、饶河县、友谊县、绥滨县、同江市、萝北县、东宁县、集贤县、宝清县、鸡东县、富锦市、穆棱市、宁安市、海林市、密山市、虎林市	梅河口市、敦化市、抚松县、临江市、珲春市、通化县、集安市、图们市、靖宇县、长白县	桓仁县、宽甸县、凤城市
后进县	汤原县、勃利县、桦南县、林口县	辉南县、柳河县、安图县、汪清县、龙井市、和龙市	

四、县域经济特点

东北东部边境地区县域经济在具有中国县域经济发展的一些共性特征的同时，具有地处边远、人口密度偏低、交通不便、自然环境比较复杂、经济总量相对较低等特征。同时由于地处边境地区，其经济发展还受到世界地缘政治格局以及中国与周边国家关系的影响，在发展经济的同时，还承担着维护国家边防稳定的使命。

（一）地广人稀，交通不便

东北东部边境地区地处偏远，地广人稀，人口密度比较低。2009 年 43 个县（市）的平均人口密度为 58.7 人/平方千米，低于全国平均水平，大部分县（市）也低于所在省区的平均水平。其中人口密度最大的县（市）是吉林省的延吉市 291 人/平方千米。人口密度最小的县（市）是黑龙江省的抚远县 17 人/平方千米。由于受自然环境和历史发展的影响，东北东部边境地区经济发展比较滞后，离区域内的经济发展中心相对较远，交通的通达性较差，县域内生产要素的集中程度较低，区域内难以形成规模经济效应，有些资源或特色经济优势由此失去市场竞争优势。如黑龙江省的抚远县与省会城市哈尔滨的直线距离约为 700 千米；吉林省的集安市和延吉市到达省会的车程都在 5～7 小时以上。除了距离遥远，还有路况也比较差，这是当前及今后制约这些县域经济发展的主要因素之一。

（二）边境区位特征显著，受国际环境影响较大

东北东部边境地区是边疆少数民族（朝鲜族、满族、赫哲族等）集居地区，也是地缘政治与地缘经济极为复杂的地域。国际环境变化对县域经济的影响显著。

1840 年至解放初，东北边境一直是日、俄（苏联）、美等大国角逐之地，近现代殖民地烙印较深，新中国建立后又长期处于多种国际冲突前沿（冷战、抗美援朝、中苏矛盾等）。

冷战结束后，和平与发展成为世界发展主流，我国全面对外开放战略的实施加速了边境地区的经济发展。尤其是 20 世纪 90 年代以来，地缘政治关系的缓和与重建，使边境地区从战争前沿转变为经济贸易前沿，边境地区经济贸易的发展提升了边境地区县域经济发展水平。东北东部边境地区也已经成为沿边对外开放和东北亚区域国际合作的核心地域。

经济的开放使边境贸易快速恢复和发展；边境贸易的快速发展，使边境地区居民通过参与边境贸易获利，地方财政收入增加。边境区位效应对边境县域经济发展的贡献日益突出。边境地区成为经济发展的热点区域，边境地区形成

了从铁路到公路，从航空到水运的全方位立体开放格局。尤其是一些地理区位优越、基础设施较好的县市，利用双边经济互补性强的特点，发展边境贸易、旅游服务等口岸经济，成为区域经济增长点，并带动边境县域经济快速发展，甚至超常规增长。

（三）地域内自然环境差异大，经济结构呈现多元性与脆弱性

东北东部边境区域内的各县自然环境差异较大，区域内有矿产资源比较丰富的县域、有地势平坦地域辽阔的县域、还有边境口岸效应较强的县域。由于环境的影响及经济基础不同，各县市经济结构表现出多样性，可划分出农业主导县（市）、工业主导县（市）、服务业主导县（市）。

农业主导县（市）包括萝北、滨绥、抚远、同江、饶河、虎林、密山等县。农业主导县区域内有较多的可供利用的农业自然资源，这里地处三江平原，地势平坦，土壤肥沃。政府充分利用当地自然资源优势，大力进行农业的深度开发，农业基础产业的地位得到了进一步加强，逐步形成了以商品性农业生产为龙头，兴办以农产品为原料的加工业，而轻工业和第三产业发展却现相对的停滞状态，劳动力的转移途径受到严重阻碍。

工业主导县（市）包括鸡东县、穆棱市、珲春市、集安市、临江市、延吉市及东港市、凤城市等。其主要特点是工业产值占社会总产值的比重较高，而且，大多或利用本县域自然资源优势，或利用边境区位优势，依靠改革开放的巨大推动力，异军突起的乡镇工业，已发展成为这些地区农村经济的主体力量。

绥芬河、东宁、延吉、图们等县为较典型的以第三产业发展为主的县（市）。这里依靠边境口岸，发展边境贸易等第三产业。虽然第三产业的发展带动了地区的经济增长，也促进了地区产业结构的演变，但是在边境口岸县经济的发展过分地依赖于边境贸易的拉动。如在绥芬河的经济发展中，第三产业产值的比重占到90％，这又反映出边境地区经济结构的脆弱性。

（四）县域间经济发展不平衡

由于区域内各县域地理位置、资源禀赋、社会政治因素等不同，使其形成的经济实力不同，经济发展进程不一，产业结构差异较大，大部分边境区域县域经济发展落后于所在省区的平均水平，属于经济欠发达地区，其经济差异主要表现在经济规模、居民收入水平、基础设施等方面。从县域经济规模看，GDP总量最高的是辽宁东港市，2009年为345.4亿元，最低的是黑龙江省的桦川县，为17亿元，两者相差328.4亿元，前者是后者的20多倍；人均GDP差距也很大，最高的是黑龙江省的绥芬河市，为6.9万元，最低的是黑龙江省的桦川县，为7 500元，相差6万多元。

在43个县（市）中，绥芬河、东港、延吉 GDP 总量与人均占有量位居前列，而龙井、滨绥、密山、和龙均位于倒数的行列，人均 GDP 极差为38 804元，相差5.3倍。1996—2008年间，人均 GDP 年平均增长率最快的是辽宁省的宽甸、桓仁，吉林省的珲春、集安，增长率分别为18.04％、14.91％、14.73％、14.68％，增长较慢的为滨绥县、龙井、图们，增长率分别为6.66％、6.97％、7.2％。区域内的县市工业发展水平也比较低。2007年43个县（市）规模以上工业总产值平均值为219 038万元，占东北地区县域规模以上工业总产值的52.8％。城乡居民收入差距较大，2008年农民人均纯收入和城镇居民可支配收入之比为1∶2.3。

第二节　东北东部边境县域经济发展对策

县域经济的发展通常遵循从资源优势培育、资源优势向区位优势转化，进而区位优势极化这样一个过程。边境县域经济的发展不仅要遵循这样的过程，而且还要考虑将"边界屏障"变为"边界中介"的地缘优势。东北边境县域经济发展的制约因素包括地处边境地区、受国际地缘政治格局影响大、远离内地经济中心、人口密度低、经济聚集效应不明显、开发程度低等。但同时又具备发展空间大、资源丰富、比较优势突出、国家重点扶持等有利于经济发展的条件。所以东北东部边境县域如何通过发挥比较优势、克服不利因素、根据不同县域的环境和特点，探寻适合自身特点的县域经济发展策略，进而形成定位准确、特色鲜明，内外有别、分工合作的发展思路，以实现东北东部边境区位的最佳效应。

一、加强各县之间的经济联系，发挥边境效应

20世纪中后期，随着区域经济一体化进程的加快，边境地区成为国家间经济联系的中介和开放前沿。边境地区，尤其是口岸承担着区域经济合作前沿的功能。口岸所在的县级区划成为国家对外经济贸易合作的重要组成部分。边境县同时成为边境省区新的经济增长点和对外开放的窗口。

边境县域具有发展对外经济贸易合作的地缘优势、经济优势和人文优势。东北东部边境地区是我国通向俄罗斯远东地区、朝鲜半岛、日本海的国际大通道。但受到双边人口分布、发展历史、基础设施状况、口岸分布等因素的影响，边境效应在不同县域的地位和作用不尽相同。有些县市以边境经济贸易合作为主要经济支柱，如黑龙江的绥芬河市和吉林省的延吉市。其他县域口岸经

济和边境贸易虽有较快发展，但还不足以成为支柱产业。近年来虽然一些口岸基础设施建设投入不断增加，边贸量也大幅度提高，口岸经济效应不断增强，也带动了当地相关产业的发展，但东北东部边境县市与周边国家的经济贸易合作仍然保留在层次较低的边境贸易上。扩大合作领域，提升合作层次要求东北东部边境各县市连为一体发挥区位整体优势。

所以，东北东部边境各县（市）要积极探索各自的比较优势，依据自身的特点和优势发展适合本地的经济模式。边境各县（市）应结合本地实际，依据自身的地缘、地理和资源优势发展体现本地特色的产业，并形成相应的集群式产业布局。同时加强各县市间的沟通与协调，建立东北东部边境县域经济协作体，对同类县域经济进行整合，共同构建东北东部边境贸易的大市场、大通道，形成新型沿边开放带，带动腹地经济发展。应进一步建立区域内的协作机制，共同协商区域发展问题，统筹研究制定东北东部边境区域发展规划，在重大基础设施项目和产业项目方面做好规划、衔接和实施。为加强东北东部边境县域经济联系方便，进一步改善东北东部交通条件，加快"东边道"铁路的建设，形成一条北起佳木斯，经丹东、大连跨渤海海峡，抵山东半岛，直达长三角的东部滨海大动脉，使东北东部边境地区各县实现资源的流动互补，带动整个区域的经济发展。如黑龙江省的鸡东县与辽宁省的宽甸县在许多领域有很好的合作前景，尤其是运输物流。鸡东县物产资源丰富，但是受铁路运输瓶颈制约，急需解决货物运输问题。随着东北东部铁路的开通，可以依托丹东港辐射韩、朝、日等国家的便捷优势，促进东北东部边境各县的资源或垂直流动或水平流动。

二、优化产业结构，打造龙头产业和边境旅游特色经济

产业结构状态是一个地区经济发展阶段的标志。东北东部边境地区的产业结构仍处于工业化早期阶段，并且开始进入结构转换时期。目前，边境地区产业结构存在的主要问题：一是产业结构协调性差；二是产业结构松散；三是农村经济增长中，技术因素偏低；四是基础设施投资不足，基础产业滞后。当然，东北东部边境县由于资源禀赋不同，因而三次产业结构不能强求一致，应有地区特点。

农业自然资源丰富的县（市）应以农业为主导，如萝北、滨绥、抚远、同江、饶河、虎林、密山等县。这些县应充分利用当地自然资源优势，进行农业深度开发，形成以商品性农业生产为龙头，兴办以农产品为原料的加工业，提高农业产业化水平。开发绿色产品，绿色加特色必然提高产品的市场竞争力；矿产资源较丰富的县（市）应以工业为主导，如鸡东县、穆棱市、珲春市、集

安市、临江市、延吉市及东港市、凤城市等。这些县应大力发展乡镇工业，使之成为这些地区农村经济的主体力量；边境口岸优势突出的县（市）应以第三产业为主导，如绥芬河、东宁、延吉、图们等县，这些县可以依靠边境口岸，发展边境贸易、物流、商贸和旅游等第三产业。

县域经济具有很强的差异性，特色是其优势和竞争力所在。发展特色产业是东北东部边境县域产业结构调整和优化的关键。东北东部边境县产业结构调整的基础是传统产业和以旅游业为代表的新型服务业。东北东部边境旅游业独具特色。分布有闻名中外的珍宝岛、享誉全国的大顶子山、北大荒象征的雁窝岛、东北抗联遗址七星峰、汉魏时期遗址凤林古城。既有万里长城东端起点虎山长城、抗美援朝纪念馆和鸭绿江断桥等历史人文景观，更有长白山、天华山、凤凰山、天池等风景秀美的自然景观。各县区内少数民族众多，形成了各自独特的民族风情，对异国他乡的游客具有诱人的魅力。这是东北东部边境县市特有的"资源"。要形成"边疆地域＋少数民族＋特有文化"的特色旅游景区。各县（市）应以自然资源为依托，大力发展特色文化旅游业，不仅要大力提高民俗文化旅游资源开发的质量和品位，培养民族学、民俗学、人类学、文化学、经济学及规划设计人才，而且还要让少数民族在资源开发中得到最大利益，从根本上激励他们合理开发和保护自己的资源，做到民俗文化旅游的可持续发展。东北边境县域虽远离国内经济中心，运输距离远，但通过传统产业升级，发展特色经济，利用边境区位优势，通过边境贸易带动产品出口，面向周边国家的市场可以克服这一不足，并促进边境县域经济的发展。既可以增强县域经济竞争力，又可以提高边境县域城乡居民的收入。

三、整合边境口岸功能，提升跨边境区域经济合作层次

东北东部目前拥有国家一类口岸有 17 个，其中 15 个位于边境县域（见表7.4）。由于县域的区位特征及边境贸易发展水平，在 43 个边境县域中有 8 个县表现出比较典型的边境口岸型县域，即国家在边境地区批准设立的一类口岸。这些县具有边境贸易活动的历史，目前以边境贸易及其相关产业为支柱产业或主导产业。这些边境口岸是东北东部边境地区开展对外贸易的主要通道与窗口，具有交通距离短、运输成本低、贸易形式灵活多样、交往历史长的特点。充分利用和发挥它们的区位优势和特点，推动东北东部边境地区的对外贸易的发展。

表 7.4　　　　　　　　　东北东部边境口岸县域分布状况

口岸型县域	国家一类口岸			东北东部边境县（市）
	铁路	公路	水运	
黑龙江省 绥芬河、东宁、同江、抚远、饶河、萝北	绥芬河、	密山、绥芬河、东宁	同江、萝北、饶河、虎林、抚远	绥芬河、东宁、同江、抚远、饶河、萝北、密山、虎林、绥滨、鸡东、延吉、穆棱
吉林省 珲春、图们	珲春、集安、图们	珲春、图们、集安、龙井、和龙、临江、长白		珲春、图们、龙井、和龙、临江、长白、集安
辽宁省 东港			东港	宽甸、东港、桓仁

例如：绥芬河市。对外贸易是该市的支柱产业，从 1998 年至今，对外贸易进出口额连续占黑龙江省外贸的 1/4，边境贸易额连续十多年占黑龙江省边贸的 1/3。进出口贸易额从 1996 年的 2.32 亿美元，发展到 2011 年高峰值 70 亿美元，在 10 多年的时间里保持快速发展，年均增长速度达到 17% 以上。2011 年，绥芬河口岸过货 695 万吨，口岸过客 95 万人次；对外投资项目 126 项，投资总额 7.47 亿美元。

多年来，绥芬河充分发挥口岸通道优势，依托俄罗斯远东地区丰富的木材资源和国家级进口原木加工锯材出口指定口岸政策，大力开展对俄林业投资合作，积极推动进出口加工业发展转型升级。在俄罗斯境内先后辟建了米哈依洛夫卡、乌苏里斯克跃进和波格拉尼奇内新北方三个以木材加工为主的工业园区。目前有 120 余家企业在俄方设立中资公司，专门从事森林采伐和木材进口，形成了具有相当规模的、横跨境内外的集采伐、仓储、运输、加工、销售于一体的产业体系。近年来，绥芬河年进口木材达 800 万立方米，约占黑龙江省进口量的 80%，全国进口量的 21%，成为中国最大的俄罗斯木材进口集散地和木材加工基地。产品远销欧美、日本、中国香港、台湾和哈尔滨、大连、青岛、浙江、江苏、上海、广东等城市和地区，被国家木材流通协会授予"中国木业之都"和"中国进口木材十大口岸"称号。

商贸旅游业是绥芬河最具潜力、可持续发展的朝阳行业。绥芬河有着富集的生态资源、浓郁的异国风情、便捷的交通条件，旅游氛围浓厚。加之背依东三省、面向东北亚核心地理优势，国内外游客纷至沓来。以旅游和游乐带动购物，绥芬河构建出充满异国情调的旅游与游乐的商业形态，年交易额 120 多亿元。有旅行社 30 余家，旅游从业人员 1 000 余人。出境旅游班车 24 班，定时与俄方对开。2010 年全年接待进出境旅游者 44.8 万人次，旅游外汇收入实现 7 743 万美元。对外开放发达的贸易使绥芬河已成为资金汇集和流动的中心。2010 年金融机构存款余额 98.7 亿元，贷款余额 38.3 亿元，国际结算量 27 亿美元。绥芬河将成为远东地区的国际金融重镇。

目前，绥芬河利用口岸优势、基础优势和政策优势，利用国家振兴东北发展规划的契机，重点培育发展电子信息、新材料、生物技术、新能源、节能环保 5 个新兴产业，开发中、俄、日、韩 4 个市场。辟建国家战略木材储备中心，做大木材精深加工；主动承接国家和省新兴产业发展战略，打造中俄高新技术产业园、中俄信息产业园——绥芬河园区、境外高新产业园 3 个园区，打造新兴产业示范基地；利用俄罗斯能源资源优势，开拓石油、矿石、海产品等加工领域；以俄罗斯市场为依托，培育服装、鞋帽、建材、电子等轻工产品加工业。通过做强优势产业，开发新兴产业，增强工业经济发展的内生动力。

通过对东北东部边境口岸型县域的考察发现，由于经济条件、交通条件及人文社会条件的差异，区域内的 8 个边境口岸型县域处于不同的发展阶段，呈现不同的个性特点，表现出三种不同的口岸类型：其一，国际交通枢纽型的县域。此类县域早在改革开放之前即是沿边国际通道，边境贸易开发历史较长，20 世纪 80 年代以后作为国家一类边境口岸得到迅猛发展。有铁路、公路与周边国家及国内经济核心区相通，以对外贸易为主的县域经济较活跃，关联性不断增强，加工园区蓬勃发展，口岸过货量逐年增长，近年城市化趋势明显，已形成区域经济新增长点。包括黑龙江省绥芬河市、吉林省的珲春市。其二，区域市场型。此类县域占据地缘优势，由相邻国家和地方政府在小型互市贸易基础上发展起来。口岸开放历史较短，边境小额贸易近年发展较快，区域经济对外依赖性大。有一定农牧业基础，有部分地产农副产品加工、出口，但数量有限，科技含量低，没在形成品牌效应。包括吉林省图们市及黑龙江省的东宁县。其三，双边通道型县域。此类县域为边境口岸型县域中的最低层次，经济发展水平较低，开放均为季节性开关，客货流量少，贸易方式以边民互市贸易为主，农牧业是地方经济基础产业，近年特色农牧业、边境旅游业发展较快。包括黑龙江省的同江、抚远、饶河、萝北四个中俄贸易口岸。东北东部边境各口岸的功能、规模和特点不同，因此，各县应突出重点，发挥优势，合理分工，实现跨区域合作。推进东北东部边境地区与俄、朝等东北亚近邻国家的次区域经济合作，使之进一步形成不同规模的次区域经济合作带。利用口岸陆海联运优势。以多式联运为载体，以口岸快速转关、直通为依托，形成推动各口岸跨县区、跨国的区域联合优势，以致加快丹东大东港的建设，使之成为东北东部地区出海大通道，使东北东部边境地区成为我国参与东北亚区域经济合作核心地区，实现东北东部边境县域经济大发展。

四、加快基础设施建设，依托交通主轴带动产业集聚

东北东部边境县域受到地理区位、人口和经济活动分布等因素的影响，除少数县市具有较完备的交通通信及生活基础设施外，大多生产生活基础设施建设滞后，不能满足地区经济社会发展的需要。尤其是交通设施比较落后。东北东部大部分边境县域远离中心经济区，整个区域又缺乏贯通全区的交通干线，使东北东部边境县际之间的联系成本较高，各县之间的经济联系非常少，许多县的资源优势和区位优势难以发挥。因此，贯通东北东部边境县（市）的铁路建设，将会便利东北东部边境县域与我国其他经济区及东北亚地区的联系。这条铁路以牡丹江为起点，从绥芬河直接到丹东港的运距比绕道哈大线至大连港近 356 千米，节省运距 1/3；以图们为起点，从延吉直接到丹东港的运距，比绕道长大线至大连港近 465 千米，节省运距 2/5；以通化为起点，从通化直接到丹东港的距离，比绕道梅集线至大连港近 508 千米，节省运距 2/3。根据点轴理论在铁路沿线将会形成点轴系统，会带来产业的集聚。自主独立而互相关联的中小企业依据专业化分工与协作建立起来，形成各具特色的产业集群。

除了东部铁路的修建，纵贯辽吉两省东部的高速公路的建设，将会改变两省东部的区位条件，将边境的县域由边缘性转变为区域的"亚核心"地带。公路里程由 340 千米，缩短为 260 千米，使车速提高 4~5 倍，运输能力提高 10 倍以上。行车时间将由原来的 6 个多小时缩短到 3 个小时左右。完善的交通网络使沿线直接距离和时间距离大大缩减，经济联系更加紧密，并将东北东部边境县域口岸连为一体，使东北东部边境县域形成一个沿铁路线和边境口岸的点和面构成的经济增长点，辐射带动全区域的经济发展。县域经济是民生经济。提高东北东部边境县域经济发展水平和竞争力的同时，还应把提高人民生活水平放在首要地位。民生状况对边境地区的发展和稳定具有重要的意义，所以提高人均收入水平，改善边境县域居民的生产生活条件，是东北东部边境县域经济发展的目标。只有通过"富民"，才能实现"强县"和维护边境稳定，为我国经济发展创造和谐的环境。

五、依据资源优势来培育主导产业，建立边境县域经济"亚核心"发展模式

东北东部边境共计有 43 个县（市），边境口岸相对比较密集，如果这些县（市）都发展趋同的口岸经济，必然会在这一相对狭小的空间上争夺资源，区

内各县（市）就很难形成经济发展的集聚效应，必然影响这一区域的发展。因此，东北东部边境县（市）应该选择"亚核心"发展的特色模式，促进特色优势产业发展。

刘国斌认为"亚核心"是指经济地位和功能介于核心区和边缘区之间的次级核心，是局部边缘区域的核心区，其发展模式是相对于中心城市"核心"的"亚核心"式发展模式，而不可能发展"大而全"的核心经济，其发展模式建立的关键是要找出优势资源，从而培育资源优势，进而使其转化为区位优势，实现区位优势极化。由于东北东部边境县（市）经济发展水平较低，要实现区位优势极化，首先必须依靠特色产业的发展。因此，集中力量挖掘、培育资源优势，促进特色产业的成长和壮大，对于县域经济实现"亚核心"作用以及长远发展，具有至关重要的意义。发展特色经济的首要任务是对自身拥有资源的挖掘，寻找自身拥有的与众不同的特色资源，并对其加以开发，使之形成资源优势，进而通过集中生产，不断强化资源优势，逐步形成区位优势，从而实现极化作用，吸引更多地区的其他资源。

东北东部边境县（市）经济发展进程中最突出的问题是缺乏市场竞争力，缺乏充满活力的主导产业，这就很难形成县域经济增长的内生机制。东北东部边境县（市）发展和培育主导产业，要充分考虑一个地区所具有的比较优势和劣势，依据各自的区位、自然和资源禀赋条件，选择那些代表技术发展方向、市场广阔、关联效应强，具有地方特色的产业为主导产业，实行重点开发（见表7.5）。提倡一县一业、一县一品，培育特色经济，实现带动其他产业和整个经济迅速发展的目的。例如，黑龙江省绥芬河市以口岸为依托，强力推进大通道、大经贸、大市场、大加工战略，走出了以龙头企业和主导产业带动县域经济腾飞的现代发展之路。

表 7.5　　　　　　　　　　县域经济重点特色产业集聚区

省份	集聚区
辽宁	东港农产品精深加工产业集聚区
	凤城辽东硼铁资源综合利用产业聚集区
	宽甸硼铁硼镁深加工产业集聚区
	通化县现代中药和生物药制造产业集聚区
吉林	抚松长白山国际旅游度假区
	延吉中韩软件产业集聚区
	桦南风电设备制造产业集聚区
黑龙江	虎林北药产业集聚区
	集贤农副产品深加工产业集聚区

六、重视边境县（市）基础设施建设，促进边境贸易发展

强调宏观与微观对接与对等，主动为开放服务强化对接性，是适应边境县（市）所处位置的特殊性要求，适应双方边境区域经济合作与发展的长远需要。首先应是宏观战略上的对接。沿海特区和城市发展的经验告诉我们，深圳与香港对接、珠海与澳门对接、厦门与台湾对接后的规划、建设与发展取得惹人瞩目的成绩。因此，编制边境县（市）规划，应首先考虑我方边境县（市）和毗邻的对方县（市）、区域的发展态势和战略。如绥芬河等边境县（市）所面对的俄罗斯远东滨海边疆区确定了建立国际自由贸易区为目标的"大海参崴规划"，因而在编制绥芬河市总体规划时，应从地域综合协调的角度谋划绥芬河市的外向型经济建设与发展。其次是微观建设上的对接。如俄罗斯非常重视边境县（市）的建设，黑龙江省抚远、饶河、虎林等市、镇，对应的俄罗斯县（市）在人口规模、县（市）建设水平等方面均高于我方，从国家形象考虑，我方的边境规划建设水准也应与俄方边境县（市）相一致，这对提高边境县（市）的国际地位具有非常重要的作用。

七、构建新型边境县域合作体系，打造战略联盟

东北东部边境县域与相邻国家资源结构、产业结构互补性的存在，使双边或多边贸易活动非常有利于区域共同发展。但在对外贸易中，各县域还应积极探索各自的比较优势，遵循劳动地域分工理论，因地制宜，做好个性定位，形成集群式产业布局，加强沟通与协调，建立边境县域经济协作体，加强同类县域经济的整合力度，共同构建东北东部边境贸易的大市场、大通道，形成新型沿边开放带，带动腹地经济发展。

第八章　东北东部交通经济带建设研究

　　交通经济带有很多种定义，被人们广泛接受的是张文尝教授等所撰写的《交通经济带》中的定义，即交通经济带（Traffic Economic Belt，TEB）是以交通干线或综合运输通道作为发展主轴，以轴上或其吸引范围内的大中城市为依托，以发达的产业，特别是二三产业为主体的发达带状经济区域。其较好解释了交通基础设施如何影响区域经济的发展以及如何发展问题。可见，交通经济带的建设在东北东部边境地区经济成长中的地位与作用至关重要。因此，研究区交通经济带的建设，先要贯通基础设施通道，以构建"轴"①；激发交通基础设施沿线城镇或产业等的"点"② 的爆发力；最终带动区域经济的"面"的改善。

第一节　东北东部边境地区交通基础设施建设

　　按照交通经济带理论，区域经济增长需要先构建"轴"，即完善的贯通区域的交通基础设施通道。因为完善的交通基础设施具有缩短运输时间、节约运费、提高交通舒适感、减少货物损耗的直接经济效果。间接经济效果主要表现在能够促进工业布局的优化；扩大市场辐射范围；提高资源或土地的利用价值等。东北东部城镇的发展历史印证了这一点。1840 年以前，东北东部地区是清政府封禁之地，只有少数手工商业城镇和军城（城堡），如敦化（唐代渤海国都城）、集安（高句丽都城）、和龙（手工业、麻布生产中心）、珲春（八连城手工业中心）、丹东（古长城东端终点）等。日俄等国在殖民时期，陆续兴

---

　　① 德国经济学者沃纳·松巴特于 20 世纪 60 年代初提出了"生长轴"理论，指出交通线路的建设和发展将很大程度上降低运费，大大加强了人口、产业在交通干线附近集聚的趋势。

　　② 法国经济学家弗朗索瓦·佩鲁在 20 世纪中期，提出了"增长极理论"，认为经济增长呈现空间发展不均衡的特点，之后的增长中心理论进一步阐明，经济增长点进一步出现在城市的集聚点上，并逐渐向整个区域延伸扩散。

建的铁路通道,加速了人口与产业向铁路沿线的集聚过程。因此,在铁路的结节点处兴起一些近代城市,有铁路通过的老城镇也迅速扩大。东北东部铁路的基本格局在新中国成立前就已构筑完成,以后又不断得以向纵深地域延伸。绝大多数城镇发展成为资源型城市并沿铁路交通线分布。由此可见,构建交通经济带需要先行启动基础设施建设。

一、交通基础设施概况

东北东部边境线长达 2 000 多千米,北部位于三江平原,地势平坦,城市间距离较远;南部城市间距离较近。但无论是陆路运输,还是水路运输,都要穿越崇山峻岭,依山而建,傍水而行。

(一)公路运输

公路运输具有灵活、快速、直达等特点,因而受到人们的青睐。公路运输网往往比铁路运输网、水路运输网密度大十几倍,因为同样利用运输网络,使用者只有车辆购置等开销,初始投资少,资金周转速度快,因此,公路基础设施的利用率普遍较高。公路运输占客运运输总量的90%,占货运运输总量的70%左右。由于短途[①]客货运输均倚重公路,公路运输在区域经济增长中扮演着极为重要的角色。

东北地区近年来十分重视公路基础设施建设。2007 年出台的《东北地区振兴规划》提出完善东北综合交通运输体系,以运输通道和主要枢纽为建设重点,加强公路网络和对外通道建设,重点建设同江至大连、东北东部通道、黑河至北京等六条通道。截至 2010 年底,东北三省高速公路总里程接近7 000 千米。其中,辽宁省高速公路通车里程达 3 056 千米,吉林省为 1 850 千米,黑龙江省超过 2 000 千米。"十一五"期间东北东部地区的公路运输条件得到了极大的改善,其中辽宁高速公路网密度比"十五"末提高近 1 倍,达到发达国家水平,实现了92%以上的陆地县区通高速公路,在建高速公路还有 12 条、总里程达1 042千米;吉林省60%以上的县(市)通了高速公路,初步形成高速公路骨架网,拉动了沿线经济发展,为改善全省工业化、城镇化布局奠定了基础;十一五"期间,黑龙江省营运车辆从 26 万辆增长到45.5 万辆。5 年来,黑龙江省道路运输行业累计完成客运量 15.99 亿人次,旅客周转量1 039.6亿人,货运量 19.47 亿吨,货物周转量2 474.3亿吨公里,分别比"十五"期间增长 34.6%、60.5%、15.8%和217%。交通基础设施投建对地区经济的拉动

---

① 2010 年吉林省公路货物平均运距为 207 千米,旅客平均运距为 46 千米。

作用显著。

"十一五"期间，是东北三省公路交通基础设施投资力度最大的五年，同时，也是东北东部边境公路交通基础设施改善幅度最为明显的五年。以黑龙江省公路建设为例，东部边境地区共有 10 个高速公路项目在建，分别是：绥芬河至牡丹江高速公路、双鸭山至同江高速公路、双鸭山至佳木斯高速公路、哈尔滨绕城高速公路东北段、牡丹江至宁安高速公路、佳木斯至牡丹江高速公路、七台河至鸡西高速公路、宁安至复兴（省界）高速公路、拉林至五常一级公路、任民至肇州肇源一级公路半幅，主线建设总里程1 087.1千米，其中高速公路 875.2 千米，一、二级公路 211.9 千米，连接了佳木斯、双鸭山、七台河、鸡西、牡丹江五大城市以及所辖的 12 个县市（见图 1.3），覆盖了三江平原粮食主产区、黑龙江省的大部分煤炭能源型城市及重要的国家级旅游景区。由于可以有效节约货物运输和旅客出行的费用成本，因而促进了沿线物流与旅游业等的发展。除了道路管网，黑龙江省道路运输系统还投资兴建了牡丹江公路客运枢纽站、双鸭山虹桥公路客运站、饶河公路客运站，改建佳木斯客运枢纽站、佳木斯客运中心、东宁公路口岸、鸡西、桦川、桦南、勃利、虎林公路客运站，使客货运输逐步向高档化、舒适化方向发展。

（二）铁路运输

公路运输在短途运输中具有不可替代的优势，但大宗货物和旅客的长途运输[①]时，铁路运力大、运输成本低的特点便得以彰显。东北东部地区是农业的主产区之一，又是矿产资源、林木资源的富集地。大宗商品的运输任务重，投建铁路基础设施单位投资收益率高。但东北东部铁路的修建走了颇为令人感叹的一段弯路。

受历史原因的影响，日、俄曾在占领东北时期为掠夺资源，兴建了通往本国边境方向的铁路。沙俄于 1898—1903 年在东北地区修筑了两条主干线，一为自西向东的满洲里至绥芬河铁路（称东清铁路或中东铁路），另一条为自北向南的经哈尔滨、长春、沈阳、大连的南满铁路（实为东清铁路南满支线，即现哈大线）。"九一八"事变后，日本则在东北东部地区沿南北走向修建了大量铁路、公路，并尽可能修至前沿，与当时的朝鲜半岛联结起来（朝鲜自甲午战争后沦为日本殖民地）。新中国成立后，东北铁路的运输任务重点转变成了东西走向，以将物资运向关内。特殊的历史背景导致了东北东部边境地区的铁路断头多，无法形成网络回路，只有本地流量，没有通过量。东部边境地区的人

---

① 2010 年吉林省铁路货物平均运距为 776 千米，铁路旅客平均运距为 357 千米。

流、物流主要通过长春、四平、梅河口、沈阳等地进行折角才能到达关内。东北地区货物运输的主要对象是煤炭及制品、粮食、机械、设备、电器。东北地区约70%的煤炭、森林等自然资源分布在东部，加工工业主要集中在中部哈大线沿线地带，这就造成了东北地区铁路货流由东西两翼向中部集中的基本流向，哈大线承担了南北物资交流的重要任务，东部铁路空有路基，无法分担交通运输压力。同时，东部铁路建设有助于缓解东北资源和产业空间分布不平衡的问题，因为从发展趋势来看，黑龙江和内蒙古东部地区是重要的能源供应基地，而辽宁和吉林能源自给能力有限，能源缺口将逐渐增大。解决能源缺口问题的关键是建设东部运输通道以及内蒙古东部地区与东北三省之间的运输通道。

为了改变东北中部与东部地区经济发展的不均衡，改善东北东部铁路运输的状况，国家于2005年启动了东北东部铁路通道建设项目。该项目是振兴东北老工业基地的重点基础性项目，线路全长1 380千米。由于东北边境地区多山脉，地貌、地质复杂，铁路选线、筑路需要特别注意，在通过陡坡地带或岩层不稳时，还需考虑架桥通过。新建铁路的前阳至庄河段长165.3千米，沿线新建桥梁90座，隧道5座；通化到灌水段179.5千米，沿线新建桥梁57座，隧道33座。此外，与我国南部相比，东北东部铁路处于高纬度的寒带，最低气温可达零下40℃左右，气温的巨变对路基、钢轨等都有更高的材料和施工要求。尽管施工时有较多的困难需要克服，但建成的东北东部铁路通道所显现的成效也是显著的。目前，通化到灌水段铁路已于2012年9月26日建成通车。东北东部边境铁路相关路段基本情况见表8.1，图1.3。

表 8.1　　　　　　　　　东北东部铁路相关路段基本情况

路段起止点	所经省份	里程/千米	建成时间	建设目的与功能
哈尔滨－绥芬河	黑龙江	546.4	1901	"中东铁路"绥滨线，中俄跨境铁路。单/双轨，内燃/蒸汽
绥化－佳木斯	黑龙江	381.6	1941	使佳木斯成为工业基地与交通枢纽
佳木斯－双鸭山	黑龙江	72.0	1945	运煤支线
福利屯－前进	黑龙江	226.2	1978	东北地区农垦基地线
莲江口－鹤岗	黑龙江	55.8	1926	运煤线
密山－东方红	黑龙江	161.0	1966	农垦线

路段起止点	所经省份	里程/千米	建成时间	建设目的与功能
林口－密山	黑龙江	170.8	1942	森林支线
佳木斯－图们	黑龙江、吉林	586.6	1937	由牡图线、牡佳线组成。牡丹江成为交通枢纽，并与朝鲜半岛铁路相通
绥西－东宁	黑龙江	91.1 95.0	1939	1945年后被苏军拆除，2003年复建。黑龙江省地方铁路
东宁－珲春	黑龙江、吉林	218.8	2003	未建、断头路
新兴－城子沟	黑龙江、吉林	216.1	1940	1945年后被苏军拆除
春化－珲春	吉林	73.0	1933	1945年后被苏军拆除
图们－珲春	吉林	81.0	1996	吉林省地方铁路，促进珲春发展
长春－图们	吉林	531.0	1933	其中，敦图线是"东边道"基础线。中朝跨境铁路
龙井－和龙	吉林	52.4	1940	为原朝开铁路龙青支线,连接延吉
白河－和龙	吉林	102.0	2008	
泉阳－白河	吉林	67.06	1974	森林资源、旅游资源开发
湾沟－泉阳	吉林	102.2	1962	森林资源开发
大阳岔－湾沟	吉林	20.0	1957	森林资源开发
浑江－三岔子	吉林	26.0	1942	森林资源开发
鸭园－八道江	吉林	114.0	1945	铁矿石、森林资源开发
通化－鸭园	吉林	121.5	1940	铁矿石、森林资源开发
梅河口－集安	吉林	251.7	1939	中朝跨境铁路
通化－桓仁	吉林、辽宁	98.0		1939年动工，完成大部分路基、桥隧，未建成
宽甸－桓仁	辽宁	118.0		1939年动工，完成大部分路基、桥隧，未建成
凤城－宽甸	辽宁	111.6	1946	沈丹铁路支线
沈阳－丹东	辽宁	255.2	1905	中朝跨境铁路
通化－灌水	吉林、辽宁	179.5	2012	国家级单线铁路
前阳－庄河	辽宁	165.3	在建	

东北东部铁路与既有的哈大线、丹大线、沈丹线、梅集线、长图线等13条铁路相连，将形成沿辽东半岛海岸、中朝和中俄边境线南北走向的铁路通道。连接南起大连，经丹东、通化、白山、延吉，北到牡丹江的10多个边境城市和30多个县，不仅将东北经济腹地连通丹东、大连出海口，还连接了沿中朝、中俄边境近30个口岸的后方通道。该条铁路通道的建设不仅是贯通东北东部南北向的交通动脉，也是启动、连接和整合了东北东部原有横纵铁路网和旧有铁路设施，从而构建新的交通网络体系的一个良好契机。

（三）航空运输

航空运输虽然运力不及其他运输方式，但能适应人们在长距离旅行时，对时间与舒适性的要求以及对货物快速传递的需要，故而发展迅速。东北东部地区地域辽阔，山区林区众多，地形复杂，地面交通不发达，十分适宜发展民航产业。过去，东北东部地处边疆，利用航空线路运送旅客人数不多，因此机场数量少，且建设滞后，开通航线及班次较少，主要飞往北京、上海、广州等少数特大型城市。近年来，随着人们对边境地区的关注度有所提高，客货运输需求增多，东北东部各城市也逐渐加强了对机场基础设施的建设，并着意开通国内与国际多条航线，鸡西、牡丹江、佳木斯、抚远、敦化、延吉、丹东等机场陆续投建和扩建，为旅客出行和需要保鲜、快递的货品运输创造更为便利的条件。黑龙江省的统计数据表明，航空客货运量年增速较快，据统计，截至2012年10月11日，牡丹江民航机场航班累计起降3356架次，同比增长38%；旅客运输量313 796人次，同比增长25%。这一数据表明，东北东部航空市场潜力不可小觑。

（四）水路运输

水运包括内河运输和海上运输两部分。水运运量大，单位货运成本约为公路运输的三分之一，节约时间且无须占用土地。因此，在临近江河湖海的地方，应尽量利用水运的有利条件，发展水运。东北东部地区内河运输因有黑龙江水系、松花江水系等的存在而具有较大的发展潜力。黑龙江省沿江分布的森林、煤炭、粮食、建筑材料、工业产品等一直是黑龙江水运的主要货源。近年来，黑龙江水运基础设施也得到了较快的发展，截至2010年底，黑龙江省共有港口28个，15个一类水运口岸，177个泊位码头，总延长14.4千米。其中客运泊位36个，货运泊位14个。黑龙江省边境水运口岸共有10个，分别隶属佳木斯、黑河、鹤岗、伊春、双鸭山五个地级市和大兴安岭地区。这些水运口岸成为中俄两国开展边境地区经贸合作的水路国际运输重要枢纽。其中黑河、同江、抚远、饶河口岸贸易规模较大，发展速度快，萝北、逊克、漠河、嘉荫等口岸贸易规模较小。统计数据表明，"十一五"期间，黑龙江省水运货运量与客运量年增长幅度分别为 3.3% 和 14.8%，增幅超过铁路运量的增长幅度。

除了内河运输，东北东部边境的唯一出海口位于丹东。丹东港位于辽东半岛东北根部，是我国大陆海岸线最北端的国际贸易商港，也是我国与朝鲜半岛及日本列岛最近的港口之一。虽然丹东港在辽宁诸多港口中规模与货物吞吐能力弱于大连、营口等枢纽港口，但它是东北东部的唯一港口。丹东港已同世界上 50 多个国家和地区的 70 多个港口开辟了航线。如能将现有的内河运输与海上运输的潜力充分地挖掘出来，东北的水路运输也有较大的发展空间。

二、交通基础设施存在的问题

交通作为国民经济的"先行官"，是一个国家和地区经济持续发展的前提条件。加快东北东部边境地区交通运输建设对于改善投资环境、扩大对外开放、加快区域经济发展，具有重要的基础和先导作用。交通发展水平成为衡量区域或城市经济发展水平的重要指标。与东北中部地区相比，东部地区的交通基础设施存在以下问题。

（一）交通基础设施投资不足

交通运输业是国民经济的基础部门，其基础设施的建设应主要由国家投入。新中国成立以来，国家对东北东部地区交通运输业的投资在不同时期有高有低，但总体没有形成一个大量投资阶段，因而交通运输业的发展始终处于滞后阶段，从而不能有效地促进东北东部地区经济的增长。境外交通基础设施的投资不足及无法对接，也影响了边境贸易向纵深发展。

"十一五"期间，东北地区基础设施投资有对前述问题的修正，但由于交通建设项目的特点是投资规模大，从设计到建成需要较长的时间，部分新建项目没有完工。在此情形下，投资与建设之间、运力与运能之间的矛盾仍然存在。例如，2011 年黑龙江省粮食总产量为 1 114.1 亿斤，成为全国产粮第一大省。但黑龙江农业的主产区位于三江平原，三江平原地区是铁路运输的"末梢"，铁路运输的瓶颈长期存在，铁路运输即使加大运力，也只能解决近一半的粮食外运问题。因此，就需要发展水运或通过运输成本相对较高的公路运输来解决。

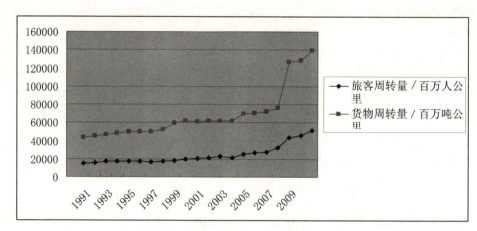

图 8.1　1991－2010 年吉林省旅客及货物周转量增长示意图

资料来源：《2011 年吉林省统计年鉴》。

　　由上图可知，自 2005 年以来，吉林省区域旅客及货物周转量处于急剧拉升阶段，尽管不断投建的基础设施部分缓解了投资不足的压力。但由于基础设施投建还有较长的建设周期，旅客出行难、货物储运难等压力仍未完全解除。随着东北东部城市化进程的推进，居民与企业对交通基础设施的服务数量与质量必然会提出新的更高要求。因此，交通基础设施项目投建仍会是未来相当长一段时间仍需关注的问题。

　　（二）交通技术水平较低，信息化建设仍处于起步阶段

　　近年来，东北东部交通运输业的技术水平虽有了很大进步，但距发展需要尚有差距，与全国其他发达地区相比也有不足。在交通信息化建设发达的城市，只要在相关信息网络中输入货物或客运当前所在的位置和将要到达的目的地，则交通运输系统就能即时提供诸如：时间最省路线、费用最省路线、出行最舒适路线等路线选择。显然，目前东北东部交通领域这类信息库尚未建成，这类服务相当匮乏，使货物、旅客出行的效率和满意度大打折扣。

　　总之，面对科技进步的加快，尤其是集成技术、信息化技术迅猛发展，东北东部边境地区交通信息化水平和信息服务体系尚待进一步提高和完善。

　　（三）交通运输能力不足，各种运输方式缺乏衔接配合

　　"十一五"期间，东北东部综合交通基础设施的规模虽有较大增长，但相对于经济发展的需要还有一定的差距，很难适应新形势下大能力、高速度运行的需要。调研过程中，笔者均是利用寒暑假时间出行，在边境市县间往来，屡次经历了铁路客运买票难，特别是买卧铺难的情形。边境各县间，少有铁路衔接，旅客多通过公路抵达目的地，山区内公路线路少，道路狭窄，部分道路年久失修，遇雨雪天气就因塌方、雪路等原因可能停运，旅客、货物滞留的情况时有发生。买不到铁路卧铺票的旅客，有时乘坐长途客卧，长途卧铺存在较多的安全隐患。因为卧铺车车厢比较高，没有座位车稳，乘卧铺车时，很少有乘客在行车时系上安全带，再加上车内走廊狭窄行走不便，一旦发生突发状况，迅速疏散有一定难度，不利于旅客安全。

整体而言，东北东部地区的运输能力普遍较弱。由于过去交通运输规划和建设的重点在核心城市，边境地区各种交通设施建设各自为政，缺乏统筹规划，具有综合功能的交通枢纽难以形成，各种运输方式之间尚未形成协调配合，直接造成交通效率降低和资源浪费，并且严重影响到运输服务质量。目前，东北东部地区虽已形成了几条综合交通通道，但无论是通道的通达性和通道的能力均有不足，联结国际省际、主要城市、产业基地和旅游区的综合通道能力亟待加强和提高。

三、加强交通基础设施建设

意识到上述情况的存在，东北东部各地区"十二五"规划中，着重对区域内的交通基础设施进行了项目规划。

"十二五"期间，以下重点建设的交通基础设施项目将对推动区域经济发展起到至关重要的作用。

表 8.2　　　　"十二五"期间东北东部边境地区交通基础设施项目

项目	黑龙江	吉林	辽宁
铁路工程	哈尔滨—牡丹江，哈尔滨—佳木斯，宝清—迎春，扩能提速改造佳木斯—鹤岗，佳木斯—双鸭山等主要干线	长春—白城，松江河—白河—延吉，白河—敦化	丹东—大连快速铁路、沈阳—丹东高速铁路
公路工程	绥芬河—牡丹江	长白山至延吉，长春经白山至临江，长春经东丰、通化至集安	丹东—桓仁，本溪—桓仁，中朝鸭绿江大桥
港口工程	黑瞎子岛客运码头、佳木斯宏利港区码头、饶河港口	无	丹东港 20 万吨级矿石码头；丹东港 20 万吨级航道；海洋红新港区

中国东北东部边境地区经济成长机制研究

项目	黑龙江	吉林	辽宁
机场工程	迁建佳木斯机场、牡丹江机场、新建抚远、绥芬河机场、建饶河、宝清等通勤机场	新建通化机场、松原机场、白城机场、改扩建和迁建延吉机场	丹东机场新航站楼
口岸桥工程		加固图们、三合、古城里口岸桥，新建圈河、开山屯、沙陀子、三合、临江、长白、集安口岸桥	

资料来源：根据黑龙江、吉林、辽宁省十二五规划整理得出。

著名学者陆大道在其著作《区域科学与空间发展》一书中曾这样提到：线状基础设施束，其组成包括铁路、干线公路、航道、输电线、通讯线路、输水线路等，往往是组成齐全且具有强大经济实力的发展轴。东北东部通过公路、铁路、水运等交通基础设施将沿线各市县连接起来，可达性得以提高，通过航空和港口的布点，又将交通网络的辐射面加以发散。这样，分布在轴线上经济发展水平不均衡的各个单元（城市、乡镇）会有一个渐近式的扩散，从而促进区域间相对比较均衡的发展。韩增林教授等则根据交通轴线性质的不同，将交通经济带划分为以下4种基本类型：沿海型交通经济带、沿江（河）型交通经济带、沿路型交通经济带、综合运输通道型交通经济带。沿海型经济带以日本太平洋沿海经济带为代表；沿江（河）型交通经济带以中国长江经济带为代表；沿路型交通经济带以京广、京沪经济带为代表。东北东部边境地区由于只有丹东作为唯一的出海口，无法构筑沿海型交通经济带；由于大的江河如黑龙江、乌苏里江、图们江和鸭绿江都是界河，构造沿江（河）型交通经济带需要两国协作共同完成，目前较为复杂的中朝、中俄关系暂不具备成熟的条件。沿路型交通经济带可望在近期初具雏形，逐步向综合运输通道型交通经济带演化。

东北东部交通经济带所发挥的作用初步构想为：以铁路为主线，公路为辅线，航空与水运助力。东北东部地区现通过滨绥线、长图线、梅集线和沈丹线四条东西向跨境通道与中部地区相连。"东边道"铁路的建设无疑将诱发其向北延伸至黑龙江省的抚远县，抚远经黑龙江水道与哈巴罗夫斯克（伯力，俄罗斯远东地区最大城市）仅有2小时距离，如果经规划建设的乌苏里江大桥与哈城相连，则将更为迅速。"东边道"拓展至抚远后，将形成一条沿与俄、朝接壤达 2000 多千米的东部边境地区的交通大通道，可减轻吉、黑二省出海货流对俄、朝口岸的过分依赖，增强东北地区的经济安全。同时，东北东部地区也将完全形成"两头在外"的开放格局——南出黄渤海，北上俄罗斯，东进朝鲜、俄罗斯，西经欧亚大陆桥联系欧洲，充分利用东北亚地区及其他国际市场资源加快发展。

由东北东部经济带建设而带来的资源进口替代，不仅对东部地区，而且对东北和全国都具有重大的战略意义。东北地区作为经济结构偏重、资源供给严重不足的地区，未来的进一步发展对外部资源依赖较强。俄罗斯远东地区和朝鲜的罗津一先锋地区有大量的煤炭、石油、铁矿石等资源，可作为东北地区资源的供应腹地。俄远东地区和朝北部地区的资源也可以便捷地进入我国内地，大大降低我国引进资源的成本。同时，还可以把东北东部地区 20 多个边境口岸连接起来，形成功能整合与分工明确的边境口岸体系，进一步活跃我国同东北亚各国的贸易和经济技术合作，吸引国际资源要素集聚，形成我国新的出口产品加工带。

第二节　东北东部边境地区交通经济"增长点"的建设

交通经济带理论认为，新的经济中心、新的城镇、新的经济聚集点或新的高增长区域总是对交通运输线的空间可达性和经济可达性功能有着极大的依赖性，它们总是在靠近主干交通线的地方特别是在交通干线的两侧产生。沿交通干线集聚和扩散的新的经济"增长点"可能是因为交通通达性提高而出现经济增长契机的。相关研究发现，交通干线附近的土地价值增长最快，大约增加 3 倍至 6 倍不等。企业和居民也因交通便利得到了更多与外部进行物资、信息交流的机会。总之，交通干线是加快区域经济增长的动力之源。张良等在《整装待发的东北新轴线》中，用发展轴、相似性贸易产业关联等理论研究东北的经济发展问题，其得出的结论是：从交通层面上看，至少使轴线内产业关联度更高，沿海地区与新轴线物资交流更方便、快捷；从投资者层面上看，能够改善企业所处的需求、成本联系环境；从经济互补层面上看，能够有效地缓解因建设用地增加而导致的资源严重不足之状况。

一、项目驱动型"增长点"

从宏观的角度而言，地区经济增长需要靠投资、消费与出口来推动。东北东部边境地区跨越三省，行政区划与隶属关系复杂，如果要实现地区间政府行为与企业行为目标的一致性，一是不现实，二是教条化。区域经济合作的突破点还应是项目的合作、产业的合作。

基础设施项目投资具有经济学意义上的正外部性。所谓外部性是指某个经济主体对另一个经济主体产生一种外部影响，而这种外部影响又不能通过市场价格进行买卖，如果影响是积极的，被称之为正外部性，反之称为负外部性。如教育，公用设施等是被公认为具有正外部性的。即一次投资，投资主体的投入不仅有利于自身，还会间接惠及他人。基础设施项目包括除前述所说的交通基础设施项目，还包括城镇基础设施项目、能源基础设施项目等。这些项目的建设使同类的经济活动在空间上高度集聚成为可能，进而连片分布形成空间区域。

（一）城镇基础设施项目

东北三省是中国的老工业基地，过去东北边境地区的城市化水平与西北、西南边境地区高，但由于近年来的资源型经济转型以来，城市化进程放缓，进而影响到经济增长的速度。经济增长的驱动力有投资、消费与进出口。按照凯恩斯的理论，当经济增速放缓时，民间投资不足，应由政府来推动投资。其中城镇基础设施投资就是可以考虑的投资方向。从消费角度而言，吉林省 2010年的统计数据表明，城镇居民消费总额占社会消费总额的 88.9%，农村居民消费总额占社会消费总额的 11.1%。显然，城市化程度越高，城镇居民的比重变大，会有力地促进社会消费总额的提高，从而促进区域经济的增长。

表 8.3　　　　　　　2010 年吉林省城市设施水平

城市	自来水		燃气	市政工程		园林绿化	
	人均日生活用水量	用水普及率	燃气普及率	人均拥有道路面积	建成区排水管道密度	人均公共绿地面积	建成区绿化覆盖率
	升	%	%	/平方米	千米/平方千米	平方米	%
全省	121.03	89.60	85.64	12.39	6.25	10.27	34.12
通化市	99.98	88.26	78.98	5.53	2.54	9.16	30.60
集安市	63.88	90.93	90.71	9.84	1.59	10.16	38.48
白山市	78.36	91.51	78.89	9.19	3.50	10.07	29.88
临江市	61.69	100.00	100.00	8.52	9.48	9.94	17.80
延吉市	123.63	96.72	97.58	9.77	6.89	8.66	45.47
图们市	90.28	91.53	94.20	6.26	2.88	10.44	37.25

城市	自来水		燃气	市政工程		园林绿化	
	人均日生活用水量	用水普及率	燃气普及率	人均拥有道路面积	建成区排水管道密度	人均公共绿地面积	建成区绿化覆盖率
	升	%	%	/平方米	千米/平方千米	平方米	%
敦化市	124.90	93.88	90.92	12.50	4.12	21.75	46.01
珲春市	256.45	80.53	79.83	15.20	9.17	6.61	32.53
龙井市	94.62	92.91	95.21	7.70	5.54	8.24	37.66
和龙市	235.76	74.07	77.00	5.38	5.85	4.19	26.22

资料来源:《2011 年吉林省中国统计年鉴》。

由表 8.3 可知,吉林东部地区城市设施中,除敦化市外,其他城镇的人均拥有道路面积均低于全省平均水平,说明市政基础设施目前仍处于相对落后的状况,无法完成承接省会城市的专业扩散职能。因为大城市的发展会使产业过于集中在同一城市区域,当集中程度超出最优规模,必然会出现劳动力、土地价格上升。城市规模过大,通勤成本也变得越来越高,从而出现城市积聚的规模不经济。在此情境下,最优的选择是在大城市的周围出现中小城市,以吸引部分产业扩散到劳动力、土地价格相对低廉的区域,从而形成次中心,提高产业投入产出效率,增加劳动力就业机会,形成新一轮产业集聚及集聚经济。因此,如果能够合理规划、引导各城镇基础设施投资建设,可以促进各城镇依据各自资源优势,打造农业重镇、商贸强镇、工业大镇、旅游名镇。同时,依托边境城市的区位优势,与周边国家建立产业链对接和功能互动,积极推动国内生产企业到境外投资设厂,并从境外进口优质原材料和矿产,以此为基础在我国边境地区发展相应的深加工工业,加速边境城市的工业化进程。

例如:我国东方第一县抚远县,该县原辖五县四镇,一个县属国有农场,一个县属国有渔场,三个省属国有农场,102 个自然村。农村人均耕地 20.30 亩,是我国人均耕地面积最多的地方。该地区由于著名的黑瞎子岛而被世人所瞩目。该岛西距抚远县城 11 千米,东距俄哈巴罗夫斯克 1 500 米。既是我国与俄罗斯远东地区和日本国直线距离最近的地方,也是我国距北美大陆最近的支点。可以成为我国、日本、韩国、港澳台地区、东南亚各国与俄罗斯远东地区进行外经贸合作的桥头堡。

根据 2004 年《中华人民共和国和俄罗斯联邦关于中俄国界东段的补充协定》,中国收回半个黑瞎子岛的主权,获地 174 平方千米。随着黑瞎子岛的回归，中俄贸易前景较好，抚远也日渐热门，人口增长迅猛。到 2012 年全县人口已经突破 16 万人，城区人口 10 万人。抚远口岸 2012 年 8 月每日过境人数为 1000 人左右。抚远为此把改善人居环境和打造商旅名城结合起来，加快老城改造和新区开发步伐。2009 年投资兴建的中俄风情园项目位于建设街。原来的居民住房低矮破旧，布局凌乱，城市基础设施相对落后。经过重新拆建后，20 多栋风格各异的建筑已经拔地而起，现已形成具有欧式风情、集商贸旅游、休闲娱乐为一体的多功能服务区。与此同时，县政府启动建设第二水源地、垃圾处理厂、污水处理厂、排水管网、城市道路改造、供水管网改造、供热管网改造、电力城网改造等项目，切实加强市民关心的医疗、供热、供水、公交、环卫等"窗口"服务行业质量建设。全县规范了广告牌匾的制作、悬挂和亮化，规范了市场秩序，并强化城市绿化，城镇建成区绿化覆盖率、绿地率分别达到 41％和 37％。

国内外游客的增加，贸易的增长，客观上需要交通基础设施给予有力支撑。为了适应抚远经济发展的需要，前抚铁路仅用 27 个月就完成总长度169.2 千米的工程建设任务。该条铁路的建成使抚远县及周边垦区农场告别了不通铁路的历史，也使沿线居民生产生活条件由此可以得到有效改善。除前抚铁路项目外，抚远还同期开建黑瞎子岛上岛桥项目、抚远深水港项目、抚远大蜂山风电场项目、抚远县大大中心世贸中心项目、抚远中俄沿边开放示范区项目等。

抚远县的城镇基础设施项目有力推动经济发展的原因在于：一是城镇化建设与发展新型工业相结合。以中俄沿边开放示范区为平台，加快推进新型工业园区建设。通过产业项目带动，引导农民向收入更高的工作岗位转移，促使农民向新型产业工人转变。二是城镇化建设与发展现代农业相结合。为了满足俄罗斯与国内市场需求，2010 年，抚远的绿色食品出口基地发展到 6 个，面积增加到 96 万亩，有一半的乡镇、1.5 万名农民种植出口蔬菜。抚远也借此推动了农业的产业结构升级。三是城镇化建设与商贸旅游服务相结合。发挥各乡镇临近铁路站场、机场、高速公路、深水港区位优势，大力发展商贸物流。建设独具特色的旅游景区景点，围绕"吃、住、行、游、购、娱"，完善旅游服务设施，大力发展现代服务业。四是城镇化建设与产业发展相结合。利用各乡镇地源、资源和生态优势，对产业发展重新定位，形成各具特色的支柱产业。

由于国家近年来"兴边富民"政策的颁行，东北东部边境地区对外贸易不断增长，像抚远这样在沿边开放战略带动下，获得政策倾斜，城市基础设施迅速发展的还有绥芬河、珲春、东港等城市。城市基础设施的完善不仅给居民带来生产、生活条件的改善，还大大便利了城市与外界物质流、信息流的交换效率，吸引更多的国内外投资者和人才集聚，从而带动区域经济的快速增长。

（二）能源基础设施项目

经济增长离不开能源支持，东北电网覆盖地区煤炭、石油资源相对丰富，天然气、水能资源较匮乏。东北地区以煤电为主的电源格局将长期存在，煤炭占能源消费总量的 75% 左右。煤炭与石油作为大宗商品，或者需要铁路运输或管道运输运至目的地，或就地转化成电能，通过电网传输。因此，能源基础设施项目建设需与交通运输干线建设相随相伴。

东北地区采暖期长，结合工业及城市采暖规划，鼓励建设大型热电机组。东北地区资源和用电负荷分布的客观情况，决定了东北电网电力流向呈"西电东送"、"北电南送"的格局。黑龙江东部已开发的煤矿多产炼焦煤，新增发电用煤数量有限，但部分尚未开发褐煤可用于发电。黑龙江省东部煤电基地的电力，将主要满足黑龙江省东中部地区的用电以及吉林和辽宁省部分用电的需要。根据《东北地区电力工业中长期发展规划（2004－2020年）》，东北东部地区重点建设鹤岗、双鸭山等大型坑口电厂，规划容量420万千瓦，先通过黑龙江东部与中部的500千伏主干输电通道，送入黑龙江省中部，再通过黑、吉两省间南送通道，向吉林省中部、辽宁省负荷中心转送电力；同时通过黑龙江东部与吉林东部的东输电通道，向吉林省东部负荷中心输送电力。"十二五"期间，七台河市也重点建设七煤公司30万千瓦煤矸石发电项目，谋划大唐七台河电厂三期100万千瓦超临界机组发电项目，保持适度的电力建设规模。

除了发挥东北东部煤电的优势外，东北东部地区还积极筹划和支持有实力企业开发域内的风力资源。表8.4为黑龙江东部主要城市（区）的平均风速。

表8.4　　　　　2010年黑龙江东部主要城市（区）平均风速　　　单位：m/s

时间	哈尔滨	佳木斯	鸡西	牡丹江	鹤岗	双鸭山	七台河
年平均	2.1	2.8	3.7	1.8	2.3	1.8	1.8
1月	2.0	2.7	4.5	1.8	2.4	1.9	1.8
2月	1.9	2.7	3.9	2.0	2.6	1.7	2.0
3月	2.3	3.3	4.4	2.1	2.8	2.1	2.0
4月	2.6	3.9	5.0	2.7	3.3	2.6	2.9
5月	2.4	3.3	3.8	1.9	2.4	1.9	2.1
6月	1.9	2.3	3.0	1.6	1.9	1.5	1.3
7月	1.7	2.1	2.5	1.6	1.7	1.2	1.3

时间	哈尔滨	佳木斯	鸡西	牡丹江	鹤岗	双鸭山	七台河
8月	1.9	2.2	2.7	1.5	2.1	1.5	1.5
9月	1.7	2.3	3.2	1.6	2.1	1.5	1.5
10月	2.2	2.8	3.4	1.8	2.1	1.8	1.2
11月	2.5	2.9	3.9	1.8	2.3	1.9	1.4
12月	2.1	3.2	4.1	1.6	2.4	1.7	2.3
春季	2.3	3.3	4.4	2.3	2.9	2.1	2.3
夏季	2.0	2.6	3.1	1.7	2.0	1.5	1.6
秋季	1.9	2.4	3.1	1.6	2.1	1.6	1.4
冬季	2.2	2.9	4.2	1.7	2.4	1.8	1.8

资料来源：2011年黑龙江省统计年鉴。

由上表可知东北东部地区风力资源比较丰富，从清洁能源获得的角度而言，发展风电资源的开发前景广阔。例如，佳木斯全境85%以上的辖区属于国家气象局定义的风能丰富区，平均风能密度在每平方米200瓦以上。根据目前实际测风数据，佳木斯现有17处风电规划利用区，可谓到处有风能，县县都可建风电，是全国建立规模化风场的理想场所，被誉为"风能之都"。汤原渠首风电、桦川苏家店风电、桦川中伏风电、郊区猴石山风电、同江街津山风电、桦南双富风电等亿元以上重大项目有力地带动了地方经济的发展。七台河市部署了罗泉、青山、通天、驼腰等风力资源富集区风电资源勘测与开发，力争在风电资源的开发与利用上实现新突破。"十二五"期末，风电装机容量达到70万千瓦以上。加快推进庆云500千伏、勃利220千伏、北兴220千伏输变电工程建设，拓宽能源"空中运输"通道。

吉林、辽宁东部边境地区风能优势并不明显，但水能发电可以考虑。目前，东北电网水电比例逐年下降，电网调峰能力日趋紧张，对有条件的水电站应进行扩机改造并建设必要的抽水蓄能项目，提高电网运行的安全稳定性。吉林、辽宁两省正在积极规划建设长甸水电改造项目、蒲石河等抽水蓄能项目、敦化抽水蓄能电站项目。

除了注重开发境内资源利用的潜力外，东北部地区还十分关注天然气发电及购买境外廉价电力，关注引进俄罗斯天然气、进口LNG的进展情况，适时规划建设天然气发电项目，积极探索购买俄罗斯远东地区富余电力的可行性。

能源基础设施兴建的重要性在于，交通基础设施兴建会带动城镇与产业的发展，而交通沿线城镇基础设施的增加和工业的繁荣，必然会对能源供给提出新的要求，因而能源基础设施不仅自身是交通经济带中的"增长点"，也是经济增长的充分必要条件。

二、产业驱动型"增长点"

区域的资源禀赋直接影响到区域经济活动的类型和产业布局以及产业效率，从而影响到区际分工。以产业为依托，可以有效地实现专业分工细化和规模经济，促进产业集群的形成，进而促进经济发展。目前来看，促进经济增长贡献较大的产业有：物流业、旅游业、资源加工业、绿色食品加工业等。

（一）物流业与旅游业

由于地缘政治的原因，中俄、中朝间的贸易往来层次较低。加上俄罗斯人口稀少，朝鲜没有明确的对外开放政策，边境地区的经济发展滞后，交通不便，城市化程度也较低。继"十一五"时期，交通基础设施建设大面积铺开后，东北东部的交通条件有了显著改善，由此带动物流业、旅游业的迅速发展。物流业作为现代服务业的组成部分，其本身的发展就是东北边境地区产业结构调整的表现，可以给边境地区带来直接的经济效益；旅游业对环境污染和资源消耗相对较小，产业关联性较强，能带动建筑、交通、商业、食品加工等一系列经济部门和行业的发展，也能为吸引外来投资创造更好的机会。优质的旅游服务水平本身就是投资环境改善的体现。

例如，珲春位于吉林省东南部的图们江下游地区，地处中、朝、俄三国交界地带，是中国从水路到达韩国东海岸、日本西海岸乃至北美、北欧的最近点。经过"十一五"期间交通基础设施的投建，珲春市境内共有国、省、县、乡公路46条，总里程687.147千米。目前已基本形成了连接全市、通往内地、通向国外的公路网络。国省干线公路和部分县乡公路均铺装了水泥路或沥青路面，可通行大型集装箱货车。

交通基础设施的完善，为物流业的发展带来了难得的契机。东北东部主要货物运输品种是煤炭、木材、粮食、矿产品及外贸加工企业的工业制成品等。借助将于"十二五"贯通的东北东部铁路与高速公路，以黑龙江牡丹江为起点，经东北东部铁路到达终点丹东港，上述物资运距较哈大线铁路减少98千米；以吉林通化为起点，运距缩短306千米。仅通化一地，200多家企业每年进出口货物总量超过1000万吨，走丹东港出海，比走营口港节约物流成本6.5亿元，比走大连港节约10.9亿元。通丹铁路、高速公路开通后，运能提高10倍，时间缩短2/3。通化陆港建成的第一年将给丹东港带来750万吨的吞吐量。首钢重组通钢后，远景铁矿石年需求量达3 000万吨，相当于丹东港现有吞吐能力的一半。

交通基础设施的完善，同时还带动了旅游产业的繁荣。珲春市既具有优越的地理位置，又有秀美的自然风光和独特的人文古迹。由于地处中、俄、朝三国交界和东北亚几何中心，因此境内有四处口岸可供境内外人员与货物通行，包括珲春铁路口岸、珲春公路口岸、圈河口岸、沙坨子口岸。前两者为对俄口岸，后两者为对朝口岸。每天有客货车穿梭往来于口岸，由于没有经过审批不能过境，所以对非边境的居民来说，口岸充满了神秘感。珲春一眼望三国的特殊地理位置、优美的自然风光、多民族的风情、厚重的人文历史，吸引了大量的游客。2012年4月13日，国务院正式批准在吉林省珲春市设立"中国图们江区域（珲春）国际合作示范区"。国内外得到信息的大量投资者也纷至沓来，考察商机。珲春城市的发展较好地说明了交通基础设施的改善，加上国家政策的倾斜，会有效地促进贸易、物流、旅游三者的协同发展。

（二）资源加工业

综合交通体系的改善除有利于依托交通基础设施而存在的服务业，还有利于需要大量运输原材料和产成品的工业发展。鸡西、鹤岗、双鸭山、七台河、佳木斯、牡丹江煤炭资源丰富，而煤炭又是电力、煤化工、冶金等产业发展的基础，因此，上述产业会因交通运输成本降低而增加利润空间。除此之外，信息与技术的同步发展，也促进了上述地区可以按照新型工业化的要求，延长煤炭产业链条。例如，鸡西是我国第一台采煤机的诞生地，被誉为"中国采煤机的摇篮"，目前，拥有全国最大的采煤机研制中心和生产企业——鸡西煤矿机械有限公司，其研发的大功率电牵引采煤机处于国内领先水平，市场占有率达到国内市场的36％。与此同时，洗精煤、煤转电、煤转焦、煤转气、煤转油等项目也随着循环经济发展的要求不断上马投产。

东北东部地区森林覆盖率较高，俄罗斯也颇具林木资源优势。因此，可以在牡丹江、七台河等城市建设大型林木精深加工企业，引导木制品企业协作配套、集群发展，重点开发具有现代家居内涵的实木家具、橡木酒具、家装系列等高附加值木制产品。在边境地区建设以汪清木材园区、珲春木材工业园区为代表的一批木业加工园区，开发高档家具、装饰材料、建筑构件等系列高档终端产品，并利用剩余物开发各类板材、小木制品，切实提高产业整体效益和竞争能力。

（三）绿色食品加工业

东北东部边境地区动植物资源也构成独特的产业基础，以特色农业等为代表的产业成为边境地区经济增长的突破点之一。在未来的经济发展中，可以以绿色有机食品开发为方向，优化农业产业结构，全面提升农业综合生产能力和农产品市场竞争力。北部地区通过建设绿色水稻产业带和优质畜牧产业带及专用大豆、早熟优质玉米生产基地，依托正邦集团、中粮集团、雨润集团、中纺集团等龙头企业，整合加工资源，提高精深加工的技术水平，充分发挥东北东部农业的比较优势；南部地区通过挖掘长白山区人参、菌类、林蛙、蜂蜜、坚果、柞蚕等林间产品以及珍稀中草药材的种植潜力。以通化制药产业集群、北方山奇等龙头企业为核心，展开技术攻坚，拓展国内国际市场，打造国际、国内知名品牌。随着交通便利程度不断提高，一方面，时鲜菜蔬、果品、水产品可以更快地送达市场；另一方面，交通线路沿途还可以大力发展设施农业、观光农业等，提高农民增产增收的积极性。

三、口岸带动型"增长点"

区域经济增长的前提是所在地区的生产要素能够得到有效配置。从自然地理角度而言，生产要素的跨境流动和产业集聚一般集中在边境地区自然地理条件相对较好、交通较为便利的区位点——口岸。口岸是供中外籍人员、货物和交通工具出入境的设施及通道，是一个国家对外开放的门户。沿边口岸是设在边境的港口、车站、机场等。口岸的存在使边境地区成为构筑内部网络性和外部网络性的必不可少的核心要素。国家间跨边境的信息流、资金流、技术流、人才流等都得以通过口岸传输，增加了优势资源共享的机会。此外，由于口岸贸易的发展，边境城市的经济功能被强化，备战功能被弱化，城市化的进程会进一步加快。

（一）东北东部边境地区口岸分布情况

黑龙江省与俄罗斯接壤有3 000多千米的边境线，其中界江2 300千米，有25个开放口岸，东北东部边境地区分布有17个口岸。25个开放口岸中，其中17个已经成为旅游口岸，其中绥芬河、黑河、东宁、抚远的边境出入境游客量排在前4位[①]。绥芬河是黑龙江与俄罗斯3 045千米边境线上25个口岸中最大的一个，是全省25个口岸中唯一的铁路口岸，口岸通过能力达到1 000万吨；东宁口岸是黑龙江省各公路口岸中过货量最大的口岸，年通过能力逾100万吨。俄罗斯70%的果菜、60%的日用消费品、50%的肉类依赖进口，远东地区所需的生活用品需要通过牡丹江口岸大量进口。

吉林全省有18个口岸、通道分布在中朝、中俄边境一线，有15个中朝口

---

① 四个口岸有三个位于东北东部，黑河位于东北北部。

岸、通道，2 个中俄口岸。其中，珲春口岸是吉林对外贸易规模最大的口岸。2010 年对外进出口达 75 000 万美元；集安是利用外资规模最大的口岸，2010年引进外资 2410 万美元。吉林口岸对朝出口的主要商品为：粮油食品、木材、纸张、服装及各种轻纺织品、机电产品、玻璃制品、家用电器、客车、轮船、电子产品等。进口的商品有：水果、海产品、丝绸、药材、木材、石油液化气、钢材、水泥、汽车、钾长石、腈纶棉、化纤地毯、马口铁等。吉林口岸对俄贸易出口商品主要有粮油、食品、土畜产品、轻纺、机械、建材等，进口商品主要有钢材、木材、化肥、水泥、化工原料、钢琴、冰箱、中型机械、交通运输机械及海产品等。

辽宁省东部的对朝口岸集中在丹东地区，包括丹东铁路口岸、丹东公路口岸、丹东大东港口岸和即将开放的丹东机场口岸。新鸭绿江大桥于 2011 年奠基，预计 2014 年竣工。丹东口岸是我国对朝贸易量最大的口岸，对朝贸易过货量占全国过货量的 70％，年贸易额在 10 亿美元左右。辽宁对朝出品的商品主要有：贱金属及其制品、机电、音响设备及其零件、附件、植物产品、塑料及其制品、纺织原料及纺织制品、食品、饮料、酒和醋、烟草及制品、化学工业及其相关工业的产品、动植物油、脂、蜡、精制食用油脂、矿产品。国内对朝的进口品种也由最初的几个品种扩大到木材、钢材、液化气、水泥、运输机械等上百个品种。除了进出口贸易商品品种不断丰富，贸易量的增长也十分显著。近年来，丹东口岸对朝贸易进出口货运量和进出口额分别以每年 13％和25％的速度递增，丹东口岸成为中朝两国边境贸易的主要通道。

（二）口岸带动经济增长的构想

口岸的对接及长期存在带动了经济的快速发展。黑龙江东部可以以绥芬河、东宁、同江、抚远等重点边境口岸为节点，以同江界河铁路大桥、饶河界河公路大桥、密山跨境铁路和黑瞎子岛岛上口岸公路等建设项目启动为契机，形成一批大运量、常年开通的跨境通道。加快绥芬河铁路口岸扩能和绥芬河至格罗捷克沃铁路并轨改造，在俄海参崴建立"陆海联运"中转节点，实施"中外中""中外外""外中外"模式跨境运输，缓解全省进关铁路和出海通道运输压力。打造面向东北亚、辐射亚欧大陆的经济贸易开发区，实现振兴东北老工业基地振兴战略与俄远东及外贝加尔地区发展战略互动对接，建设连接国内生产基地和国外商品市场的跨国物流基地和国外商品市场的跨国物流网络、资金流和信息流为一体的现代服务体系。

吉林省东部地区可以以珲春、图们等国家一类口岸为重点建设区域，及时捕捉对朝、对俄的经济合作信息，并借国家政策扶持之力，完成促进口岸由简单的物资集散地向跨边境多层次综合物流中心转变、由简单的易货贸易向多种贸易并举转变、由简单的边境贸易区向开放带型经济区方向的转变。

辽宁东部地区以丹东口岸作为通向朝鲜最大的客货通道和整个东北东部边境地区唯一的出海通道，作用尤为关键，更要紧紧抓住对朝贸易向好的契机和临近大连、沈阳等的金融资源优势，使其成为深入东北东部经济腹地并连通丹东出海口的"海陆通道"，并借我国人民币国际化进程的推进，使其成为对朝贸易结算的区域性金融中心。

第三节　东北东部边境地区交通经济"增长带"的建设

交通经济带理论认为，交通建设可以带动沿线地区经济发展，同时地区经济发展又反作用于交通体系的建设，两者相互作用。一方面，便利的交通条件，会使沿线地区的区域优势日渐显著，这在一定程度上带动了区域经济的增长；另一方面，区域经济增长为加大交通建设的资金投入提供了可能性，促使区域交通可进入性再次提高。因此，交通运输与区域经济两者相互促进、共同发展。针对东北东部边境的交通运输现状及存在的问题以及经济发展现实的需要，适时完善东北东部交通网络十分必要。

一、"三纵三横"交通网络

东北东部铁路建设与中部纵向铁路的并行、与横向铁路的交汇，加之公路等其他运输形式的配合，使得城市间的联系更为紧密，产业的地域分工更明确。预计东北东部边境地区的经济增长的"点"由在边境城市中居于特殊区位优势或资源优势的城市展开。东北地区经济增长的轴线则表现为"三纵三横"的交通网络，其中以公路与铁路运力表现最为突出（见图8.2）。

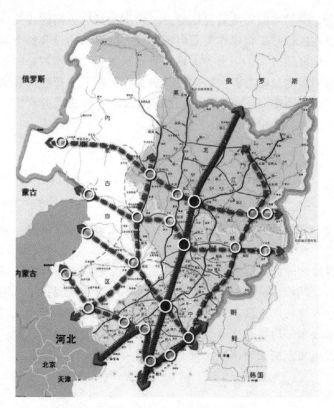

图 8.2　东北三纵三横交通格局

　　三纵之一为自黑河始，经哈尔滨—长春—四平—沈阳—鞍山，最终到大连出海口一线；之二为自漠河始，经齐齐哈尔—白城—通辽—赤峰，经公路运输，最终到锦州出海口一线；之三为自鹤岗始，经佳木斯—牡丹江—白山—通化，最终到丹东出海口一线。

　　三横之一为自满洲里，经呼伦贝尔—齐齐哈尔—大庆—哈尔滨，最终至牡丹江边境口陆港一线；之二自白城始，经长春—吉林，最终至延吉陆港一线。若在东北东部边境城市的未来基础设施建设中，连接通辽始，经四平至通化的铁路，则"三纵三横"的铁路交通网络即可覆盖整个东北地区。

二、依托交通网络形成的经济"增长带"

　　交通经济带发挥作用机制为新的经济中心、新的城镇、新的产业集聚点，总是对交通运输线的空间可达性和经济可达性有较强的依赖性。于是这些经济增长"点"总是在交通干线，特别是交通主干线的两侧产生，并沿交通干线集聚和扩散。为了加快区域经济增长，就要优先发展沿交通干线的主轴经济带。

随着主轴经济带经济实力的不断增强，其辐射及吸引范围不断扩展，在干线两侧逐渐扩展形成沿交通支线的次级经济轴带。次级轴带的形成将主轴带的经济中心与次轴带的优先区位点联系起来，二者逐渐向一体化水平过渡，从而达到一定区域经济的相对均衡发展。

按照这样的发展规律，东北东部边境一线一系列铁路与公路项目的建设，即第三纵，以及横向连接的第三横，将逐步更改东北地区以哈大线中轴为经济增长生发点的原状。在东部边境一线，绽现出以项目、城镇、口岸、产业集群等为代表的多处经济增长的生发点。纵横交错的交通网络，将通过铁路与公路将机场和水运码头及港口、城镇、口岸等有机地连接起来，逐渐带动边境地区间的信息交流、合作与协调，打破以往沿边地区只与东北地区中部核心城市交流物资与信息的传统，推动东北东部地区间的合作与交流，提高东北东部边境的旅游观光、边境贸易、物流仓储的产业资源配置效率，促进产业升级。

事实上，边境区域间的合作不仅体现了"关联"这一合作价值要素，还更好地体现了"匹配"价值要素。以"三纵"之一为例，哈尔滨至大连铁路沿线构成了哈大交通经济带。实证研究表明，1987—2006年，该经济带的13个地级市国内生产总值由985.8亿元增长至14 822.3亿元，年均增长率为14.51%，高于东北地区年平均增长水平。经济带中的城市经济水平差异正在缩小。可以推测，随着东北边境地区交通条件的改善，在鹤岗至丹东的东北东部边境一线，可望出现以佳木斯、牡丹江、延边、通化、丹东等城市为主体，由铁路、公路、航空、水运等交通网络相连接，以东北东部铁路、牡丹江－延吉、鹤岗－佳木斯－牡丹江、通化－丹东高速公路为主动脉，由北向南贯穿东北东部地区，连接抚远、绥芬河、珲春、图们、集安、丹东等多处对俄对朝口岸，成为并行于哈大交通经济带的另外一条人口、城镇、产业最为密集且集聚－扩散行为最为活跃的空间地域综合体。

总之，交通干线是交通经济带形成发育的前提条件；城镇群是交通经济带的依托，是其发展的客观要求及增长极核；产业集聚、扩散及其结构的演进、升级是交通经济带得以维持的重要因素，是推进其发展演化的动力。东北东部区域的交通经济带构建可望推动该区域出现经济增速高于东北地区经济平均增长速度的局面，逐步缩小东北东部边境交通经济带与哈大交通经济带的经济发展水平差距，实现与区域发展的齐头并进的局面，最终带来东北整个地区的繁荣。

第九章 东北东部区域经济合作与协调发展研究

区域内各行政地域单元之间的合作与协调能够提高生产要素配置的效率，避免经济资源的浪费与外流。可见，区域合作与协调是地区经济发展不可或缺的途径。在边境地区经济成长过程中，这种合作与协调发展尤为重要。因此，要建立长期合作与协调机制，落实功能区划，彰显各区域的优势，建立合理有序的区域内部合作运行规则，切实做到既有分工，又有合作，以实现区域内资源优化配置。

第一节 区域经济合作与协调发展的经验

一、区域经济合作发展

自 1954 年荷兰经济学家丁伯根首先提出"经济一体化"以后，以区域经济一体化为核心的区域经济合作研究随着区域经济合作实践的深入不断深化。所谓区域经济一体化，就是指按照自然地域的内在联系（包括经济、社会、文化等诸多因素），通过区域分工与协助，达到生产要素在区域空间范围内的完全自由流动，从而实现区域经济整体协调发展的动态过程和相应的高度一体化局面。区域经济一体化既是状态与过程的统一，也是手段与目的的统一，是区域经济合作发展到高级阶段的特定形式。区域经济合作是社会经济发展到一定阶段的产物。区域经济一体化理论的产生，使得区域经济合作在现实实践中得到了实际发展，对区域经济合作具有重要的指导作用。

同时，随着资本主义生产方式发展，为了适应自由贸易的需要而产生的西方比较成本理论和区域分工理论，用来分析区域经济合作的产生是十分具有理论意义的。另外，区域资源禀赋条件的差异造成区域不同的比较优势，从而导致了区域分工的产生。为了实现利益的最优化，区域之间利用各自的比较优势进行分工协作，这就是区域经济合作产生的经济基础。

二、我国区域经济合作与协调发展的经验借鉴

随着区域合作意识的增强、区域合作步伐的加快，我国区域经济合作与协调发展的步伐快速，而东北东部边境地区的发展尚处于起步阶段。对其他区域的分析可以为该地区的发展提供有效借鉴，避免其在以后的发展过程中多走弯路，以致最终制约区域的整体发展。

（一）长江三角洲

1.构建"轴线、圈层、网络"城市群

长江三角洲拥有15个地级以上城市，67个县及县级市，1479个建制镇，行政区庞杂，但城市群的构建使得区域经济合作和协调发展有序进行。长三角城市群是以中心城市体系为主干，辅以5个次级城市群协同发展。中心城市体系涵盖了上海、南京、杭州、宁波、苏州、无锡等15个城市；5个次级城市群分别是以上海为中心的上海都市区，以南京为中心的宁、镇、扬城市群，苏、锡、常城市群，通、泰城镇群以及杭州湾城市群。

从区域空间结构理论出发，这些城市群明显呈现出以下三个特征：（1）轴线发展。长三角城市群主要分布在沪杭、沪宁、杭甬三条交通轴线上，形成"之"字形空间格局，大小城市沿线分布，形成"交通走廊式"的城市分布格局。（2）圈层发展。长三角城市群以上海为中心，由空间距离远近不同形成4个圈层，圈层由内而外第三产业比重逐渐降低，第一产业比重逐渐升高，产业结构水平逐渐下降。（3）网络发展。长三角伴随基础设施完善和经济联系程度加深，城市群交互发展、互为延伸，形成错综复杂的网络型区域空间结构。

2.产业圈层拉动城市群协调发展

长江三角洲在发展过程中形成了一批产业联系紧密的产业集群，带动了城市群的快速发展。这些产业集群大致可分为两类：一是以上海为龙头的高科技产业集群，二是以浙江乡镇为代表的小商品产业集群。按照城市群产业集群形成途径的不同，将其发展模式对应划分为"沪苏模式"和"浙江模式"。"浙江模式"的特点是依靠企业自身积累发展壮大，而"沪苏模式"偏重引进发展，政府强化规划引导，招商引资，以土地换资金，以空间求发展。具体来看，上海及周边城市形成了较为完整的高科技产业链条，上海可以为外资企业和周边台资提供完善的产业服务，苏州、昆山及浙东制造业优势明显，可以较好地承接上海制造业产业中下游的产业转移，产业圈层的互动发展形成了充足的要素供给和良好的配套生产能力，由此带动了产业分工的进一步细化和城市群功能的完善以及协调发展。

3. 密集支持网络推动区域合作

长江三角洲地区大中小城市密集，不同地区在经济发展水平、产业结构、基础设施完善程度等很多方面存在较大差异，但区域性的商品网络、技术网络、资金网络、人才网络和信息网络等却将中心城市体系与5个次级城市群紧密地联系在一起，使得区域经济合作与协调发展有序进行。

（二）珠江三角洲

1. 外力助推产业结构升级

珠江三角洲产业结构的演进升级过程基本上遵循了"配第一克拉克"法则，即第一产业产值比重快速下降，第二产业（主要是工业）作为主导产业，产值比重先是大幅上升之后缓慢回落，第三产业产值比重一直不断上升的过程。珠三角产业结构的优化升级，在很大程度上得益于广东省率先实行各种改革开放的灵活政策，但外资的推动和各级政府的产业政策在产业结构升级中起到了关键作用。深圳、珠海、东莞、惠州等新兴城市产业结构的阶段性变动与外商投资的阶段性变化密切相关，主要是由于工业化国家和地区选择其作为产业转移的承接地，起初主要集中在纺织、服装、家电等劳动密集型产业，后来由于国际跨国公司和台湾厂商的产业转移，高新技术领域（尤其是电子信息类产业）的投资迅速增加，促进了珠三角产业结构的升级和外向型发展。各级政府推动产业结构优化升级主要是通过出台适时合理的地方政策和法规，实施有效办法，如20世纪90年代深圳市明确提出优先发展和重点扶持高技术产业的发展战略，确立了"把深圳建成高技术产业开发生产基地"的战略目标，先后制定了一系列土地、税收、人才引进的相关政策，支持了深圳高新技术产业的发展。

2. 构筑产业链，加速地区合作

行政区划阻碍了区域经济协作，而链网结构的产业链则有效提高了产业组织的弹性。伴随区域经济一体化进程的快速推进，产业竞争已经逐步演变成为产业链的竞争，产业龙头企业联手发展、互惠互利已然成为产业化进一步发展的一种趋势。

以深圳、东莞、广州等城市跨地区的电子产业链条为例，深圳、东莞等地企业密集，专业分工明确，产业链条涵盖了软件开发、模具制作、主板配件供应、装配加工、印刷包装以及营销推广、物流配送、售后服务等十多个环节，有效突破了企业的有形界限和地区的地域界限，建立了企业之间与地区之间的新型关系，加速了城镇经济间的融合渗透，使区域经济更好地整合为一体。类似还有广州番禺、花都、增城、佛山一线的汽车配件产业链条。地区之间分工合作、优势互补，不仅推动了深、穗、佛、莞城市间产业边界的消融，也有效推动了行政边界的弱化，提升了区域经济的整体竞争力。

（三）区域协调机制的尝试

在区域经济发展进程中，基础设施重复建设、产业发展缺乏合作分工、生态环境破坏严重等不协调问题普遍存在，各地政府在建立完善区域协调机制方面开展了大量工作，进行了大胆的探索和尝试。

1．省政府及直属部门行使主要协调职能

省政府及直属部门主要负责区域内各行业的协调发展问题。以广东省为例，省直部门承担区域协调的各项重任，省经贸委负责工、商领域的行业管理和综合协调职能，调控市场供求和整体经济运行；省交通厅负责拟订全省公路、水路交通行业的发展规划并监督实施，组织跨地市的基础设施建设等。这种方式有效缓解了"行政区经济"带来的各种弊端，但缺陷也同时存在：一是省政府及直属部门的人员往往集中于日常部门事务的处理，无暇顾及区域协调职能；二是省直部门与地方政府在行政权力上平级关系居多，调控效果大打折扣。

2．制定区域协调发展规划

1995 年广东省政府率先组织编制了珠江三角洲城市群协调发展规划，首次提出空间管制政策，在全国引起较大反响，之后制定区域协调发展规划得到各级政府部门的重视。

但是，区域协调发展规划虽宏观上对地区利益主体的经济活动起到了一定的指导调整作用，但力度十分有限。主要问题在于：一是规划的实施和监督主体缺位，权责不明；二是规划赋予相关部门的协调职能无资金和技术支撑；三是区域规划的法定地位在我国《城市规划法》中无明确说明；四是区域规划的协调对象是区域整体发展，地区之间矛盾协调无据可依。而区域协调发展较为成熟的国家大都以完备的法律保障区域规划的具体落实，制定用于界定区域规划基本任务、组织、管理的基本法以及具体实施过程中的相关具体法令、政策，用以明确各级政府的权利义务。此外，还特别注重制定规划之前的科学论证工作。如密西西比河开发过程中，多方合作建成了目前世界上最大的内河模型——密西西比河水系整体模型，为资源综合开发和协调发展提供了科学依据。

3．成立各种区域协调机构

L·芒福德曾说过：如果区域发展想做得好，就必须设立有立法资格、有规划和投资权利的区域权威机构。各种区域协调机构的建立主要是为了解决区域和各县市不能独立解决的跨地区、跨行业的相关问题。1994 年珠江三角洲成立以常务副省长为组长的珠三角经济区规划协调领导小组；1996 年长江三

角洲先后成立长三角协作委员会、长三角经济协调会和长江流域研究院等机构。此外还有市长联席会议、城市高峰论坛等其他形式的协调机构，有效拓宽了区域互通、协调共进的渠道。

国外在区域协调机构的调控权限方面发展得比较成熟：一是赋予其对地方规划进行审查的权力；二是赋予其对有区域影响力的重大基础设施项目进行审查的权力；三是赋予适当的财政调控权力。

4. 调整行政区划

在我国经济体制由计划经济向市场经济转型时期，一般的解决思路就是通过合并、升级来调整行政区划。如珠三角曾将番禺、花都撤县改区并入广州，顺德、南海、高明和山水四市撤县改区并入佛山，合并新会市和江门市等。这种做法可以减少管理层级，扩大市场运作空间，对社会资源的优化配置有可能发挥即时有效的作用，但行政区划的频繁调整会增加成本，还有可能造成区域经济的大幅波动。最根本的问题是，行政区划的再次调整只不过是将各县市区之间的问题升级为新市区的内部问题，行政区划界限依然存在，不可能从根本上解决"行政区经济"带来的系列问题。因此，解决问题的关键在于地区政府职能的转变，而不是仅靠行政区划的简单调整。只有这样，才能摆脱地方保护主义思想，实现高度的区域协作。

5. 建立区域协作运行机制

长三角已建设了合作会议制度，如沪苏浙经济合作与发展座谈会、长江三角洲城市经济协调会，还有相关职能部门的联席会议制度等。"泛珠三角"则重在建设"泛珠三角区域合作与发展论坛"和"泛珠三角区域经贸合作洽谈会"两大区域合作平台、日常工作办公室工作制度、部门衔接落实制度、政府秘书长协调制度等。这些运行机制有利于协调地区局部利益和区域整体利益之间的矛盾冲突，促进产业整合重组，尤其是长三角的合作会议制度在区域协作的初级阶段发挥着不可忽视的作用。

第二节　东北东部边境地区经济合作与协调发展的基础条件

一、区域合作发展现状

东北东部边境地区地处东北亚腹地，与朝、俄两国接壤，与日、韩隔海相望，包括小兴安岭以东，长白山脉及以西的区域，涉及鸭绿江、图们江、松花江、黑龙江部分流域的广大地区，具体指的是沿黑龙江、吉林、辽宁三省东部中俄、中朝边境线走向的边境地区。包括辽宁的丹东市、本溪市的桓仁县，吉林的通化市、白山市、延边朝鲜族自治州，黑龙江的牡丹江市、鸡西市、七台河市、双鸭山市、佳木斯市、鹤岗市等 11 个市（州），均属于沿中朝、中俄边境线地区，处于东北亚核心区域，各城市间各具产业特色，互补性很强。

本研究区与以上海为核心的长江三角洲地区和以广州、深圳为核心的珠江三角洲地区以及东部沿海经济带比起来，属于不发达地区，即使在东北地区内比较，也属于经济滞后发展地区。从总体上看，本区域城市化水平低，市场发育不良，传统农业经济占主导地位；地理位置偏僻，远离省区行政中心和经济中心，经济封闭，交通不便，信息不灵；不仅自我积累、自我发展能力弱，而且投资环境差，缺乏吸引外部投入的能力，因而发展机会较少；人口素质较低，科技发展水平不高，市场不够发达，经济发展速度特别缓慢。上世纪 80 年代，有学者提出"连通东北东部铁路开发长白山区域经济"的观点，但是受制于地理位置与交通因素、行政区划的影响，东北东部各市（州）经济联系始终比较松散。这一局面直到东北东部（12＋2）市（州）区域合作有了实质性内容以后才开始改观。

近几年，社会对东北东部（12＋2）市（州）区域合作的关注度很高，不论是《区域合作框架协议内容》出台，还是一系列合作协议的签署，社会各界都有强烈的反响。新闻媒体也对东北东部（12＋2）市（州）区域合作加大了关注度，报道数量之多、篇幅之大、评析之深都是前所未有的。这一方面反映出东北东部（12＋2）市（州）区域合作是大势所趋，符合社情民心；另一方面也说明东北东部区域合作已经初见成效。

从 2005 年开始，辽宁丹东市牵头举办了两届"构建东北东部经济带论坛"，在加强区域合作的诸多方面取得了广泛共识。2009 年 9 月 24 日，在丹东市的倡议下，以"携手合作，互利共赢"为主题的首届东北东部十二市（州）区域合作圆桌会议在丹东召开，各个城市共同签署了《东北东部十二市（州）区域合作框架协议》，各市（州）本着自愿参与、政府推动，优势互补、互利共赢、开放透明、资源共享、灵活多样、务实渐进的原则，在规划、物流、工业、农业、旅游、商贸、金融、科技、环保、媒体等领域开展务实合作，从而将（12＋2）市（州）区域合作推到了实质阶段。

参与东北东部区域合作的 12 个城市分别是：辽宁省（2 个）丹东市、本溪市；吉林省（4 个）通化市、白山市、延边朝鲜族自治州、吉林市；黑龙江省（6 个）牡丹江市、双鸭山市、七台河市、鹤岗市、佳木斯市、鸡西市。12 个市城市数量占东北三省省辖市的三分之一；面积 28.5 万平方公里，占东北三省区域总面积的 31.2%；人口 2 480.32 万人，占东北三省总人口的 22.8%，地区生产总值超过 5 400 亿元，占东北三省的 19.3%。2009 年首届年会以后，大连市以观察员身份加入，因此，合作模式由最初的 12 市（州）向 12＋1 转变（大连市面积 1.3 万平方千米，人口 586.4 万人，2010 年实现地区生产总值 5 158.1 亿元，占辽宁省的 28.2%）。2012 年伊春市的加入，更形成了东北东部区域 12＋2 的合作发展格局（伊春市面积 3.3 万平方千米，人口 114.8 万人）。

2010 年 5 月，东北东部（12＋1）区域合作总部大厦奠基，首倡东北东部协作的丹东市以此作为实施"西进东联"战略、加强与东北东部城市区域合作的一项实际举措。

2010 年 9 月 26～28 日在吉林省的通化市举行了第二届东北东部（12＋1）市（州）区域合作圆桌会议，会议围绕"拓展区域合作、推进共同发展、科学规划、务实推进"的主题，结合各市（州）经济社会发展情况和各地"十二五"规划的编制，进行了富有成效的探讨和交流，一致认为要把推进东北东部区域经济一体化作为各市（州）"十二五"规划的重要内容，加强沟通协作，努力把东北东部经济带打造成为东北振兴新的经济增长极。会议一致通过了《关于进一步推进东北东部区域合作的倡议书》和《东北东部（12＋1）区域经济优惠政策》，进一步明确了当前和今后一个时期东北东部区域合作的重点事项和政策保障。会议还启动了通化丹东港集团陆港项目。根据圆桌会议签订的一系列合作协议，13 个市（州）进一步加强在规划、物流、工业、农业、旅游、商贸、金融、科技、环保、媒体等领域的合作，完善东北东部区域合作圆桌会议机制和部门间、行业间合作协调机制，打造利益共同体，形成区域优势，在更大范围内提升参与国际经济合作的整体竞争力。

2011 年 9 月第三届东北东部（12＋1）市（州）区域合作圆桌会议在牡丹东市召开。会议以"深化合作共识·提升沿边开放——加快东北东部物流旅游一体化进程"为主题，会议通过《雪城共识》，就进一步加强区域交流、密切经济合作达成七点共识；伊春市正式加入东北东部区域合作组织，标志着东北东部区域形成（12＋2）合作发展格局。

2012 年 8 月第四届东北东部（12＋2）区域合作圆桌会议在黑龙江省鹤岗市举行。会议主题为"规划引领未来，合作共铸辉煌"，旨在加快东北东部区域合作规划战略升级，打造东北东部新的增长极。会议就启动区域合作战略规划进行了深入磋商和探讨，就共同来谋划东北东部地区发展方向、发展战略、发展模式，共同致力于在《东北东部经济区沿边开放带发展规划》上达成更广泛共识。与会各方一致表示在整合各城市优势资源竞合互补，在规划、物流、工业、农业、旅游等各领域进行充分合作，加快提升东北东部区域的整体竞争优势，发挥出整体区域优势，促进地区与地区、边疆与腹地、国内与国外的双向互动，促进区域的大开放、大开发的区域一体化大发展，加快打造东北振兴新的经济增长极。

二、前景展望

东北东部边境地区自然条件、文化特色、资源环境、产业基础存在着密切联系；经济发展水平相互接近，都是种植业、资源产业和传统工业的集中地区；包袱沉重，经济发展相对滞后，共同面临着基础条件、市场竞争实力方面的困难。开通"东边道"，整合东部区域经济，使三省东部地区在山海关拥挤走廊和大连通道以外，开辟出另一条纵深贯通的进出大通道，将给东部地区经济资源重组、联合发展、共图振兴创造有利条件。

东北东部边境地区的经济合作尚处于初级阶段，大部分城市仍然属于经济相对落后地区。从经济发展的角度看，这些区域的自然资源、生产要素急需整合，共同开发，共同发展，不断提高对外开放水平，共同打造一个新的区域合作模式。当前，国内外经济的宏观发展形势给区域经济合作提供了很好的机遇。我们应该抓住机遇，促进区域间的合作和对外开放。

（一）东北东部铁路和高速公路的建设将大大缩短东北东部地区至丹东港口的出海运输距离，陆港建设为对外贸易的发展提供了有利条件

区域经济合作必然依托于交通运输干线的支撑。东北三省大力支持东北东部铁路建设，2009 年丹东市通过地方投融资平台，向银行贷款 4.5 亿元，专项用于丹沈、丹大客运专线及东北东部铁路建设。东北东部铁路建成后将大大缩短东北东部地区至丹东大东港的出海铁路运输距离。同时，丹东至庄河铁路、通化至丹东铁路完工后，可以与白河至和龙铁路连接，从而连通整个东北东部铁路通道，使通道的整体功能得到充分发挥。建成的东北东部铁路通道与既有的哈大线、丹大线、丹沈线、梅集线、长图线等 13 条铁路相连，将形成沿辽东半岛海岸、中朝和中俄边境线南北走向的铁路通道，丹东也将成为真正意义上的东北新出海口。另外，纵贯辽吉两省东部的丹通高速公路已经投入运营，公路里程由 340 千米缩短为 260 千米，车速提高 4～5 倍，运输能力提高 10 倍以上。完善的交通网络将大大缩短沿线的大连、丹东、本溪、通化、白山、延吉和牡丹江等 7 个地级市之间的距离，使其经济联系更加紧密（见图 1.3）。

丹东港直接出海的通道一旦全线贯通，东北东部 10 余座城市的大宗货物出海，就无需绕道营口港或大连港，而可直接通过丹东港进入黄海。如通化—

丹东高速铁路和丹东—通化高速公路通车后，从通化直达丹东港的运距，比从通化至大连港缩短 508 千米，铁路运费和公路运费分别节省 53.77 元/吨和 144.1 元/吨。丹东港将成为面向整个东北东部最为便捷的出海口，将在"十二五"期间晋升为新的亿吨大港。东北东部城市群可借由丹东市的港口出海，为区内对外贸易提供便捷的条件。

目前，牡丹江海林丹东港集团陆港、通化丹东港集团陆港已经建成，即将投入使用；本溪丹东港集团陆港已经开始建设；佳木斯市、鹤岗市及同江市、富锦市的陆港项目正在筹建中；吉林省的延吉、图们，黑龙江省的抚远等陆港项目正在调研、选址中。

陆港是沿海港口在内陆经济中心城市的支线港口和现代物流的操作平台，同时也为内陆地区经济发展提供方便快捷的港口服务。陆港与海关、检验检疫等单位协同工作，可以实现"一次申报，一次查验，一次放行"，简化通关手续，货物就地实现进出港，大大提高通关效率。同时可以促进东北东部边境地区对外贸易的发展。在内陆港，可以直接办理国际集装箱放验手续和收结汇手续；可以缩短生产周期，提高资金利用率，加快集装箱流转速度，保证企业订单生产，从而最大限度地发展本区对外贸易产业。

（二）国家区域经济政策支持，地方谋求区域联合、共同发展的理念已经形成，为东北东部加强区域合作，最终实现经济一体化创造了有利条件

国家在振兴东北老工业基地的战略中提出了"加强东北东部铁路通道和跨省区公路运输通道等基础设施建设，加快市场体系建设，促进区域经济一体化"战略思路。辽宁省委、省政府在"十一五"规划中明确指出，"支持抚顺、本溪、丹东与吉林、黑龙江有关市州共建东北东部经济带，共同推进东北老工业基地的振兴"；吉林、黑龙江省也将支持东北东部经济带建设列入各自"十一五"规划之中；东北东部 14 个城市中也已有部分城市将此作为长期发展战略。这一切，为东北东部加强区域合作，最终实现经济一体化创造了有利的条件。特别是为推动东北东部经济带区域经济合作，东北东部 12 个城市的代表曾在丹东连续召开两届以构建东北东部经济带为主题的高峰论坛，通过研讨会的形式提出了构建东北东部经济带的区域合作思路，并取得了国家有关部委的认同和支持。经过多年的发展实践，东北东部经济带建设已取得了阶段性成果，如铁路等基础设施项目已经开工建设，建立了东北东部 14 城市统计信息交流网络及资料汇编，为 14 个城市的地方政府科学决策提供依据。

（三）东北东部经济带"鸭绿江经济合作先行区"已经在四省区层面推进、研究，为推动东北东部经济带上升为国家发展战略奠定了坚实的基础

东北三省于 2011 年达成了《加快建设东北东部经济带合作协议》，辽宁、吉林两省政府正在编制《鸭绿江经济合作先行区发展规划》；辽、吉、黑三省将积极争取使"东北地区东部经济带发展规划"纳入国家战略。

根据三省达成的协议，东北将合力打通东北东部由丹东港直接出海、由珲春经俄罗斯扎鲁比诺港、经朝鲜罗先港、由绥芬河经符拉迪沃斯托克港 4 条对外交通运输通道。建成的这 4 条出海交通大通道，将使东北东部摆脱旧有的内陆思维，形成向海经济，拥有更大的发展空间。"同时，三省政府还同意，将统筹规划东北东部边境 17 个边境口岸城市的建设，增强对俄罗斯和朝鲜的贸易集散功能，推动陆海、江海联运。

纵跨辽、吉、黑、内蒙古四省区的鸭绿江经济合作先行区，将成为对朝鲜半岛乃至东北亚地区经济合作的桥头堡。长达千里的中朝边境线全部集中在东北东部地区。中国鸭绿江沿线区域，与朝鲜一江之隔，拥有得天独厚的区位优势。当前，对朝贸易中 90% 左右的人员和货物均通过丹东和延边进出朝鲜，鸭绿江经济合作先行区的建设条件成熟，基础完善；鸭绿江经济合作先行区的建设将成为推动东北东部经济带发展的重要基础条件。

第三节　东北东部边境地区的区域合作
与协调发展的现实选择

区域合作是现代经济发展的普遍现象，它的经济意义在于区域内或者区域之间通过优势互补、优势共享或优势叠加，把分散的经济活动有机地组织起来，把潜在的经济活力激发出来，形成一种合作生产力。通过区域经济合作所获得的经济综合优势所产生的经济效益是分散条件下所难以取得的。合作为分工提供了保障，使区域经济专业化能够存在和发展。通过合作可以冲破资本、技术、劳动力等要素区际流动的种种障碍，促进要素向最优区位流动，实现要素的优化配置，提高要素的使用效率，加强区际经济联系，形成区内和区际联通的经济网络，提高区域经济的整体实力和协调发展。根据本研究区域的实际情况，具体可以采取如下措施。

一、完善区域协调机制

建立有效的区域协调运行机制，是加强区域统筹规划、进行合作互补、推进区域协调发展的必要条件。东北东部地区分属三个不同省份，在区域协调机制方面存在着一定的问题。为了促进区域合作与协调发展，需要做好以下方面工作：

（一）高层次、高起点编制东北东部经济带发展规划

东北东部各市（州）分别隶属于辽宁、吉林、黑龙江三省，在行政管理体制上有着天然的障碍。东北东部经济带要想大发展，实现真正意义上的区域合作，必须以市场化改革为先导，打破行政壁垒和地区封锁，以一个整体的发展思路为指导，编制一个跨越行政区的区域发展规划，从短期、中长期和长期三个层面对区域合作的目标和运行进行统筹。编制东北东部经济带规划，要以全面提升区域整体对外开放水平、综合实力和竞争力为宗旨，坚持市场主导、政府推动、统筹规划、协同发展、开放公平、优势互补、互利共赢的原则，重点依托东北东部地区的森林、矿产、农副产品和旅游服务资源，发掘现有的资源、产业、市场等优势，合理谋划煤炭—冶金钢铁—电力、石油—化工—材料、林木—森工—家具、绿色农业—食品—粮食深加工等系列产业体系和配套布局。

（二）整改区域协调机构

在区域协调机构的组建方面，目前的东北东部边境区域协调机构是东北东部区域合作秘书处，其主要职责是建立起区域间经常性的协调机制和联动机制，开展广泛的区域合作宣传和研讨活动，做好项目的启动和实施工作。秘书长由丹东市人大常委会副主任兼任。

建议加强秘书处管理职能，秘书处由专门人员负责，领导小组成员应是曾在其他区域协调机构中担任相关职务，具有一定工作经验，或者是在某专业领域内享誉盛名的专家学者，且其籍贯不是东北东部边境地区的某个县市。如此可以避免兼任协调工作的市委成员因忙于日常事务的处理而无暇顾及区域的协调发展工作，同时降低决策成本，提高行政效率。

在地方各级区域协调组织机构方面，各市（州）应成立单独的区域协调机构，直接隶属东北东部边境区域合作秘书处，与地方政府无行政隶属关系，负责本地协调发展规划的制定、实施，与上级协调机构之间配合，等等。

在区域协调机构的行政权限上，赋予其对区域内重大基础建设项目、产业投资项目、地方发展规划进行审查的权力，同时拥有相应的财政调控能力，保证经济、行政、法律等多种调控手段的统筹运用。

（三）健全区域协调运行机制

建立信息互通机制。目前东北东部各市（州）已经建立了每年一次的圆桌会议制度，磋商有关区域合作与协调发展的重大战略问题；建议在现有会议日程的基础上，增加专题研讨会，划分交通、产业、信息、旅游、人力资源、生态环境保护等多个专题组进行深入研讨，实现信息共享，加强沟通与交流，推进地方合作，解决经济发展中的实际矛盾和冲突。

建立监督反馈机制。建立自上而下与自下而上相结合的区域协作监督反馈机制，协调机构、合作方、相关政府部门均有权对具体的区域协作行为予以监督。要加强对区域发展规划实施情况进行跟踪分析和监督检查，区域协调机构要适时组织对开发项目的评估工作，拓宽渠道完善社会监督机制，对不合规定的行为要明确惩戒，克服行政区划带来的体制障碍。

（四）打破区域间的行政阻隔和地方壁垒，构建区域经济新格局

按照市场经济的原则统筹区域经济一体化进程，开放市场，促进要素的自由流动。为了减少行政关系障碍，可以建立区域性的东北经济联合体，按照区域经济一体化发展需要和现有资源条件，从整体上规划设计和合理调整原有产业布局，延伸产业链条，理顺配套服务，提供支撑条件，使东北东部边境地区在经济配置和协作衔接上能自成体系，发挥出区域合作的优势和合力，从而促进东北东部区域经济的协调发展，提高资源配置的效率。

二、支持网络系统合作与协调发展模式

区域经济合作的发展受制于区域支持网络系统的完善程度。例如粤东、闽西南、赣东南区域经济协作区自 1995 年成立以来，积极开展经济合作，并优先发展区域交通基础设施、区域市场、信息平台等，取得很好成效，从而极大地促进了区域经济的发展。

要推进东北东部边境区域支持网络系统的建设，建议采取政府主导与共通合作两种发展模式。由于东北东部边境地区处于经济一体化发展的初级阶段，市场化程度不高，且支持网络系统基本属于公共领域的建设，政府可以通过行政手段撤除区域行政壁垒，大幅提高政府的出资比例，与各县区签订合作协议、统一行动规划，为区域要素的跨区流动创造良好环境。

（一）基础设施网络

一般来说，跨地区交通网络建设因为涉及多方利益，协调难度大，缺乏有效的区域协调机制予以保障，市场竞争体系又尚未建成，导致已有的基础设施未能充分发挥链接疏导作用，区域网络的密集与扩建举步维艰。

三省东部经济实现一体化发展，主要取决于"东边道"的贯通及南北出口建设。在争取国家大力支持的前提下，全面完善"东边道"及其配套设施的运行功能，不仅对区域物流及其沿途经济有极大的带动作用，而且关键在于强化北面诸多口岸进入俄罗斯、南部出海的窗口优势。只有做活做强两端门户、对外窗口，这条交通运输线才能成为三省区域经济的大动脉。北端的同江—抚远口岸，南端的丹东港—东港港口，是启动"东边道"这条大动脉活力的动力来源，对三省经济的价值和意义是共同的、全局的。对此要共同谋划、共同争取，共同开发，共同利用。

具体操作过程中，东北东部边境地区应加强区域交通运输规划衔接，统筹建设进度，加快东北东部铁路通道贯通工程及配套支线建设。重点推进东宁—珲春铁路、白河—敦化—东京城铁路、通化—丹东高速公路、沿鸭绿江和图们江一级边境公路、二道白河—桓仁一级公路等项目建设。用1~2年时间，打通东北东部由丹东港直接出海、由珲春经俄罗斯扎鲁比诺港和经朝鲜罗先港、由绥芬河经符拉迪沃斯托克（海参崴）港四条对外开放交通运输通道。统筹规划丹东、集安、临江、图们、珲春、绥芬河、抚远、同江等17个边境口岸城市建设，突出口岸合理分工和优势互补，改造提升口岸基础设施，增强对俄、对朝贸易集散功能，推动陆海、江海联运。

（二）实现区域内信息服务共建共享

区域经济一体化，离不开信息服务的一体化运行。在三省东部区域整合中，通过推行各类信息资源的即时共享，实施服务区域内全程跟踪合作。在各自现有的信息体系和服务平台上，进行重组合并，建设起新的、能适应全区域需要的开放式网络，既为区域经济的快速发展发挥作用，又能面向国内外市场，做大做强三省的信息服务产业。

（三）市场网络

区域市场网络是一个有机的网络系统，由区域内不同种类、不同层次、不同规模、不同地域的市场所构成。东北东部边境地区市场网络的建设和完善，建议首先完善市场的组织结构，根据区域资源禀赋和产业结构等要素合理布局各类市场，使生产要素的空间组合和配置达到最优。同时加强市场的组织建设，有效改善组织化程度低的状况，提高市场竞争力。此外，还要切实提高市场活动主体的素质，从根本上改善市场秩序，提高市场交易效率。

在市场硬件设施的完善方面，以电子商务为核心，建立健全市场物流体系。同时还要加大力度完善金融服务体系，重点服务各地区的比较优势产业，保证将资本合理配置到这些企业中去，突破区域经济合作过程中地区间比较优势不明显的障碍，另外仍需提供资金大力支持交通、水利、能源等基础设施建设。

（四）生态环境保护网络

生态环境保护网络建设方面，政府统一协调，联合地方推进生态环境保护，加强区域生态环境监测、预警网络的平台建设，建立完善区域生态补偿机制，实现区域生态环境保护的联动。

同时双管齐下，强化节能减排，严格环境影响评价制度和污染物总量控制制度，对高能耗高污染项目实行一票否决，全面整治污染企业。制定东北东部边境地区生态环境破坏处罚专门条例，强化法制建设，保障生态环境网络的顺利建成。

三、产业合作与协调发展模式

东北东部城市的区域合作目前正处于起步阶段。要推进东北东部城市区域发展取得实效，应以"一体化"为突破口，促进人才、技术、资金等生产要素自由流动和优化配置，打破市场壁垒及行政壁垒；鼓励优势企业跨区兼并重组，发挥比较优势，构筑优势互补、梯次发展的一体化现代产业体系。

（一）旅游一体化

在东北东部城市第二次圆桌会议上，不少与会代表普遍认为，东部城市在道路交通建设的基础上，首先应大力发展区域一体化旅游，突出"白山黑水、冰天雪地、天然草原、民族风情、工业基地、旅游基地"的特色，整合旅游资源，打造旅游品牌，让区域与城市之间互为市场、互为资源，形成区域"大旅游"。

东北东部边境城市应在充分的调研与考察的基础上，进行详细的论证与磋商，签订旅游合作框架协议，建立各城市旅游管理部门及旅游企业之间的合作机制，共同打造区域无障碍旅游区，力争形成品牌旅游产品链和产业链。其次要打造黄金旅游线路。各城市依据自身优势提出相应的旅游资源，突出"人无我有、人有我特"，建成适应不同客源市场，集生态观光、休闲度假、康体保健等为一体的旅游精品线路，联手打造旅游品牌。各城市之间建设相应的旅游基础设施，互为旅游目的地，提供旅游资源简介，推介对方的重点精品旅游线路和旅游景区，加强旅游产品开发促销，实现贸游互动。

东北东部边境地区要充分发挥区域内旅游资源丰富和互补性强的优势，加强政府间合作，共同开发旅游资源，统筹旅游线路，打造旅游品牌，加强宣传促销，拓展旅游市场，形成竞争合力。特别要利用东北东部区域特殊的区位优势，着力加强中、朝、韩、日、俄五国间双边与多边合作，积极发展跨境旅游项目。

东北东部12市（州）可以成立旅游发展联盟，整合旅游资源，共同开发跨区域旅游产品，联合开拓旅游市场，实行旅游一体化管理，建立东北地区无障碍旅游区，逐步推进一网通（通讯）、一卡通（车辆）、一导通（导游）和一票通（景区）。

东北东部边境地区要以东北东部铁路为轴线，将沿线特色旅游产品和精品旅游景区有效连接，延伸区域旅游产业链，形成纵跨三省的东北东部黄金旅游线路，推动旅游业由单纯观光游向休闲度假游转变。整合丹东、集安、临江、长白以及朝鲜等旅游资源，共同打造鸭绿江风光旅游带，将丹东鸭绿江国际旅游节拓升为长白山—鸭绿江国际旅游节；以长白山、镜泊湖为依托，重点打造"名山名湖"特色旅游产品；以珲春为中心，开发近及俄朝、远达日韩的东亚五国国际游线路；以东宁、绥芬河、黑河、同江、抚远、密山、萝北、饶河等口岸城市为依托，重点发展对俄边境旅游。

（二）物流一体化

物流产业是推进区域城市发展的现实而理性的选择。发挥东北东部城市滨海、滨江、沿边的优势，加快发展区域物流产业，使物流产业在区域内、城市间、企业间的合作成为区域经济协调发展的重要板块，真正成为促进区域经济繁荣的加速器。

辽宁省政府有关部门分析表明，近年来辽宁港口吞吐量与整个东北地区经济的发展是同向的。经辽宁沿海进口的原油、铁矿石已占东北地区石化、钢铁等产业所需原料的 1/3 左右；成品油和钢材等货物占腹地产量的一半左右；粮食装船量占腹地粮食外运量的 40％ 左右。巨大的物流推动区域经济向一体化迈进。

为进一步加快区域物流一体化发展，东北东部边境地区建设要尽快形成独具特色的物流网络。城市之间要合理设置物流中心，互相提供仓储、运输、包装、配送、装卸等物流各环节服务，以实现产业运作配套化、系统化和多样化；把公路、铁路、航空、水运等运输方式有机衔接起来，推动多式联运的发展。

同时，应争取铁路和交通部门支持，突破行政区划限制和消除站场分管弊端，通过票证通用、互为代理、通程结算、陆海空和境内外联程联运等方式，加快形成东北东部国际物流通道。加快"12＋2"城市间物流节点设施建设，相互支撑物流企业跨地区经营，建设物流公共信息平台和公共物流配送、仓储中心，构建区域联动物流综合体系。2012 年建成通化陆港和保税物流中心，实现与丹东港区一体化管理。加快丹东鸭绿江物流口岸和东北亚贸易城、吉林和白山内陆港、牡丹江和佳木斯区域物流节点城市建设。

要建立区域物流产业发展的有效机制。各城市之间充分发挥在资源、产业、基础设施等方面的优势，提高货物流通速度，降低物流成本，鼓励和引导生产、商贸、物流等企业，在区域各市间、各行业间开展交流合作，积极参与国际、国内经济合作竞争，尽快把传统物流培育成集商流、物流、信息流于一体的现代物流体系。

（三）工业产业一体化

旅游一体化和物流一体化发展，将最终打破市场和行政壁垒，促进各种要素合力流动，形成竞争合力，推动区域经济的全面发展。

目前东北东部城市已初步形成了以重化工业为主体、轻纺等工业协调发展、门类众多的现代化产业体系，成为全国重要的冶金、石化、能源、机械装备、医药、食品、农产品加工等产业基地。这些城市经济结构类似，产业关联度很高，在经济发展中形成了各具特色的分工格局。

从产业基础上看，12个城市各有不同：在异质性方面，通化市重点建设钢铁、医药、食品三大基地；丹东市重点发展汽车及零部件、纺织服装、机械制造、仪器仪表等产业；在互补性方面，通化是钢铁生产基地，可以为丹东、吉林市的汽车及零部件、机械制造产业提供钢材；鹤岗、白山等地丰富的煤炭、电力等能源可以有效缓解丹东、通化等地的能源"瓶颈"问题。同时，各城市产业又存在同构性，如医药既是通化、延边的支柱产业，又是本溪、白山发展中的重点行业。国际经验表明，区域内经济协作的效应是与各组成部分的异质性成正比的。但是在经济发展水平类似的地区间进行经济合作，越来越寻求同构性行业内部的分工和异质化。因此，东部城市合作更具备平行分工的基本条件，即可以在区域内实行"错位竞争"，最终实现整体竞争力的提升。

东北东部边境城市下一步应强化产业协作配套和经贸合作。根据现有产业格局，共谋一批合作项目，支持企业开展技术、生产、投资合作；鼓励重点产业衔接协作，拉长产业链条；积极推进临港产业、物流产业发展，共同促进冶金、医药、食品、煤炭、机械制造、汽车配件等支柱优势产业扩能提升和相互配套融合，增强资源、技术、原材料等各种要素的优势互补，形成更大范围的集群发展。

（四）农业产业一体化

本研究区域是我国的粮食及农产品基地，因此在区域内可以建立健全粮食及其他农产品产销协作机制。支持和鼓励销区企业到产区建设一批规模化、标准化、专业化、现代化的农产品生产基地，支持和鼓励产区企业到销区建设粮食及其他农产品仓储、加工和批发市场。同时，推动区域内农产品流通，促进出口贸易合作。充分利用区域内现有的边贸口岸、陆路口岸、航空口岸、海港口岸，建立统一、开放的农产品市场，开辟农产品出口"绿色通道"。另外，要加强农业企业合作，推动区域内农产品生产、加工、销售方面的合作，建立龙头企业对接机制。开展区域内农业科技合作与交流。鼓励区域内大专院校、农业科研院所和农业技术推广单位结对子，开展技术交流与协作、科研攻关、科技开发和人才培养，搭建技术合作平台，实现农业科技成果、技术人才的资源共享；加强农业良种引进、试验、示范和良种繁育、推广领域的合作；加强农业高新技术的引进合作。

以绿色食品、有机食品开发为重点，加强区域内特色农产品开发、新技术推广、标准化生产基地建设、原产地地理标志产品保护等方面的交流与合作。加强区域内农村能源生态建设领域的合作。大力开展以农村沼气"三位一体"、"四位一体"生态模式、大中型沼气环能养殖模式、秸秆气化集中供气模式、高效节能炕灶模式、太阳能采暖房居住模式、太阳能路灯应用模式、太阳能热水器应用模式为重点的农村能源生态建设领域的合作。

建设（12＋2）农业信息平台，推进区域内农业信息平台的对接，实现农业信息网络互联互通。包括农业政策、招商引资、农产品展示展销和流通信息等内容。加强区域内农业环保、农业生产资料监管等领域的交流与合作。加强农业标准、市场准入、动植物防疫、农产品质量安全监测，以及防止外来有害生物入侵等领域的合作与交流。推进区域内农业执法的交流与合作。加强区域内农机跨区作业的合作与交流。利用区域内农机作业时间差，充分利用区域内现有农机具，积极开展区域内的农机具跨区作业合作。加强区域内县域经济发展领域的合作。东北东部县域经济发展具有较强的互补性，鼓励东北东部城市所属县（市）区结对子，加强县域经济发展领域的交流与合作。

扩大区域内城市服务业和贸易往来，发挥各自的优势和特色，加快货物贸易、服务贸易和投资便利化等方面的交流和合作。通过信用体系建设，消除限制商品流通的地区障碍，建立健康、规范、有序的市场秩序。鼓励区域内贸易的合作与发展，依据有关法规，建立东北东部区域产品质量检测的互认制度。

（五）科技产业一体化

努力构筑区域内产学研合作和科技成果转化平台。探索联合举办产学研合作洽谈会机制，打造区域内产学研合作共推机制。联合支持高校、科研机构和企业共建技术创新联盟，以及围绕重点、特色产业的发展，合作开展重大关键技术攻关。探索建立向国家有关部委联合申报重大科技计划项目的机制。围绕主导和特色产业技术创新能力培育和提升，探索建立区域产业技术创新联盟。选择组织产业关联度较高的骨干企业和重点科研机构成立产业技术创新联盟，努力争取形成对重大、关键共性技术进行联合攻关，共同建立联合研发机构和实验室，并能共同申请国家有关部委的重大科技计划项目，促进产业快速发展。

建立区域科技合作网络信息平台。依托丹东科技信息网，努力与各市科技信息网建立协作关系，并力争建立共同区域科技信息网，作为东北东部区域合作网的重要组成部分。探索建立区域间知识产权保护和专利产业化工作机制。建立完善专利技术数据库，面向区域城市开放，促进专利保护及专利转化。加大知识产权创造、应用、保护和管理力度。逐步建立区域知识产权保护工作体系。建立区域间科技宣传互动机制。加强区域间科技成果转化、高新技术产业、农业资源利用等新技术、新成果和地区科技创新工作新经验等宣传。

第四节　口岸经济——东北东部边境地区经济发展的增长极

一、口岸经济是地区经济发展的增长极

口岸经济是依托于口岸而产生和发展的跨行业、跨产业、跨地域、多层次的复合型经济。口岸经济主要有以下方面的性质：一是口岸经济具有涉外性。作为人员、交通工具、货物进出国境的主要通道，口岸为社会再生产和生产要素流动带来了便利，促进了相关经济的发展。与口岸关联度极大的产业所组成的口岸经济，理所当然也是与国际市场接轨的涉外经济。涉外性也成为口岸经济的本质属性；二是口岸经济与地区经济具有较强的关联性。口岸经济涉及诸多的行业领域和包括口岸经济区及其腹地在内的广阔地域，与地区经济的关联性很强，三次产业特别是第三产业，本地、腹地以及跨境的有关经济活动，都可纳入口岸经济的范畴；三是口岸经济具有带动性。口岸经济发展，对地区及其腹地的工农业生产、金融、仓储、交通、商贸、保险、信息、服务、旅游等一系列行业的发展会起到极大的带动作用，能够成为带动边境地区经济发展的重要增长点；相反，缺少口岸经济的带动作用，边境地区与其他地区相比没有任何优势而言，很难找到经济增长的兴奋点。

口岸经济的这些特点，使边境地区经济有别于内陆其他地区，也使边境地区由边缘位置转为核心位置，推动了边境地区经济活动的聚集和经济中心的出现，从而有力地推动边境地区的经济发展。

二、东北东部边境口岸经济发展现状

自 1992 年，国务院批准相应省会城市为沿边开放城市以来，东北沿边开放的步伐明显加快。截至 2008 年末，东北东部地区共包括 26 个边境口岸，分布于吉林、黑龙江、辽宁三省区（表 9.1，图 9.1）。东北东部边境地区在上世纪 90 年代以前，仅有中苏之间的绥芬河口岸、中朝之间的丹东与图们口岸承担着双边国家贸易任务，地方经贸往来甚少，经济水平落后。自 1992 年国务院批准绥芬河市、珲春市等主要口岸及相应的省会城市为首批沿边开放城市后，逐渐与相邻的俄罗斯、朝鲜等国家开展以货易货、边民互市贸易、边境小

额贸易等经贸活动。

表 9.1　　　　　　　　　东北东部边境一类口岸基本情况

对应国家	所在城市	口岸名称	开通时间	运输方式
对俄口岸	珲春	克拉斯基诺	1991	公路、铁路
	同江	波亚尔科沃	1989	水路、公路
	绥芬河	波格拉尼奇内	1990	铁路、公路
	萝北	阿穆尔捷特	1998	水路、公路
	抚远	哈巴罗夫斯克	1992	水路、公路
	饶河	比金河	1989	水路、公路
	虎林	马尔科沃	1989	公路
	密山	图里洛格	1989	公路
	东宁	勃尔塔夫	1990	公路
对朝口岸	图们	南阳吧	1950	公路、铁路
	开山屯	三峰里乡	1950	公路
	三合	会宁	1968	公路
	古城里	三长	1929	公路
	南坪	七星里	1950	公路
	临江	中江	1951	公路
	集安	潢浦	1954	铁路
	丹东	新义州	1954	公路、铁路
	大东港	新岛水路		水路

　　目前，这些边境口岸城市多数仍以小县城镇形式存在。由于地缘政治影响力长期大于地缘经济发展力，使之成为地理区位和宏观经济的双边缘区，区位与自然条件等的相似性，使其县域产业结构模式存在某些共性特征，均以边境贸易及其相关产业为支柱产业。体现为：以第三产业为支柱产业的轻型化口岸经济特色明显；第三产业中为人们生活提供服务的吃、穿、住、行等传统口岸服务业占较大比例，依托口岸，边贸支撑的外向型口岸经济特色越来越明显，大部分城市如绥芬河、图们等均为小城镇，其对边境贸易的依赖程度较丹东要大，主要表现为第三产业比重超过第一产业与第二产业，边境贸易已成为口岸城镇对外贸易的重要组成部分，对当地经济发展、繁荣市场、扩大就业起到重要作用。

三、东北东部边境口岸经济发展现存的问题

在进行"东北东部边境地区经济成长机制研究"项目研究的过程中,我们进一步认识到边境地区经济成长对口岸经济的依赖程度很高。口岸经济在边境地区经济发展中起到了重要的作用,各级各地政府对口岸工作极为重视,但却缺乏有力措施以充分利用,为此,项目组对东北东部边境地区的口岸资源利用情况进行了深入调研,进一步验证了口岸资源及口岸经济在边境地区经济发展中的地位和作用,同时也发现了边境口岸经济发展存在的一些问题。

自 20 世纪 80 年代初始,边境口岸作为连接我国与毗邻国家的桥梁纽带,为促进边境地区的开放开发,以及推动我国与周边国家的睦邻友好发挥了积极的作用,在基础设施建设和经济发展等各方面取得了可喜的成果,发展势头强劲。然而,经过近 30 年的发展,边境口岸的发展也存在许多问题。①只注重口岸商贸,口岸只起到了通道的作用,为口岸开放而开放口岸,对口岸城市及其腹地的外向型产业的发展重视力度不够,没有充分利用地缘优势发展起适合其地域特色的产业、产业链和产业集群,造成地方经济结构脆弱,产业开发进程缓慢;②科技合作与劳务合作的潜力有待发挥,各口岸城市各自为政,根据各自需要进行口岸建设,缺乏区域协调发展的战略思维,没有充分发挥其应有的窗口和桥梁作用,其特殊的区位优势在发展现状上打了折扣,被限制在很小的区域范围内;③对沿边开放的其他内容和形式,如跨国直销、自由经济贸易区等,还缺乏研究与实践。各地区的边境经济合作区虽有所起步,但多数尚不具备滚动发展的能力,对市域经济结构的改变和支撑尚不能发挥应有的作用;④口岸城市的地域分工和腹地划分不明确,各口岸存在着重复建设和盲目竞争的问题,口岸经济内容的雷同,造成了整体经济效益的下降。

四、东北东部边境口岸经济发展对策

基于口岸经济的重要性及东北东部边境地区口岸经济发展的现状,该地区口岸经济发展的重点是:进一步完备口岸功能,稳步发展边境贸易,增强边境经济合作区辐射和示范作用,吸引境内外投资大幅增长,提高合作层次和水平。

(一) 加强与邻国政府的交流与沟通,营造口岸经济发展的良好境外环境

周边国家政治经济环境是边境口岸经济发展和对外经贸合作的重要影响因素。目前,中国与邻国关系正处在历史最好时期,许多领域已建立起良好的合作机制,这无疑为国家间的经贸合作创造了良好的政治环境和有利条件。但在双方经贸合作往来中仍有一些不稳定的经济因素及政策,影响着口岸经济发

展。在今后的经贸合作中，要立足于长期稳定的战略协作伙伴关系，一方面，要共同研究合作的长期问题，加强在发展战略、规划和经济政策等方面的交流与合作，确定两国合作的新目标、发展方向和实施步骤；另一方面，政府及有关部门要继续强化服务职能，提高行政效率，创造公开、公平、公正的环境，在能力所及的范围内，为中外重点投资合作项目和企业提供融资、税收等优惠政策，及时沟通和交流情况，解决企业实际问题，促进相互理解，增进相互信任，达到共同发展。边境口岸经济的不断发展，次区域经济合作的不断加强，可以变地缘屏障为经济联系的桥梁和利益的纽带，极有利于地缘经济和地缘政治问题的解决，边境口岸经济发展的外环境与边境地区经济会得以良性循环互动发展。

（二）加快基础设施建设，提升口岸通关能力

东北东部边境地区口岸数量虽多，但口岸基础设施参差不齐，部分口岸设施不配套，季节和气候对其通关过货形成制约，影响到口岸体系整体功能的发挥。例如，中俄边境水运口岸每年约有 4 个月无法过货，界河大桥的缺乏严重制约了对俄口岸贸易的发展。为此，必须加快口岸设施的改扩建工程。首先，加快口岸公路的升级改造，增强口岸公路的运输能力和保障能力。根据目前口岸公路现状及各口岸贸易运输发展趋势和贸易潜力，近期口岸公路的建设重点是虎林、绥芬河、珲春等口岸公路。其次，加快界河大桥建设。尽管目前部分口岸可以在冬季利用冰面进行汽运，但恶劣天气仍会影响运输的进度和规模。因此，应尽快与国内外有关各方协调，在重点口岸修建界河桥梁，实现全年公路和铁路运输。再次，做好重要口岸的改扩建工作，特别是绥芬河口岸。最后，完善边境口岸运输站场设施，提升已有站场的规模和等级，满足运输服务需求；提高客货运站场设施设备水平，根据市场需求，配套相应的仓储设施、冷藏保鲜设施和装卸设备。

（三）发挥口岸各自优势，实现口岸经济的差异化发展

东北东部边境地区在具体口岸功能的规划上要有一盘棋的思想，通盘考虑各口岸优势与特色，明确其功能定位，做到协调一致，尽量避免功能的重叠：①绥芬河口岸首先要借助已建成的综合保税区平台，凭借特殊的政策和功能优势，充分发挥其东北地区陆路国际物流中心、东北地区国际贸易中心、海陆联运交通枢纽等重要功能；其次，借力于综合保税区，进一步发挥绥芬河口岸的集聚和辐射作用，搭建东北企业实施"引进来"的通道和"走出去"的平台；发挥国际商贸城的优势，依靠黑龙江省东部地区的腹地，面向俄罗斯滨海边疆区及其南部的港口群，搞好出口加工基地建设，为建设自由经济贸易区积极创造条件；②图们江地区口岸应充分利用三国相邻、接近俄朝港口群的区位优势

及建设"长吉图开发开放先导区"的有利环境，充分发挥各口岸优势。珲春应注重其开放窗口作用，建设成为集边境区域性出口加工制造、境外资源开发、生产服务、国际物流采购、跨国旅游等多种对外合作形式于一体的特殊经济功能区，成为图们江区域合作开发桥头堡；充分发挥其边境经济合作区在图们江地区开发开放中的作用，积极创造条件，逐步建设跨境经济合作区，在基本建成跨境边境合作区以及图们江区域国际大通道的基础上，探讨在珲春市建立更加开放的经贸合作区域，提高边境地区的开放合作水平；延、龙、图三口岸应注重其在规划中的开放前沿功能，加快延吉高新技术产业开发区的建设和发展，积极推进其升级为国家级高新区的工作，建设成为图们江区域重要的物流节点和国际产业合作服务基地；③丹东港现已与朝鲜、日本等 50 余个国家和地区开通货、客航线，是东北东部边境地区和丹东市经济社会发展和对外开放的重要依托，是该区域优化区域生产力布局、加快工业化进程的重要支撑，其发展方向应以杂货、散货和集装箱运输为主，积极发展和完善口岸、物流、商贸、临港工业等相关功能，逐步成为内外贸结合的多功能、综合性港口；④同江、萝北、抚远、虎林、密山等以农业为主的口岸应定位于促进地方农业的发展，把实现农业生产的产业化作为目标，通过出口创汇、国际农业市场的导向作用，发展创汇型农业，更重要的是搞好农产品的深度加工，形成有特点的食品工业和轻纺工业出口基地；同时，借助于正在规划建设的同江高速铁路，应进一步加强同江及其附近抚远等口岸"窗口"的作用，承接绥芬河口岸的重要功能，提升其物流通道枢纽及经贸中心功能。

（四）以核心口岸为支撑，重要口岸为辅助，一般口岸为补充，整合口岸资源

在口岸体系建设方面，就是要在各自的规划方案的基础上，从东北地区经济发展和贸易方向的整体考虑，编制统一的东北地区的口岸体系发展规划。这一口岸规划应根据现代物流理论和市场经济原理，结合口岸所在地经济结构特点和产业发展水平，合理划定各口岸的主要功能、运输形式、辐射区域以及发展目标。在具体口岸功能的规划上要有一盘棋的思想，通盘考虑各自优势与特色，明确各口岸的功能定位，做到协调一致，尽量避免功能的重叠。

以各边境口岸在东北东部边境口岸经济中的重要度分析和层次定位为依据，综合考虑边境口岸之间地理区位和交通联系以及腹地系统等因素，东北东部边境口岸经济区域布局应形成核心口岸带动重点口岸，一般口岸为补充的协调发展的格局：北部借助准规划建设的同江高铁，发挥其枢纽作用，逐步建设经济技术开发区，形成以其为节点，辐射带动萝北、饶河、虎林、密山等口岸发展；中部的对俄口岸形成以绥芬河、珲春为核心，释放绥芬河保税区保税、

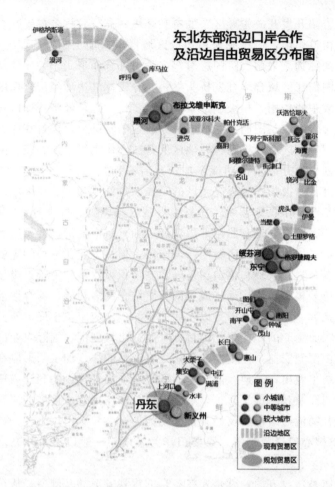

图 9.2　东北东部沿边口岸合作及沿边自由贸易区分布图

物流、加工基地等功能，发挥商贸城、交通枢纽作用，引领周边的口岸发展；对朝口岸形成图们、珲春为重点、延吉为次重点，利用好其在"长吉图开发开放先导区"中的优势区位及政策优势，带动周边三合、古城里等口岸发展；南部充分发挥丹东港的集疏运及东部边境地区南部窗口的作用，以东北东部铁路、高速公路为纽带，将通化、海林等"陆港"、相应的海（河）港等紧紧联系在一起，拉动整个东北东部地区经济的发展，真正形成大连港牵头，营口港和丹东港为两翼的态势，使之不仅在辽宁沿海经济带建设中，而且在东北老工业基地全面振兴中展现重要功能。

（五）建设边境口岸物流通道，加强与腹地及邻国的次区域经济合作

东北东部边境口岸物流通道建设应以实现各种运输方式合理匹配、与物流

节点设施有机衔接、运输综合效能高、运输成本合理，且能有效地连通境内外腹地为建设发展目标。其物流通道建设包括公路物流通道、铁路物流通道、水运物流通道、江海联运物流通道、陆海联运物流通道、航空物流通道等的建设。应重点加强同江北大门（包括抚远配套口岸）、丹东南出口（包括东港配套港区）及中部绥芬河、东宁、珲春、图们等重点口岸对外窗口的功能和设施建设，促动东部地区与国内外市场融合。丹东大东港是东北东部边境地区发展国际国内贸易便捷的海上通道。作为辽宁沿海港口群中唯一的东部港口，其是东北东部地区参与经济全球化、连接国际国内市场、提升腹地经济竞争力的重要战略资源。为此，一方面，大东港应该利用自身的辐射和网络布局，推动丹东市及其邻近地区的产业资源配置，提升传统产业，实现产业结构优化升级，从单纯依靠腹地资源向综合利用国际国内两种资源转变；另一方面，尽快改善大东港通往东北东部地区的集疏运条件，把大东港建设成东北东部散杂货与集装箱运输并举、通用与专用泊位相结合、货运与客运兼容并拥有保税区、物流区和临港工业区的现代化大型商港，东北亚区域重要枢纽港和国际自由贸易港。发挥港口的巨大牵动作用，促进边城、江城、港城经济社会的跨越式发展，担当起东北东部出海口的重任。

第十章 东北东部边境地区对外合作研究

边境地区在对外经济合作方面，具有受地缘因素影响显著的特点，既有有利的一面，也有不利的一面。因此，如何发挥"边界效应"有利的一面，从而牵动境内外经济资源开发与利用以及推动境内外市场的开拓，是东北东部边境地区经济成长过程中重点培育的增长点。

第一节 东北东部边境地区对外开放合作的环境分析

一、国际环境

（一）世界经济一体化趋势增强，国际经济竞争加剧

进入 21 世纪以来，世界经济一体化趋势不断加强，世界进出口贸易总额逐步扩大，国际投资总额进一步增长，区域经济集团日益增多，以 WTO 为代表的全球性经济一体化组织的作用越来越重要。在经济全球化条件下，生产要素在全球范围内配置的程度加深，单纯国内竞争被国际竞争所取代，一个国家和地区的经济发展已与世界经济紧密结合在一起，不可避免地受到来自全球竞争的挑战。

（二）经济全球化推动国际分工深化，国际产业转移加速

随着经济全球化的发展，资本、技术等生产要素跨国流动的障碍逐步降低，具有比较优势的资源、要素在经济活动中的作用提高，特别是在跨国公司的主导下，各种生产要素在全球范围内配置、整合的深度和广度不断提高。跨国公司通过直接投资和国际贸易，在全球范围内建立了研发、生产、销售的网络，加速了国际分工和产业国际转移。在科学技术飞速发展的推动下，发达国家利用资本和技术优势，将低附加值的生产过程向低成本国家和地区转移，成为国际产业转移的主要趋势。

（三）和平与发展是世界主流，但局部地区矛盾与冲突加剧

冷战结束后，全球政治格局多极化趋势与一极超强的局面并存，领土、主

权等传统安全领域的威胁降低，和平与发展成为世界政治经济格局的主流。但是冷战的遗留问题并没有得到完全解决，朝核、伊核、巴以问题等局部地区的矛盾和冲突不断出现，特别是恐怖主义、极端民族主义等非传统安全领域的威胁近年来不断上升，对和平与发展形成了新的挑战。一些发达国家对我国快速发展存有戒心，设置障碍，增加了我国经济发展外部环境的复杂性和不确定性。

（四）东北亚区域制度性合作近期难以出现重大进展，但贸易投资领域合作潜力巨大

亚洲地区经济规模不断扩大，世界经济重心正由大西洋沿岸向太平洋沿岸转移，东亚地区逐步成为世界上最具有增长潜力和竞争力的地区。2000 年以来，东亚经济一体化速度明显加快，以中国、日本、东盟为核心的自由贸易协定谈判密集地交织在一起。从东北亚地区来看，由于日本国内政治的右翼化，中日政治关系冷淡，制约了中日韩经济一体化的发展。2002 年，温家宝总理在"10＋3"中日韩首脑会议上提出建立中日韩自由贸易区的构想，并没有得到日本和韩国的积极响应，短期内建立中日韩自由贸易区的难度较大。尽管如此，近年来，中日、中韩贸易和投资仍然出现了增长的趋势，经济的互补性使东北亚国家间相互依存度不断提高，中国与东北亚国家之间的经贸合作仍然具有很大的潜力。

（五）我国与周边国家区域合作进一步加强

改革开发放以来，在经济全球化的大背景下，中国奉行独立自主的和平外交政策，积极发展周边睦邻友好关系，并取得了明显的成效，周边安全环境得到了极大改善。21 世纪是中华民族全面振兴的关键时期，良好的周边环境对于维护国家安全、促进经济发展、保持边疆地区稳定以及全面建设小康社会都具有十分重要的现实意义。目前，我国正在通过"上海合作组织""中国—东盟自由贸易区""澜沧江—湄公河"开发项目、图们江地区国际合作开发等，加强与周边国家的全面合作，为我国社会经济发展创造良好的外部环境。

二、国内环境

（一）中国进入以自主创新和产业结构升级为核心的工业化中期阶段

目前，我国经济发展已经进入工业化中期阶段，成为公认的"世界工厂"。但中国并不是制造业强国，关键是我们的装备制造业、重化工业技术水平和国际竞争力还不强。经验表明，在工业化发展到中期以后，如果不能跨越自主创新的门槛，通过自主创新促进产业结构升级，将形成对外依附型经济以及工业化停止现象。提高自主创新能力，建设创新型国家是适应社会经济发展的必然选择，也是未来经济发展的必然趋势。

（二）中国国际化程度进一步提高，进入全面提高对外开放水平的新阶段

据联合国贸易和发展会议年度投资报告披露，全球 FDI 额度在 2007 年创历史新高，达到约 1.54 万亿美元的规模。美国以 1 929 亿美元的总流入规模继续保持全球最大资本流入国的地位。我国仍是发展中国家最大的引资国，2007年中国大陆及香港地区共引进外国直接投资 1 217 亿美元，居全球第四位。

外国的资金、技术、管理经验在我国社会经济发展中发挥了重要的推动作用。随着中国经济国际化程度的提高以及进入 WTO 后过渡期，我国将进一步扩大对外开放水平。同时，由于大量外资涌入，加剧了经济发展中的资源、能源瓶颈效应，一些出口型外资企业引发的贸易不平衡和贸易纠纷呈上升趋势，急需通过扩大对外开放提升对外贸易结构和利用外资的水平。

（三）在科学发展观的指导下，节约资源与环境保护越来越受到重视

我国资源丰富，但人均资源量较低。我国水资源只有世界平均水平的1/4，森林资源只有世界人均水平的 1/5，耕地只占世界的 7％，人口却占世界的22％。加之粗放经营导致资源利用率低，环境破坏严重。近年来，资源与环境已经成为制约我国经济社会可持续发展的主要障碍。十六届三中全会明确提出了科学发展观，是从新世纪新阶段的实际出发，适应现代化建设需要，着眼于未来发展提出的重要指导原则。在未来的发展过程中，我国将通过转变经济增长方式，通过走新型工业化道路，促进人口、资源与环境的可持续发展。

（四）人民币汇率升值趋势明显，经济影响利弊参半

我国经济保持长期快速增长，对外贸易顺差和外汇储备不断扩大。2005年我国实施人民币汇率改革，实现人民币小幅升值。未来五至十年内，人民币仍将保持升值趋势。人民币升值给我国依靠低成本价格优势的出口产业带来较大压力，但也对我国调整产业结构、促进产业升级、扩大高科技产品进口和实施"走出去"战略有积极的促进作用。

第二节　东北东部边境地区对外开放的优势和制约因素

一、东北东部边境地区扩大对外开放的优势

本研究区域对外开放与东南沿海地区相比有一定的差距，一方面是由于国家实施梯度对外开放政策造成的，另一方面，与东北地区的产业结构、区位特点有关。目前，我国社会经济发展进入新的历史阶段，区域间的各种比较优势

条件和比较优势资源发生了显著的变化，东北东部边境地区过去的一些潜在优势逐步显现出来。

（一）优越的自然地理位置和资源优势

中国东北经济区处于东北亚区域的中心地带，特别是东部边境地区在地理位置上比其他国家和国内一些地区具有相对优势。东北经济区有 12 条公路同朝鲜、俄罗斯、蒙古连接。

东北东部边境地区的东部通过黑龙江、乌苏里江与俄罗斯远东地区相接，与远东地区的边境线长达 7300 多千米。辽宁与朝鲜半岛有着 300 多千米的大陆边界，而且，拥有沟通中国及欧亚大陆与朝鲜的大型口岸。吉林省的延边朝鲜族自治州、通化、白山市同朝鲜北方相连。珲春市则坐落在俄罗斯、朝鲜两国之间，是中国与俄罗斯、朝鲜、日本等国海上经济往来相距最近的点。

（二）重化工业和装备制造业基础雄厚

东北老工业基地是新中国成立后，特别是"一五""二五"时期通过大规模投资和引进前苏联技术兴建起来的，是以重工业为主体、基础设施比较完善的工业基地，尤其以重化工业和装备制造业为特色。历史上东北老工业基地为中国的工业化进程发挥了不可磨灭的作用，现在仍然具有其他工业区所不具备的技术优势、人力优势、设备优势。因此，也使我们的研究区经济发展有了"近水楼台"的便利条件和依托优势

（三）振兴东北战略带来的政策优势

东北振兴战略实施以来，国家实施了一系列支持老工业基地调整和改造的优惠政策。无论是国家"东北振兴'十二五'规划"，还是国家"兴边富民行动规划"，都为东北东部边境地区的发展带来政策机遇。目前，一些政策已落到实处：一是全部减免农业税的政策已经率先在黑龙江、吉林两省实行，减轻了农民负担；二是社会保障试点由辽宁省扩大到黑龙江、吉林两省，实施工作已经全面展开，为国企改制创造了良好的条件；三是实施了增值税转型的试点政策；四是企业分离办社会职能试点工作在东北地区选择了一些企业开始启动；五是启动了东北地区与四大国有商业银行协商处置东北地区不良债务的政策和措施；六是国家有关部门启动了 160 个东北老工业基地调整改造项目和高技术产业化项目。同时，启动了重点企业核心技术研发平台、软件验证条件、大型实验设备开发与研制和信息产业等方面高科技项目；七是东北老工业基地15 个采煤沉陷区（黑 4 个，吉 4 个，辽 7 个）的治理工程也已陆续开工建设；八是《国务院关于振兴东北进一步扩大对外开放政策意见》明确指出了东北振兴中进一步对外开放的方向，为东北东部边境地区对外开放确立了政策优势。

我国边境地区的对外合作固然有其区位优势，但总体离不开大区域环境的制约。东北东部边境地区对外开放合作的制约因素与所在的东北地区大同小异，主要有体制束缚，基础设施与投资环境、市场条件及产业结构不理想等问题。

（一）体制性障碍是制约东北扩大开放的主要因素

新中国成立后，中国东北地区之所以能够在很短的时间内发展成为重要的工业基地，最主要的是得益于传统的计划经济体制。然而，随着我国经济体制改革的不断深入，东北地区的经济成长日益失去制度性优势，并需要承受比其他地区更多的改革与体制转换成本。目前，东北地区制度成本仍然较高，东北东部边境地区是有过之而无不及，地方政府经济工作的主导思想和模式还停留在以"管"和"控"为主，开放、竞争、创新和服务的意识还没有成为自觉行动，投资环境与东南沿海地区相比有明显的差距，一些部门服务意识尚未完全到位，审批、行政性收费较多，增加了企业成本。对外开放的有关部门配套服务、信息服务还有待进一步完善。同时，东北地区在社会保障制度、公共管理制度等方面还不够健全，不能充分支持东北地区的体制改革和外资利用的发展。

（二）投资环境还有待进一步优化

在我国渐进式改革的过程中，对外开放采取从沿海向内地逐渐推进的方式，对外开放时间和空间上的差距导致对外开放方面的体制性落差。东北地区没有临近港澳的地理优势，对外开放时间、深度、广度等各方面均滞后于东南沿海地区，引进外资规模较小，经济发展速度较慢，形成了区域发展不平衡的格局。在振兴东北老工业基地政策的支持下，2003年以来，东北地区外商投资、外贸进出口都增长很快，但与东南沿海地区相比还有明显的差距，在外资参与国有企业改造、公用事业和基础设施建设等领域，利用外资没有取得突破性进展。

（三）国有企业改革任务依然艰巨

东北地区大中型国有企业较多，同全国相比，东北地区以下几个方面的问题比较突出：一是设备更新和技术改造相对缓慢。东北老工业基地的国有企业大部分是20世纪50年代和60年代建立的，多年来国家对东北工业区的投入少，索取多。因此，相当一部分工业企业设备更新和技术改造严重滞后，影响了企业在市场经济活动中的能动性；二是企业债务包袱沉重，职工社会保障转型缓慢。目前，不少国有企业债务负担沉重，是因为部分企业在"拨改贷"之后，利用银行贷款进行更新改造，从此背上了债务包袱；而企业的社会职能过多，社会保障转型缓慢，势必将过多地消耗企业的利润以维持庞大的离退休职工和大量富余人员的生活费用。"历史包袱"和金融风险问题不仅增加了改革的难度，同时也给外部资本嫁接和改造重组国有企业带来了困难。

（四）产业结构偏重重化工业，吸引外资能力不足

改革开放之初，我国主要发展以加工工业为主的出口产业；外资利用我国廉价的劳动力资源，大量投资于劳动密集型加工工业。东北地区以资本密集型重化工业为主，企业规模较大，行业进入门槛较高。这种产业特点与当时国家重点对外开放产业不一致，未能得到政策支持，外资进入的速度迟缓，规模较小，产业领域狭窄。

（五）市场体系还不完善，市场化程度低

与东南沿海地区相比，东北地区的市场体系建设相对滞后，主要表现在以下方面：一是地区诚信度、社会保障体系等投资软环境存在较大差距。由于国有经济比重大，历史包袱沉重，企业负债率长期居高不下，东北地区的主要商业银行的不良贷款率较高。例如，辽宁省内主要商业银行的不良贷款率高于全国平均水平 10～20 个百分点。因此，在主要商业银行的风险评估体系中，通常被视为"金融活动高风险区"，从而严重影响了外来投资者的信心；二是资本市场、产权交易市场、人才市场、技术教育市场等发育缓慢；三是投资"软环境"差。此外，市场中介组织还不发达，一些本应该由市场中介组织承担的功能不得不由政府承担，这又强化了政府对企业经营活动的干预。有些行业协会和中介机构已经演变为行政机关的触角，甚至蜕变为"二政府"，通过乱收费、乱评比、乱罚款等手段获取利益，影响了投资环境。

（六）资源、环境和基础设施的约束增强

东北地区的能源资源主要由煤炭、石油、油母页岩和水力等。其中石油和油母页岩的储量均占全国一半以上。但是，根据国家计划安排，东北地区的石油外运量较大。因此，东北地区也同全国一样，能源消费构成以煤炭为主，约占一次能源消费量的 70%，煤炭资源的绝对量较小，特别是褐煤储量，满足不了本地区的煤炭需求。因此，东北地区的电力供应比较紧张，从而影响生产能力的充分发挥。造成东北地区能源紧张的主要原因有：基础建设投资不足，高耗能工业较多，设备老化工艺落后，耗能高浪费大，企业管理落后，经营粗放。能源短缺已经成为东北地区经济发展的最主要因素。另外，东北地区虽然拥有全国最发达的综合交通运输网，但是长期以来运量增长很快，特别是近年来从其他地区调煤量增加，加大了铁路的运输负担。

第三节　东北东部边境地区对外合作现状

就目前状况而言，由于地缘因素的影响，东北东部边境地区对外合作的邻近国家主要以朝鲜、俄罗斯、韩国为主，而与日本的合作相对较少。

一、中国东北东部边境地区与朝鲜的经贸合作

（一）双边经贸合作的主要特点

在 20 世纪 90 年代以前，朝鲜对外贸易主要依赖于前苏联和中国。随着苏联的解体，朝鲜和俄罗斯的关系冷却下来，朝鲜对外贸易尤其是在粮食和石油的进口方面，对中国的依赖性日渐增强。1992 年两国签订新的贸易协议后，取消了政府间记账易货贸易，改为现汇贸易。1995 年后，由于朝鲜自然灾害的影响，经济日益困难，中朝两国的贸易大幅度下滑。进入 21 世纪后，随着朝鲜国内外政治、经济政策的调整变化，中国经济实力的增强及对朝合作交流战略的转变，尤其是自 2002 年 "7.1" 朝鲜经济政策调整之后，朝鲜市场有了一些新的要素，双边合作的领域不断扩大，经贸关系发展迅速，中朝边境贸易也处于稳步增长阶段。

东北东部边境地区凭借良好的地缘优势和口岸优势，承担着中国对朝贸易的主要任务，成为中朝贸易的主力军。近年来，随着中朝经贸合作空间的不断扩大以及朝鲜国内经济政策的不断调整，使得东北东部边境地区与朝鲜的双边贸易发展迅速。

1. 对朝贸易规模不断扩大

从 1950 年 8 月两国正式建立政府间的贸易关系至本世纪初期，中朝贸易先后经历了数次 "朝核危机" 及 "朝鲜经济危机" 的洗礼，但一直保持平稳增长的态势。从 2000 年到 2007 年，中朝双边贸易额以年均 20％～30％ 的速度增长。2008 年世界性的经济危机虽然给相对封闭的朝鲜带来一定的影响，2009 年因为朝鲜不顾反对进行了第二次核试验，联合国加强了对其制裁，也使中朝贸易受到一定影响。但 2010 年又恢复了增长态势，双边贸易额达到近 35 亿美元。

中国已成为朝鲜第一大贸易对象国，并且已成为朝鲜最重要的生产数据和消费数据的供应国。从延边和丹东地区的对朝边境贸易额中可见一斑（见表10.1）。

表 10.1   2000 年后延边地区和丹东对朝边境贸易额   单位：万美元

年份	延边进出口额	延边出口额	延边进口额	丹东进出口额	丹东出口额	丹东进口额
2000	4872	4044	848	18410	15310	3100
2001	6833	5022	1811	20100	17080	3020
2002	9459	6579	2880	22200	18900	3300
2003	11656	7610	4046	26800	20900	5900
2004	21582	9758	11824	31400	23900	7500
2005	26204	13291	12913	63268	43352	19916
2006	26829	14486	12343	46200	29500	16700
2007	27676	16025	116513	60100	35100	25100
2008	68422	48538	19884	75000	43000	32000

资料来源：延边外经局、丹东市外经贸局。

2. 对朝贸易形式趋于多样化

边境贸易作为边境地区的经济增长点，有不同的具体表现方式，并根据需要形成了许多创新方式。东北东部边境地区与朝鲜的贸易主要以边境互市贸易、边境小额贸易等为主要贸易形式。从辽宁来看，丹东地区的边境小额贸易占对朝贸易的 2/3 以上。而从吉林省来看，更多的是以边境小额贸易和边民互市贸易为主。

自 20 世纪 80 年代末，辽宁和朝鲜的水上边贸也成为一种特殊的边境贸易形式。经过近 20 年的发展，现有边贸运输船舶 168 艘，可供边贸船舶停靠码头 6 处。中朝水路边贸运输具有航线固定、船舶固定、运距短（4～40 千米）、航行时间短（0.5～5 小时）、船舶吨位小（10～100 吨）、年经营时间短（1—3 月份冰封期停航）等特点。随着中朝贸易的快速发展以及边贸过货量的增多，现有的鸭绿江大桥通货能力受到极大限制，已不能满足市场需求。为此，辽宁省交通管理部门和当地政府开通了鸭绿江浪头港到新义州港的水上边贸运输通道，并力争将中朝水上边贸运输航线开通到朝鲜的各个港口。

此外，边民过境夹带货物贸易也是边境贸易中的一种重要方式。每年居住在中国的朝鲜族居民约有 15 万人到朝鲜去探亲、访问，他们多携带大量的粮食、衣服、日用品等。每年朝鲜公民来中国探亲访友的人数约在三四万人，仅在辽宁丹东过境的朝鲜公民每年携带出境的物品就达 6 000 多万元人民币。边民往返携带的物品大多不是自用而是作为商品流通。这部分"出口货物"不在中国出口统计之内，但出口绝对量是惊人的。

3. 进出口商品的种类呈现多元化

目前朝鲜市场上近 80% 的商品来自中国。相对而言，中国东北东部的经济发展水平远超过朝鲜，工业农业及其他行业商品已经形成供大于求的买方市场，亟需扩大市场销售渠道；而朝鲜目前物质相对匮乏，随着国内的一系列改革，市场需求空间增大。边境地区对朝进出口商品结构已经由单一、低层次向高附加值转变，进出口商品种类也日趋多样。20 世纪 90 年代中国向朝鲜出口的商品中，粮食占很大比重，进入新世纪以来，东部边境地区对朝鲜出口粮食比重有所下降，工业制成品比逐步上升。据丹东海关统计，近期对朝家具出口量激增，可以看出朝鲜民众的生活水平正在不断提高。中国从朝鲜进口商品在新世纪初，海产品比重占一半以上，近几年中国对铁矿石、煤炭和金属铜需求旺盛，主要是由于中国企业扩大了对朝投资而引发的以补偿贸易形式进口的矿产品增多。目前进口主要产品为矿产品、服装及附件、钢铁及其制品、水产品、油籽及药材、干菜及坚果、木材、毛皮及制品、木浆，等等。相对而言，进口产品的附加值及技术含量相对较低。

表 10.2　　2002—2008 年东北东部地区对朝出口主要商品　　单位：万美元，%

2002		2003		2006		2007		2008	
品种	出口额	品种	出口额	品种	出口额	品种	出口额	品种	出口额
	46 700		62 800		123 237		139 258		20 324
石油、焦炭	11 796 25.2%	石油、焦炭	18 072 28.7%	石油、焦炭	34 746 28.2%	石油、焦炭	40 196 28.9%	石油、焦炭	39 124 19.2%
粮食	3 995 8.5%	猪肉	6 362 10.1%	猪肉	11 175 9.1%	机械及零部件	10 387 7.4%	机电产品	10 063 5.0%
钢铁及制品	2 908 6.2%	粮食	4 996 8.0%	机械及零部件	9 770 7.9%	发动机	6 933 5.0%	化学纤维	9 550 4.7%
电器产品	2 784 5.8%	电器	3 958 6.3%	发动机	8 307 6.7%	塑料制品	5 458 3.9%	钢铁及制品	8 786 4.3%
机械类	2 643 5.6%	机械类	2 704 4.3%	塑料制品	5 198 4.2%	车辆及零部件	5 371 3.9%	塑料制品	1 274 4.2%
塑料制品	2 513 5.3%	塑料制品	2 457 3.9%	化学纤维	3 867 3.3%	化学纤维	5 177 3.7%	塑料制品	8 005 3.9%
化肥	1 997 4.2%	钢铁	2 068 3.2%	车辆及零部件	2 764 2.2%	猪肉	4 218 3.0%	车辆及零部件	6 725 3.3%

续表

2002		2003		2006		2007		2008	
车辆及零部件	1 868 4.0%	化学纤维	1 459 2.3%	钢铁及制品	2 764 2.2%	钢铁及制品	3 667 2.6%	玉米	7 637 3.8%
化学纤维	1 653 3.5%	车辆及零部件	864 1.3%	面粉	2 746 2.2%	粮食	3 663 2.6%	植物油	4 972 2.4%
蔬菜种子	1 063 2.2%	蔬菜种子	1 026 1.6%	食用油	2 654 2.15%	海产品	3 634 2.6%	猪肉	2 889 1.4%

资料来源：中国海关统计信息网。

表 10.3　　2002—2008 年东北东部地区自朝进口主要商品　　单位：万美元，%

2002		2003		2006		2007		2008	
品种	进口额	品种	进口额	品种	进口额	品种	进口额	品种	进口额
	2 710		39 500		46 777		58 152		76 007
海产品	14 301 52.7%	海产品	20 693 52.3%	无烟炭	10 250 21.9%	无烟炭	17 006 29.2%	矿砂	21 297 28.2%
服装	3 826 14.1%	服装	5 223 13.2%	铁矿石	11 837 25.3%	铁矿石	16 534 28.3%	服装及附件	8 764 11.5%
钢铁	2 786 10.2%	钢铁	4 679 11.8%	海产品	4 327 9.2%	海产品	3 004 5.1%	钢铁及制品	8 369 11.0%
铁矿石	853 3.1%	铁矿石	1 496 3.7%	钢铁	3 525 7.5%	钢铁	4 536 7.8%	海产品	3 999 5.3%
无烟炭	1 129 4.1%	无烟炭	1 725 4.3%	服装	6 333 13.5%	服装	6 035 10.3%	电机及零部件	1 036 1.4%
有色金属	35 0.1%	有色金属	1 352 3.4%	木材及木制品	2 651 5.7%	木材及木制品	2 063 3.5%	木材及制品	771 1.0%

资料来源：中国海关统计信息网。

4. 朝鲜对中国贸易依存度不断上升

朝鲜是一个实行社会主义计划经济的国家，疏离于经济全球化和一体化之外，其经济发展的基本路线是"建立自立的民族经济"，对外贸易在朝鲜的经济发展中只处于一种拾遗补缺的地位。据有关统计，朝鲜对外贸易依存度在20 世纪 90 年代以前，基本保持在 20% 以上，而 90 年代初至 90 年代末，对外贸易依存度降至 10% 左右，进入新世纪后，对外贸易才开始恢复性增长。但据韩国方面统计，虽然朝鲜对外贸易总额有所提高，但其外贸依存度仍维持在

10％左右的水平。

中国一直是朝鲜最大的贸易伙伴，是朝鲜最重要的生产数据和消费数据供应国，这意味着在朝鲜的生产和居民消费生活中，中国的影响巨大。朝鲜对外贸易依存度虽然很低，但对中国贸易依存度却一直处于高位，这主要体现在两方面：一是从双方进出口商品结构来看，朝鲜在战略物资方面严重依赖中国，尤其是在石油、焦炭、钢铁、粮食、机械、运输工具、药品、日用品方面，都是完全依赖从中国进口，同时，中国市场也是朝鲜商品最大的消费地。自2000年起朝鲜对中国外贸依存度一直保持在20％以上，到了2004年，已超过40％，2005年超过50％，2007年达到67％；二是朝鲜对中国的援助也过于依赖。从上世纪90年代中后期以来，由于朝核问题等原因，以美国为首的西方社会对朝鲜进行多次经济制裁和封锁。在这种极其严峻的形势下，朝鲜之所以能够生存下来，最重要的原因之一就是中国不仅没有参与制裁，而且还对朝鲜提供了大量援助，尤其是中国的粮食援助和石油供给，已成了朝鲜的生命补给线。随着朝鲜国际环境的恶化，在今后较长的一个时期内，朝鲜无论在对外贸易还是在外来援助方面，对中国的贸易依存度都将继续提升。

（二）双边经贸合作的条件分析

1. 地理区位

中国东北东部地区与朝鲜同处于东北亚地区的中心地带，以图们江和鸭绿江为界，一衣带水，唇齿相依。独特的地理区位为双边的经贸合作创造了条件。

第一，朝鲜是一个计划经济体制下的国家，不具备国际市场的规则与经验，与其进行的贸易和投资所承担的风险都很大。在这种时候，临近的区位比遥远陌生的区位对其贸易与投资具有更大的吸引力，这使得中国东北东部与朝鲜的经贸往来深深地根植于这种地理环境背景之中。

第二，中国的朝鲜族居民大多居住在东部的延边、通化、丹东等地区，由于两国同属于东方文明，都崇尚儒家文化，在文化习俗甚至在民族、血缘关系上都有千丝万缕的联系，具有共同的勤勉敬业、自强不息和群体合作与竞争精神，这种文化的重合性决定了双边合作中有着较强的认同感和自然的亲和力。

第三，在我国东北东部边境地区聚居着近200万朝鲜族人，他们中有许多人都与朝鲜国民存在着亲友关系，来往频繁，他们凭借着得天独厚的语言、文化、人脉优势参与边贸活动，创造出各种合作机会。

第四，东北东部与朝鲜有1 512千米的边界线，坐落着35个边境城镇，20多座边境口岸。中国在图们江流域有图们、三合、圈河、开山屯、南坪等几个通商口岸，在鸭绿江流域也有白山、临江、集安、丹东等几个通商口岸，已形成较为完整的边境贸易口岸体系，成为中朝开展边境贸易的重要通道。

2. 生产要素

按照经济学的一般理论，生产要素包括劳动、资本、土地和企业家才能四大要素。劳动是指劳动者为生产活动提供服务的能力；资本是指生产中所使用的厂房、机器、设备、原材料等；土地是指生产中所使用的各种自然资源，包括土地、水源、自然矿藏，等等；企业家才能是指企业家对整个生产过程进行组合与管理工作的才能。从基本的生产要素来看，东北东部边境地区与朝鲜在生产要素上存在着极强的互补性。

（1）自然资源

朝鲜自然资源非常丰富，金、铁、煤炭、石墨作为朝鲜四大主要矿物质，贮量极其丰富，镁和石墨的贮量占世界第一位，被称为矿产资源的"天然实验室"，已探明的矿产资源达360多种，其中有价值的矿产资源达200多种。位于朝鲜咸镜北道的茂山铁矿是亚洲最大的露天铁矿；朝鲜的菱镁矿埋藏量极为丰富，是世界上最大的菱镁矿生产国之一。东北东部地区矿产种类繁多，辽宁东部的滑石、硼等都是我国的重要矿产，吉林东部有能源矿产如煤、石油、天然气、油叶岩、地热，也有金属矿产和非金属矿产，还包括水气矿产，其中非金属和水气矿产优势矿种多，资源储量和质量都享誉中外，如硅灰石、硅藻土、沸石、矿泉水、二氧化碳气等，这些都与朝鲜形成强烈互补，使双方在矿产资源开发利用合作方面有着天然的合作基础。

此外，朝鲜的水利资源也比较丰富，较大的河流有鸭绿江、豆满江、德川江等，河流发电量在1 000万千瓦以上。朝鲜东西两面临海，境内天然湖泊较多，海产品及淡水产品较为丰富。朝鲜的东海岸也是暖流与寒流交汇的地区，是世界三大渔场之一，有650多个鱼种，水产资源也相当丰富。双边地区应充分发掘各自的优势，加强双方在水产资源方面的综合开发与有效利用，在海水养殖业、捕鱼业、海产品加工业等领域进行深层次的合作。

另外，朝鲜为弥补本国粮食生产的不足，开山种粮而使树木砍伐过度，给本地区的生态环境造成严重破坏。而我国东北东部地区生态环境发展较好，黑龙江省和吉林省分别是我国最大林区之一，森林覆盖率分别为43.6％和42.4％。两省的植物资源有几千种，既可药用，也可食用，经济价值较高。两省土质肥沃，播种面积大，是中国最大的商品粮生产基地，与朝鲜正好形成需求互补，使双方在该领域的合作奠定了良好的基础条件。

（2）劳动力资源

朝鲜具有质优价廉的人力资源。朝鲜人口2 400万，其中60％以上的人口居住在城市。劳动力人口约占人口总数的近一半。朝鲜的教育制度是世界上最好的教育制度之一。自 1956 年以来，朝鲜实行全面的 11 年制免费义务教育，拥有全日制高等教育院校 256 所，并且所有的社会教育经费和成人教育经费均由国家承担。除此之外，朝鲜的成人职业教育也自成体系。朝鲜有各种专业的职业教育学校，如计算机学校、美术学校、音乐学校等。各企业还有自己的"工厂大学"（类似于中国的夜大、电大），企业职工可以在上班之余参加"工厂大学"，提高技术水准。所以，朝鲜劳动力的总体素质较高，几乎没有文盲。

从东北东部边境地区来看，全日制本科院校较少，比较具有影响力的就是延边大学、佳木斯大学和辽东学院。该地区的职业院校有一定的数量，但教育质量相对比较落后，缺乏高素质的劳动力。而朝鲜当前工资标准与中国相比处于很低的水平，即朝鲜的劳动力薪酬低于中国，适合发展劳动密集型产业。因此，如果能充分利用朝鲜高素质的劳动力资源，有利于降低生产成本，增强商品的竞争力。

（3）资本要素

资本要素是制约朝鲜发展的瓶颈。朝鲜目前大部分生产设施都是 20 世纪五六十年代从前苏联、东欧等社会主义国家引进的，70 年代后朝鲜试图从西方引进先进设备，但由于 70 年代上半期引进外资的失败而没有实现，因而导致企业生产设施严重陈旧老化。钢铁、有色金属、机械、汽车、造船、煤炭等生产企业都存在着严重的设备老化问题，而且由于过分强调自力更生，忽视先进技术的引进，导致生产技术落后。进入 90 年代后，朝鲜提倡"先军政治"的思想，大部分的有限资金都投入到了军事发展中，使朝鲜的能源、原材料又出现了严重短缺，形成恶性循环。至今，朝鲜存在着严重的粮食、能源、资金短缺等与国计民生密切相关的一系列问题。

东北东部与朝鲜接壤的边境地区，工业化水平与朝鲜相比相对较高，部门比较齐全，基础设施相对先进，有较为完整的产业结构体系，而且资金相对雄厚，可以为朝鲜提供充裕的资金和技术来源，在区域合作中可以实现资金、技术、设备等资本要素的有效投入和项目开发的几何效应。

3. 市场供求

由于朝鲜与中国处在不同的经济发展水平层面，中国经历过从计划经济到市场经济的过程，经历过市场物资匮乏的年代，而目前的朝鲜，正在经历着中国曾经经历的过程，包括物资匮乏，由此决定了中国与朝鲜的产业结构有着梯度对应性。东北东部地区正处在向工业化过渡阶段，产业结构从最初的资源密集型、劳动密集型产业转向了劳动、资本密集型产业为主，而且正在向资本、技术密集型产业转化；而朝鲜则处在工业化起步阶段，工业化生产水平低。而这种产业结构的梯度对应性，决定了双方产品的互补、供需的吻合。朝鲜目前面临的主要困难是粮食、电力和资金的严重短缺，随之而来的是以能源和农产品为原料的产品需求缺口十分明显。东北东部边境地区的工业农业及其他行业商品相对朝鲜而言，已经形成供大于求的买方市场，急需扩大市场销售渠道，与朝鲜正好形成需求互补。目前，东北东部边境地区已成为朝鲜最大的生产数据和消费数据的供应来源地。朝鲜的粮食、原油、生活必需品及生产所需的机械、机电、钢铁、化学制品及农机具等多是从中朝边境进口；此外，中国也是朝鲜产品的最大需求国。由于国家给予边境地区一定的政策优惠，因而朝鲜大部分商品都是通过东北边境地区进口，如煤炭、铁矿石、海产品、纤维服装等。

4. 交通运输

朝鲜位于朝鲜半岛的北部，其北部以图们江和鸭绿江为界，与俄罗斯和中国为邻，南部以北纬38°线与韩国接壤，西邻黄海与中国的辽东半岛和山东半岛相望，东濒日本海（朝鲜东海）与日本相望。朝鲜地处东北亚的中心，在东北亚地区国际运输体系中占有极为重要的位置。在朝鲜国内的交通运输体系中，铁路运输处于主要地位，铁路网较密集，北上连接中国的铁路系统，亦可经罗先的宽轨铁路与俄罗斯联邦的运输体系连接。南下经金策市、咸兴市，可通平壤。全国铁路总长近9 000千米，大部分铁路实现了电气化。公路汽车运输和水上船舶运输都处于从属地位。公路运输主要起着联系铁路与河运、沿海与内地的作用，并以短途运输为主。朝鲜海运港口主要集中在东部沿岸，主要港口为清津、南浦、兴南、元山等，主要用于煤炭、水泥、粮食、化肥等的进出口。

东北东部边境地区与朝鲜的合作有明显的交通优势。东北地区有十几条公路、铁路，铁路密度网有1.2千米，高于全国平均水平，与朝鲜、俄罗斯、蒙古相连。全区有大小港口15个，与70多个国家和地区可以通航。东北东部铁路的修建与贯通，与哈大铁路干线共同构成了贯通东北地区的两个轴线，为中国与朝鲜半岛的经贸往来及参与东北亚地区的合作提供了有利条件。从目前朝鲜的对外经贸合作来看，中国是朝鲜第一大贸易伙伴，也是对朝鲜援助最多的国家。中朝贸易量占朝鲜对外贸易的近70%。中朝贸易主要集中在朝鲜西部与中国东北东部边境地区，图们、珲春、丹东三个口岸已成为中国对朝运输的重要通道；尤其是丹东口岸，承担着中朝贸易过货量的80%。目前，东北东部边境地区虽口岸众多，但大多设施陈旧，运货能力较差。朝鲜由于受国内经济及体制的限制，相对应的口岸也存在设施陈旧、效率不高的问题。可以说，双方在交通运输网络的架构、运输设施的建设方面存在着较大的合作空间。

5. 社会经济条件

中国和朝鲜是东北亚地区仅有的两个仍然实行社会主义制度的国家，彼此间有着特殊的政治、经济、意识形态和文化的关联。自 20 世纪 90 年代以来，苏联的解体和东欧的剧变，传统计划经济运行体制遇到了很大的障碍。再加上朝鲜连续多年的水旱灾害、粮荒等，国民经济发展遇到严重困难，朝鲜经济曾一度出现了负增长。近年来，朝鲜经济虽表现出逐渐增长的态势，但因朝核问题，其受到国际社会的制裁。朝鲜国内依然面临着粮食、能源、原材料、外汇的严重短缺。朝鲜为摆脱经济困难，改善人民生活和经济发展，近几年也实施了一系列的变革措施，但朝鲜经济政策的调整是在计划经济体制框架下所进行的局部调整，并没有真正能够反映市场经济运行规则的改革措施，反而加剧了通货膨胀、财政危机、朝币贬值，使国家的整体生产能力大幅削弱，国民经济处在崩溃的边缘。

同为社会主义制度的中国，其经济发展为朝鲜提供了很好的借鉴。70 年代末，中国在经历了经济困难后，进行了改革开放，实行了市场经济，解决了经济困难，改善了人民生活。中国在保持社会主义体制的同时引进市场经济原理，成功地将改革开放创造性地和中国的环境相结合。在当前经济全球化、一体化的形势下，朝鲜只依靠本国力量来满足国内生产与消费需求，保障国民经济的正常运行，客观上已经是不可能的事情。而朝鲜社会主义计划经济体制，以及国内外动荡不安的宏观环境，难以吸引西方国家的投资与合作。中国作为朝鲜的近邻，在社会体制和文化上存在着较大的相似性，其经济发展又为朝鲜提供了重要的经验教训，因此，双方的合作有着天然的基础与优势。

（三）双边经贸合作存在的主要问题

1. 中国方面

（1）区域内整体经济实力较弱

东北东部地区虽然属于边境地区，口岸物流较为密集，但多以过境物流为主，边境贸易缺少制造业的参与，难以成为东北地区工业化的支撑力量，长期以来处于被边缘化的状态。整个东部地区交通设施建设相对薄弱，区域内的技术力量和人力资源没有明显优势。区域生产总值 3 689.29 亿元，占东北地区的 8.19％。区域内以口岸服务业为主体的第三产业带动的木材初加工、机电、塑料等小型工业发展较迅速，使得第二、三产业的产值增长较快，而作为地方基础产业的传统农牧业等第一产业则发展速度缓慢。目前区域内由于劳动力质量、分工协作不足和资本投入有限，高新技术设备、人才等引进困难，第三产业普遍存在分散经营，整合度低，对第二产业、第一产业的辐射与带动作用力差，产业结构较单一，抗风险能力弱等问题。其整体经济基础相对于内陆腹地

212

而言较弱，工业化程度相对较低，参与东北区域经济分工合作与市场竞争的能力不足。

（2）区域内对外贸易缺乏联动机制与协调机制

东北东部地区对朝边境合作一直是处于一种各自为政、单独发展、规模不大的发展状态。主要体现在：一是政府缺乏宏观管理协调机制，企业之间没有形成一个统一的发展规划和发展模式，造成出口企业各自闭门经营，以各自利益和目标为主，难以发挥地区和企业的优势，容易形成恶性竞争；二是区域内没有形成系统的边境出口产业及产品的长远发展规划，出口产品的种类和结构处于一种无序和盲目状态，商品集中度不高，专业性不强，难以形成规模；三是区域内基本是以边境贸易和过境物流为主，缺少制造业的支撑，产业结构低级化，产业部门趋同化，虽有一些知名产品，但整体来看产品缺乏特色性，比较优势没有得到有效发挥，造成了区域内现有资源的极大浪费，也使相互间经济互补的优势没有充分发挥；四是合作方式主要有一般边境贸易、边境小额贸易、边民互市贸易和设立边境经济合作区，这些模式难以满足合作需要，难以形成规模效应。

（3）口岸基础条件较差

东北东部边境地区对朝口岸较多，但大多为老口岸，基础设施薄弱。2009年底，共有12处对朝口岸，其中一类口岸6个、二类口岸6个。包括延边的图们口岸、三合口岸、开山屯口岸、南坪口岸、圈河口岸、沙坨子口岸、古城里口岸；通化的集安口岸；白山的白山、临江口岸；丹东的丹东口岸和大东港口岸，这些口岸在中朝贸易中发挥着重要作用。但由于历史、自然、资金等因素影响，口岸基础设施建设仍比较落后，虽然政府加大对边境口岸投资建设力度，口岸设施有很大改进，但还远远跟不上口岸物流快速增长的需求。主要表现在：设备老化严重，吞吐能力较低；港口规模普遍较小，泊位和场地不足，缺少装卸设备，且工艺不配套，疏港公路等级低，集疏运条件较差，货场规模小，仓储装卸能力低，导致过货缓慢，有时甚至滞压货物通关；缺少与口岸相接的四通八达的高等级公路和铁路网络，口岸公路仍然以低等级公路为主，整体保障能力较差。这些都直接影响对朝贸易额和过货量。

2. 朝鲜方面

（1）对外关系问题

一是朝美关系。核武器是朝鲜能够与美国谈判的唯一手段，也是决定朝美关系最根本的问题所在。在朝核问题上，朝鲜一直反复无常。朝鲜宣布退出六方会谈，又进行一连串军事挑衅，包括进行二次地下核爆、多次试射短中程导弹，引发国际社会众怒。联合国安理会出台的1847号决议，从5方面加强对朝鲜制裁,之后美国又把对朝经济制裁延长一年。对朝鲜而言,早已将美国列为"夙敌",朝美关系已急剧恶化。这在一定程度上将阻碍朝鲜对外经济合作与发展。据媒体报导,朝鲜 2009 年 5 月底进行核试爆之后,尽管中朝边境贸易仍在正常进行,但是朝鲜已经加强了中朝边境的管制,最多时每天有 100 多辆货车通行的丹东,最近只剩下几十辆货车。

二是南北关系。2000 年以来,韩朝关系从分裂与对抗,走向和解与合作。但"冰冻三尺非一日之寒"。李明博政府上台后,在"有原则的实用主义"口号下,全面否定了卢武铉的对朝政策,南北关系迅速恶化。朝鲜更以"超强硬对强硬",先后以驱逐开城工业园区韩方人员、试射导弹来应对。双方各自的强硬姿态已令南北关系进入"封冻"状态。加之目前美韩联合对朝核问题的强烈谴责姿态,已使朝韩关系"一触即发"。

(2) 经济体制问题。

朝鲜经济滞后的重要原因就是体制问题。朝鲜是高度的公有化国家,计划经济一统到底。这种体制一方面导致了朝鲜经贸政策与措施的不规范、不透明,给双边贸易发展带来困难;另一方面也使朝鲜的经济发展缓慢甚至停滞,从而影响了其对外贸易的发展规模。虽然朝鲜近几年实施了一系列的变革措施,但朝鲜经济政策的调整是在计划经济体制框架下所进行的局部调整。这种调整的收效大小很难估计,是否会顺应经济规律,进一步推进改革,还是停滞不前,还有待朝鲜经济局势的进一步发展。就目前而言,真正意义上的市场手段在朝鲜经济发展中的调节作用尚不十分明显。朝鲜目前的经济改革更多的是 80 年代末以来实行的以计划经济为基础、以市场经济为趋向的模式的延伸,并没有真正能够反映市场经济运行规则的改革措施,朝鲜的经济体制并未从根本上转变。这种体制的束缚是阻碍朝鲜经济发展的最根本的制约因素,是其他所有问题的症结所在。

二、中国东北东部边境地区对韩经贸合作

中国与韩国互为友好邻邦,两国的交往历史源远流长,文化背景相似,两国经济发展水平处在不同阶段,结构互补,为两国开展经贸合作提供了良好条件。自 1992 年正式建交以来,两国在双边贸易和经济合作领域快速、持续、稳定发展,相互依赖程度不断增强。目前,中国已成为韩国第一大对外贸易合作伙伴和第一大对外投资对象国,同时,韩国也成为中国的第四大贸易伙伴。

(一) 东北东部边境地区对韩经贸合作优势分析

1. 地缘人文优势

中国东北东部地区与韩国隔海相望,文化相近,观念相投,区域相连,交通方便。该地区是我国对东北亚开放的窗口，除与韩国相毗邻外，还与俄罗斯、朝鲜、日本等国相邻，同时也是沟通东北亚和欧洲之间里程最近的大陆桥的重要中间站和联络点，区位优势显著。双方早已开通了多条海运航线，发挥了近距离优势，既省时，又省运费。

从文化上看，中韩文化的同构型也为东部地区与韩国的经贸合作提供了重要的人文基础。在思想文化方面，两国都受儒家文化思想的深刻熏陶，从文化素养、风俗习惯、乡土人情乃至思维习惯上有许多相似之处，易于沟通。这些为加强该地区与韩国的合作提供了天然的结合点和认同点。

2. 自然资源互补优势

东北东部地区地域辽阔、土地肥沃，为农林牧渔业的发展提供了得天独厚的条件。东北东部是我国重要的木材、粮食、矿产生产基地，蕴藏着丰富的野生动植物资源，具有发展大宗农畜产品加工业的优势。这里的森林覆盖率达39.6％，远远高出全国森林覆盖率16.55％的水平，油母页岩、铁、硼、菱镁石、金刚石、滑石、玉石、溶剂灰岩等矿产的储量均居中国首位；东北虎、紫貂、丹顶鹤、梅花鹿、大马哈鱼、黑熊、飞龙、猴头、人参、黄芪、松茸等驰名中外。而韩国是一个地域狭小、资源贫乏的国家，石油、煤炭、稀有金属等工业原料几乎需要全部从国外进口，75％的粮食也靠进口，缺乏发展经济的良好自然资源条件。双方在自然资源的开发上具备良好的互补优势。

3. 产业结构互补优势

东北是中国的老工业基地，处在工业化中期阶段。东北东部虽然属于东北地区相对比较落后的地带，却拥有广阔的市场、丰富的自然资源和廉价的劳动力，但资金、先进技术和管理经验相对缺乏，因而在劳动密集型和资源加工型产业上具有比较优势；韩国经过30多年快速的经济增长，经济发达，具有相当的资本和技术优势。但是，韩国资源短缺，市场狭小，经济发展对国外市场的依赖程度较大。特别是目前韩国经济增长速度放慢，国内资本纷纷寻找国外新兴市场。可以说双方之间存在产业转移和承接的关系。这种互补性的产业结构，决定了东部地区与韩国的经贸合作空间很大。发展东北东部地区与韩国的经贸合作，一方面可以使东部地区成为其进入中国市场的"通道"；另一方面，也可以使东部地区成为其产业转移的重要承接地，加速向东北东部地区资本、技术的流入。

4. 政策机遇优势

（1）东北老工业基地振兴战略的实施

相对于东南沿海地区经济的发展，东北东部边境区域经济增长速度相对滞后，但正处于老工业基地调整和改造中，通过制度创新，大力改善投资环境尤其是软环境，实施一系列的引资优惠政策。尤其是随着东北老工业基地振兴战略的实施，大量国有企业面临改制的任务，非公有制经济需要大力发展，加之中国东北东部地区和韩国有得天独厚的地缘优势，为韩国企业进行投资创造了难得的历史机遇。因此，东部地区对外资的吸引与韩国资金的外流在时间上的一致性、地缘上的临近性，将拓展双方在资本领域合作的深度与广度，也就拓宽了老工业基地调整改造的资金来源渠道，支持了老工业基地的振兴。对韩国来说，也有助于其在东北老工业基地振兴中赢得一席之地，符合其长远的经济利益和经济发展战略目标。

(2) 东北东部交通经济带的构建

东北东部铁路沿线经济带的构建，能带动东北东部地区经济开发的进程，拓展东北区域产业结构的调整空间，提升区域整体竞争力。东北东边道铁路沿线经济带，是从北到南沿中俄、中朝边境区域走向的一条贯穿东北全境的区域经济带，沿线物产丰富，重要的钢铁、煤炭、林业生产基地都集中在此经济带，是我国对外开放的重要沿边经济区。该边境经济带的构建不仅为中韩两国乃至东北亚地区的合作开辟了一条重要的交通要道，也成为东北乃至中国重要的经济增长带。

(二) 双边经贸合作的现状及特点

1. 合作现状

韩国是典型的外向型经济，对外贸易依存度一直在80%以上。但东北地区却不是外向型经济，而东北东部作为东北三省的边境地区，其外向型特征更不明显。据统计，2008年东北三省的进出口总额只有1 086.7亿美元，仅占中国外贸总额的4.2%，东北地区2008年的外贸依存度仅为26%。东北地区对韩国的贸易额一直处于增长趋势，2008年受金融危机影响，虽然从第三季度起增长放缓，到第四季度出现明显下滑，但总体上依然是增长态势。2009年是受金融危机影响最严重的一年。从韩国来看，经济低迷，进出口乏力，韩元贬值，增加了进口和对外投资的难度。这无疑给东北地区与韩国进出口带来很大压力，造成双边贸易额下滑，进出口呈现负增长。而韩国经济下滑、外贸收入减少又限制了其对东北地区商品、劳务的需求和对东北地区的投资，使得东北地区和韩国的相互投资也急剧缩小。这从表10.4中可以明显看出。

表 10.4 　　　　　　 2008—2009 年东北三省与韩进出口额统计

地区	进出口总额/亿美元		增长幅度/%		韩国贸易在本省对外贸易中位次
	2008	2009	2008	2009	
辽宁	84.10	59.30	18.20	−29.50	3
吉林	6.74	5.52	−5.70	−18.10	6
黑龙江	9.60	5.22	129.80	−45.60	3
东北三省	100.44	70.04	21.80	−30.27	3

资料来源：东北三省商务厅网站。

2. 合作特点

（1）东北东部边境地区

对韩贸易一直处于增长态势，但占比却逐渐减小，从东北三省与韩国的进出口贸易额中（表 10.5）可以窥见一斑。

表 10.5 　　　　　　　 东北三省对韩进出口额

年份	黑龙江省			吉林省			辽宁省		
	出口万美元	进口万美元	%	出口万美元	进口万美元	%	出口万美元	进口万美元	%
2000	20 260	10 578	10.31	—	—	—	100 536	147 589	13.05
2001	18 453	14 074	9.59	—	—	—	107 347	134 496	12.15
2002	19 372	13 865	7.64	—	—	—	126 620	158 103	13.10
2003	28 899	15 797	8.39	29 653	14 796	8.21	156 034	183 146	12.77
2004	21 544	17 673	5.78	32 574	11 265	6.12	231 433	196 491	12.43
2005	35 365	15 203	5.28	36 475	12 463	4.14	288 336	205 700	12.05
2006	32 799	14 443	3.67	43 318	13 332	7.16	337 015	226 155	11.64
2007	32 521	9 119	2.41	52 828	18 625	6.94	460 220	251 882	11.97
2008	84 488	11 207	4.18	48 732	16 534	5.36	560 310	281 098	11.62
2009	41 992	10 190	3.22	37 384	17 825	4.70	333 325	259 597	9.42

资料来源：根据各省统计年鉴整理。百分比为各省对韩进出口总额占各省对外贸易进出口总额的百分比。

从以上数据可以看出，东北地区对韩贸易有以下几个特点：一是对韩贸易规模不大。从东北三省对韩贸易的比重来看，每省对韩贸易所占本省的比重都不大，仅在 10% 左右，可见东北东部地区的对韩贸易更是处在低于 10% 的规模水平；二是东北三省对韩贸易额一直处于走低的趋势。虽然东北各省进出口贸易规模在不断扩大，但对韩贸易的比重却在逐渐降低，尤其是自 2006 年以后，各省对韩贸易的比重逐年降低，东部地区对韩贸易的比重也基本处于低增长态势；三是东北三省对韩贸易在中国对韩贸易中所占比重不大。这说明中国与韩国的贸易并非主要发生在东北地区，也说明东北东部地区并没有很好地发挥其地缘优势，没有打造与临近国家尤其是发达国家的外向型合作的经济发展模式，出口规模相对较小，对外依存度较低，也没有充分地利用周边发达国家的经济优势。

从对韩贸易的地区结构来看，东部地区对韩贸易主要集中在黑龙江省牡丹江，吉林省延边、通化市，辽宁省丹东市、本溪的桓仁县。

（2）东北东部边境地区对韩贸易呈现顺差

在中国对韩国的贸易收支中，1992 年中国出现 1.9 亿美元的逆差，到 2008 年竟然达到了 382.5 亿美元的逆差，逆差幅度正在不断扩大。相反，东北三省对韩国的贸易收支却呈现顺差，且有不断扩大趋势。这说明：第一，东北三省对外贸易处于初级阶段，以出口为主且以低附加值产品出口为主；第二，由于东北东部地区资金有限，从韩进口受到一定限制。另一方面也反映出：东北三省的优势低附加值商品如果不能转化为高附加值产品，从长远的角度看，对韩国的贸易顺差将会逐渐缩小，甚至会出现贸易赤字。因此，东北东部地区今后应加快产业结构升级，不断提高对外开放程度，更加密切与韩国的贸易关系，进一步扩大该地区与韩国之间的贸易，使该地区的贸易收支日趋平衡。

（3）东北东部边境地区对韩进出口商品附加值差异较大

从东北东部地区对韩商品结构来看，进出口商品结构差异较大。对韩产品出口主要以低附加值的初级产品、农副产品、初加工产品为主。出口商品主要是钢铁、矿物燃料、成衣类、机械类、海产品、化工产品、种子水果等。其中，对韩传统大宗商品出口增长迅速，海产品、钢材、化工产品都出现大幅增长，木材出口出现了下降趋势。近几年机电产品出口比重有所上升，但与东北内陆腹地以及全国平均水平相比仍有很大差距。从韩进口商品主要以高附加值的产品为主，重化工业产品占据了主导地位，如机电产品、机械设备及精密仪器、金属制品及钢铁、化工产品等，这既说明双方经济发展水平的差距，也是双方产业互补性的体现。近期东北东部地区从韩国进口的商品中机械类、钢铁、塑料等制品比重在不断增加，电器、电子产品比重在减少，说明东北东部地区产业结构仍以传统产业为主，产业结构升级缓慢，与韩国仍然保持垂直分工的产业结构和贸易结构。

（4）韩国在东北东部边境地区投资以小型低附加值加工企业为主

中国东北东部边境地区在地理和文化方面和韩国非常接近，筹措原材料非常容易，电力和水利资源非常丰富。而且在此地区居住着近200万朝鲜族居民，在语言、文化上与韩国有同质性，而且人力资源非常出色。这为韩国在此投资提供了一定的便利条件，也使韩国成为东北东部地区吸收外资的主要来源国。

从目前韩国在东部地区投资情况看，中小企业投资比较集中，项目的平均投资额较小，投资规模不大，技术水平不高，投资结构不合理。

韩国企业在东北东部边境地区的投资主要是劳动密集型产业，并且主要集中在制造加工业。具体投资领域主要是木材加工、农副产品加工、服装加工等简单加工业为主体。如延吉东洲木制品有限公司、丹东恩菲制衣有限公司等，都是以加工业为主，而且是低附加值的加工业，技术含量不高。现在韩国的形势是，高附加值领域在国内建立生产基地，低附加值领域的生产基地都在向中国的东北地区转移。这也是由于韩国国内产业的结构发生变化，制造业在韩国国内发展空间较小，从而使其对华直接投资的产业结构以制造业为主。虽然进入21世纪，韩国在IT产业、生化技术、电信传输、销售和金融服务业等领域的投资开始有所发展，但由于东北地区尤其是东北东部地区在基础设施、投资环境（包括政策环境）等方面远不如大城市和东南沿海地区，所以吸收的此类韩资比较少。

从投资规模上看，投资主体以中小型企业和个人为主，项目的平均投资额较小，产品主要销往海外，投资回报率相对较低。这是因为韩国对中国东北东部地区的投资是以占领市场、获取廉价原材料和劳动力为主要动机，因此造成企业本土化不够、且中小企业以加工贸易为主的现象，也使韩资企业无法发挥"溢出效应"。另外，也说明东北地区实际利用韩资水平也相对较低，分布不均，主要集中在辽宁省，吉林省和黑龙江省的吸收韩资速度比较缓慢。

另外，从资本引入形式上看，韩国对中国东北东部地区的投资以直接投资为主，约占近90%，而直接投资的约70%为劳动力寻找型。

（5）东北东部边境地区外商投资环境相对欠佳

东北地区尤其是东北东部地区资金短缺，老工业基地技术改造、产品的结构升级、农产品的深加工、医药产业的发展等都需要大量的建设资金。资金短缺已经严重制约了东北东部地区的经济发展，而引进外资却可以缓解资金紧张的状况。近年来，韩国企业对东北地区的投资有所增加，但与韩国在山东、江浙一带的投资相比则微乎其微。主要原因：一是东北三省尤其是东北东部地区投资政策缺乏稳定性和连续性，一些招商引资部门许诺的种种优惠政策，在外商投资后却不能很好地兑现；另外，一些部门的领导换届后，对前任的政策不予理睬等。这些都影响了当地的投资环境，挫伤了外商投资的积极性。二是东北东部各地方企业信誉较差，制售假冒假劣产品、随意违反合同现象较多。三是东北东部地区高校和科研机构不多，高素质专业人才缺乏，不能满足韩资企业对人才的需求。从目前投资环境来看，辽宁是东北三省投资环境最好的省份，但韩国对辽宁的投资主要集中在大连、沈阳等地，而东部的丹东、桓仁却吸收韩资很少。

三、中国东北东部边境地区对俄经贸合作

中俄两国是友好邻邦，地缘条件的便利和经济结构的互补，为双方边境地区的经贸合作提供了良好的基础条件。从中俄两国边境贸易的实际情况看，贸易规模、贸易方式发生了很大变化，中俄边境地区经贸往来进入了快速发展时期。

（一）双边经贸合作的条件分析

1. 区位条件

中国东北东部边境地区与俄罗斯远东地区山水相连，都处在东北亚及亚太地区的重要位置。俄罗斯远东地区占全俄领土的 1/3，北临北冰洋，东濒太平洋，南部与中国、朝鲜接壤，隔海与日本相望，是俄罗斯通往亚太地区的门户。东北黑龙江省与俄罗斯有长达 3 038 千米的共同边界，两国间公路、铁路相接，而且相邻区域分布着许多港口，是国内通往俄罗斯的重要通道。目前黑龙江省有 25 个国家一类口岸和 10 个边民互市贸易区。绥芬河铁路口岸和公路口岸是目前中国对俄贸易和通往日本海的两个重要陆路一类口岸，地处东北亚经济圈的中心地带，是中外陆海联运的关键点，是参与东北亚区域合作的重要桥梁和纽带。该口岸机构健全，设施齐备，直接担负着国家尤其是黑龙江省内外对俄等独联体国家的经济贸易货物中转、分散、联邮及人员过境任务；该口岸进口货物以木材为主，出口货物则向多样化高附加值商品转变。东宁口岸是中国距俄罗斯远东最大港口城市——符拉迪沃斯托克（海参崴）——最近的一类陆路口岸，可以和多个国家和地区通航，货物运输十分方便；该口岸进口商品主要有木材、化肥、成品钢材等，出口商品主要有蔬菜、水果、电子产品、服装等。地缘优势不仅为双方开展经济合作提供了十分便利的交通设施，也避免了双方贸易中的大部分运输问题的出现，大大降低了运输成本。与此同时，两个地区相邻，信息能够及时地传到对方的市场中，有利于企业家、公司等迅速把握及时的信息，降低信息失真的程度。

2. 经济条件

(1) 自然资源

俄罗斯地大物博，尤其是远东地区拥有着丰富的自然资源，素有地下宝库之称。俄罗斯东部地区的相对优势在于其蕴含丰富的石油、天然气等重要的能源资源，开发潜力巨大；还有镍、铬等重要的稀缺金属资源，金刚石地质储量为 5 亿克拉，约占世界金刚石储量的 1/5；以及得天独厚的森林资源，森林面积占全国森林总面积的 31.1%，木材储蓄量为 223.1 亿立方米，占全俄 26%。因此，拉动俄罗斯东部经济发展的主要动力之一就是资源的对外出口。虽然远东地区的资源非常丰富，但大多分布在气候恶劣、人烟稀少、基础设施薄弱的偏远地区。受自然条件的影响，对这些资源的开发成本和基础设施的建设成本都远远地高于拥有同类资源的其他地区。中国东北东部地区虽然蕴含很多重要的自然资源，已发现的矿产达 140 多种，发展现代化工业所需的黑色金属及其他有色金属、能源、化工及建材等都有一定储量，但是在计划经济初期的大量开采、开发之后，已经濒临枯竭，致使当地居民的单位资源占有量呈逐年下降的趋势，很多资源开始依赖从国外进口。还有一些资源受技术条件的制约，未得到充分开发与利用。东北东部地区森林资源虽然也很丰富，有国家重要的林区和木材生产基地，但与俄罗斯相比整体森林质量不是很高，林龄结构不合理，可采伐的资源正在不断减少。而且随着我国经济建设的不断发展，对木材的需求量在日益增加。因此，这种生产要素的互补性决定了东北东部地区与俄罗斯合作的必要性和可行性。

(2) 经济结构

俄罗斯是市场经济国家，拥有较为完备的工业体系：既有发达的钢铁、机械、化工等基础产业，又有在世界上占有重要地位的核工业、宇航工业等新兴产业。俄罗斯远东地区在苏联时期曾是重要的军工生产基地，因此军事工业较强，重工业部门起主导作用，而轻纺工业、食品工业和农业比较落后，造成农业、轻工业、重工业比例严重失衡。经济转轨多年来，俄远东地区整体经济发展水平落后于俄其他地区，因为在俄罗斯转轨过程中，通货膨胀严重，生产投资全面下降，造成经济衰退。在国内需求不足的情况下，只能依靠出口带动经济走向稳定。因此，俄远东地区的出口一直以原材料和初级产品为主，也使那些资源储量丰富、相对便于开发的原料产地的资源潜力已趋枯竭。而这种失衡的产业结构导致俄东部地区轻工业发展相对薄弱，居民消费的大部分轻工业产品、纺织品严重依赖进口。从现有要素禀赋和生产优势来看，中国在轻工业产品的生产上有明显优势，对外出口量很大，因而双方产业互补特征较为明显。经济结构的互补性必将使双方从中获得更多的益处。

（3）劳动力资源

俄罗斯特别是远东地区，劳动力资源短缺是长期困扰这一地区经济发展的"瓶颈"问题。进入 21 世纪，俄罗斯将远东地区的崛起视为其经济振兴的支撑点，但远东地区的人口问题已成为制约地区经济发展乃至威胁国家安全的社会敏感问题。俄罗斯远东地区仅有人口 620 万，每平方千米平均 1.1 人，远低于全俄每平方公里 8.4 人的人口密度。转轨后，俄远东地区人口出生率下降、死亡率增高，同时人口外流现象严重。为发展经济，从境外引进劳动力已成为迫在眉睫的问题。中国尤其是东北东部地区在劳动力供给方面有较大优势。一是劳务人员人均受教育水平也有很大提高，技术熟练、吃苦耐劳、报酬很低（只有俄籍工人的 1/7～1/3）。二是目前该地区劳动力资源过剩。据统计，中国东北地区每年有富余劳动力 1 000 万人，而且劳动力成本低，有较大的价格优势，对东北地区来说，能有规模的向俄罗斯输出劳动力，不仅可以缓和东北地区劳动力过剩的压力，保持社会稳定，还可为国家创造大量外汇，也解决了俄罗斯远东地区劳动力匮乏的问题。

（4）交通运输

交通发展水平是衡量地区经济发展水平的重要指标。俄远东地区交通运输体系与其他地区相比显得薄弱，铁路、公路运输能力低，港口吞吐量小，道路网密度低且分布不均，交通运输设施老化，运输服务价格高。中国东北东部地区原有的运输条件也有限，交通运输设施不足，铁路及基础设施比较薄弱，交通不畅，高等级路数量较少。随着东北东部铁路的修建，为两国边境地区的合作提供了一条快速通道，对促进两国边境地区与中俄腹地的联动起到了重要作用。另外，两国东部地区边境口岸众多，中国对俄罗斯开放的陆运、水运和国际航空口岸共 22 个，其中黑龙江 15 个，吉林 2 个，其余在内蒙古自治区。但口岸基础设施比较陈旧，口岸运输量与双边贸易需求不相适应。2008 年，全部口岸货运量不足 4 200 万吨。目前，俄罗斯东部地区与中国东北地区的运输主要是靠西伯利亚大铁路，这条铁路始建于 100 多年前，总长 9 332 千米，是目前世界上最长的铁路。但由于年代久远，运输速度不高，效率低下，容易造成货物积压。

（5）技术条件

中俄两国科技发展水平不同，彼此的科技需求也不同，科技合作应该是中俄两国经贸合作的最具潜力的合作领域，也是东北东部地区与俄合作的重要一环。俄罗斯东部地区重工业尤其是军事工业比较发达，在尖端科技领域具有很强的开发能力，如航天航空技术、生物技术、核物理、新材料等的研究居于世界先进水平，其科技实力可与欧美相媲美。中国东北东部地区虽然也是东北老工业基地，但边缘化倾向严重，产业结构不合理，科技实力比较弱，科研水平不高，高素质的科技人才相对缺乏。双方在技术交流与合作方面有很强的互补性和合作潜力。

3. 社会条件

（1）政治体制

中国和俄罗斯都是从以计划经济为主向市场经济转变的经济转型国家。作为两个具有地缘优势的经济实体，中国和俄罗斯都是从社会主义体制下进行的改革开放，但改革开放的模式却完全不同。中国实行了渐近式改革开放，而俄罗斯实行了冲击性的政治、经济改革开放。两国改革过程也不同步，俄国内的市场经济体制改革是先从政治体制着手，先自由再图谋经济变革。而中国则坚持在共产党领导下的市场经济体制改革，过程明显不同。俄罗斯目前政治制度与经济制度以及经济发展水平都是处在逐步完善和发展阶段。中国政治制度改革在逐步加大民主化进程，经济制度正处在逐步建立与完善市场经济制度阶段，与俄罗斯同处在一个成长阶段。国际上普遍认为，中国的改革是正确的，而实践也证明如此：中国进行了 30 多年的渐进式改革开放，把 GDP 从 1978 年的 3 624 亿元增至 2010 年的 82 054 亿元，实现了年平均 9.6% 的高速增长率。

（2）发展战略与政策

中国在 2003 年提出了"东北振兴"的战略，2004 年，中国东北老工业基地振兴战略全面启动；俄罗斯政府在 2005 年提出开发远东和西伯利亚地区的发展战略，2007 年俄罗斯政府又提出了东部大开发战略，这是中国东北地区与俄罗斯远东及西伯利亚地区间跨国战略的对接，是促进中俄两国边境区域经济合作的加速器。2009 年 9 月 23 日，中俄两国领导人正式批准了《中华人民共和国东北地区与俄罗斯联邦远东及东西伯利亚地区合作规划纲要（2009—2018）》，规划提出了包括开采煤矿、铁矿、贵金属、磷灰石、钼等 200 多个合作项目，为东北地区扩大对俄合作提供了难得的历史机遇。

同时，我国也批准建设绥芬河综合保税区、批准建设黑瞎子岛对俄贸易示范区，为东北东部地区扩大对俄开放提供了宽松、优惠的合作平台；而同江铁路大桥的建设，更成为南连中国东三省、辐射全中国、北接俄罗斯远东地区的国际联运货物铁路通道。

（二）中国东北东部边境地区对俄经贸合作特点及问题

中国和俄罗斯同为世界上具有举足轻重作用的大国，两国间的经贸交往源远流长。20 世纪 90 年代以来，中俄经贸合作关系经历了一个不平坦的发展过程。其间有 90 年代前期发展较快的时期，还有 90 年代后期的滑坡期，也有进入 21 世纪以来的快速稳定发展时期。但长期以来，中俄贸易一直不尽如人意。

俄罗斯远东地区和东北东部边境地区都是两国的边陲偏远地区，都开发较晚，科技、经济、文化、交通等发展水平远远落后于两国的中心发达地区。从双边合作发展情况来看，总体合作水平不是很高，相互投资较少，经济技术合作层次低，合作领域窄、级别低。中国东北东部地区与俄罗斯的经贸合作主要发生在黑龙江东部边境地区，如绥芬河、同江、东宁、抚远等口岸，吉林对俄经贸合作则以珲春口岸为主。

1. 贸易合作

（1）贸易额呈下降趋势

从黑龙江省对俄贸易额的变化可以看出，对俄贸易快速增长后，从 2005 年开始，对俄贸易呈现一定程度的下滑。尤其是 2009 年，对俄贸易大幅下滑，进出口额同比下降 49.7%（见表 10.6）。

表 10.6　　　　　　　　2005 年后黑龙江对俄贸易额及比例

年份	进出口总额 万美元	占全省进出口 总额百分比	出口额 万美元	进口额 万美元	差额 万美元
2005	567 643	59.30	383 644	184 000	199 644
2006	668 693	52.01	453 956	214 737	239 219
2007	1 072 789	62.02	817 047	255 742	561 305
2008	1 106 314	48.31	797 057	309 257	487 800
2009	557 715	34.38	326 843	230 872	95 971

资料来源：黑龙江统计年鉴。

主要原因是随着国际金融危机爆发以来，俄罗斯居民购买力下降，同时俄罗斯不断采取提高进口关税、打击"灰色清关"等政策，对部分资源性商品控制出口力度，使得该地区的对俄贸易受到一定程度的影响，贸易额呈现一定幅度的下滑。

（2）贸易结构

目前东北东部地区对俄的商品结构呈现附加值较低、地方产品为主的现象。对俄出口产品主要以初级产品和工业制成品为主，主要有纺织、鞋类、皮革制品、羽绒制品、装饰材料、电器产品、药品、食品、农产品、日用消费品、建材、塑料制品等。很显然，出口商品中初级产品比重较大，商品档次低、种类少，附加值和技术含量较低。另外，出口商品中外省产品占比较大。从近年的情况来看，中国东北地区向俄远东地区出口的商品，如家电、纺织品和日用工业品，基本上都是江浙、上海一带提供的，东北东部地区尤其是黑龙江东部地区只起到中介和桥梁作用。从俄进口主要以资源性产品、生产资料和重化工业产品为主，木材、原油及成品油、铁矿石、林产品、海产品等成为主要进口产品。

（3）贸易主体

东北东部地区与俄罗斯贸易主要是以私营企业为主体，而且已成为一种必然趋势。据 2009 年统计，黑龙江省对俄贸易主体中，私营企业占 83.7%，国有企业占 16.3%；吉林省对俄贸易的私营企业也占到 80% 以上。由于对俄贸易主体弱小，企业规模小，实力弱，发展后劲不足，专业化程度低，市场开拓能力差，难以提升贸易规模。

（4）贸易方式

东北东部地区对俄贸易方式主要以边境小额贸易为主，同时伴有一般贸易、加工贸易、旅游贸易及互市贸易，贸易格局比较多样，但所占比重不高。

表 10.7　　　　　　　　2005 年后黑龙江进出口贸易方式、金额及比例

年份	边境小额贸易 金额/万美元	%	一般贸易 金额/万美元	%	加工贸易 金额/万美元	%	其他贸易 金额/万美元	%
2005	368 537	38.50	400 918	41.88	44 255	4.62	122 442	12.79
2006	465 210	36.18	655 511	50.98	48 441	3.77	239 219	18.61
2007	540 529	31.23	990 572	57.26	52 513	3.01	120 003	6.94
2008	556 681	24.31	1 494 926	65.28	80 931	3.53	131 306	5.73
2009	347 572	21.43	1 024 429	63.15	84 094	5.18	102 028	6.29

资料来源：黑龙江统计年鉴。

表 10.8　　　　　　　2009 年黑龙江对俄罗斯贸易方式及比例　　　　　　　%

年份	边境小额贸易	一般贸易	其他贸易
2009	61.5	30.8	7.7

资料来源：黑龙江统计年鉴。

从表 10.7 和表 10.8 中可以看出，黑龙江省对外贸易中边境小额贸易占了对外贸易额的 1/3 以上，而这 1/3 的边境小额贸易基本上是对俄贸易，也就是说，黑龙江省的对俄贸易基本上是边境小额贸易。对近年来吉林省对俄贸易的方式统计，吉林省的对俄贸易也以边境小额贸易为主，占比在 50% 左右。

2. 投资合作

近年来，俄罗斯与中国东北地区的经贸合作已不仅仅停留在边境贸易上，多种形式的经济技术合作和中小投资项目也有所发展。从目前东北地区对俄投资情况来看，东部地区对俄投资项目逐步增加，截至 2008 年，黑龙江省在俄

投资项目近 180 个，总投资额近 13 亿美元，投资企业主要集中在东部边境地区：牡丹江 5 家，绥芬河 27 家，东宁 10 家；投资项目以资源类为主；林业投资额最大，主要是森林采伐与木材加工，其次是农产品生产和矿业投资；投资主体大部分是中小民营企业，尚未形成具有跨国生产经营能力的市场主体，也难以参与重大投资项目竞争；对俄投资区域主要集中在俄远东地区。在相互投资的项目中，俄罗斯主要以实物形式、技术、智力资源作为投资，而中国东北东部地区一般以部分实物、部分资金入股创办合资企业。总体来看，东北东部地区与俄罗斯的投资存在大型投资项目少，投资规模小，投资通道不畅，对双边贸易的带动作用不大的问题。

（三）双边合作存在的问题

1. 合作层次低

近年来，东北东部地区对俄出口主要是劳动密集型产品，俄罗斯东部地区对华也以原材料出口为主。双方其他领域的合作也一直在低层次徘徊。主要体现在几个方面：

（1）双方出口产品层次低

从俄罗斯方面来说，由于俄罗斯外贸政策的影响，对华出口商品主要是以石油、木材等资源性产品为主，商品结构低级化，出口到中国的产品科技含量低，甚至没有科技含量。中国东北东部地区对俄东部出口以消费资料为主，劳动密集型产品比重过高，主要是轻工业品、机电产品等，质量、档次较低，品种偏少，科技含量及附加值偏低。因此，双边合作层次较低。从长远发展来看，俄罗斯迫切需求日常消费品的艰难时期已经过去，此类需求正在萎缩，这很容易造成双边贸易结构的失衡，难以有力拉动双边经贸合作的持续稳定发展。

（2）合作领域窄

东北东部地区目前对俄罗斯合作主要以边境贸易、互市贸易、小规模投资等形式进行合作，在科技、金融、基础设施建设等方面的合作不多，发展也比较缓慢。俄罗斯东部地区科技水平较高，但科技成果的市场有限，许多科技成果和科技资源处于闲置状态。东北东部地区虽然是老工业基地，但多年来已边缘化，经济技术发展水平相对滞后。可以说，双边合作的潜力巨大，但实际上俄东部地区的科技成果在中国东北东部地区的转让极其有限，几乎是空白；另外，两个地区在金融领域的合作也很缓慢，缺少能够为双方合作贷款的大型银行，互动频率较低。

2. 边境贸易产业基础薄弱

在中国沿边地区，还没有建立起具有一定规模的出口加工基地，企业外向型生产能力不足，对俄贸易从商品贸易向服务贸易和技术贸易转型缺乏相关产业基础。东北东部边境地区虽然自然资源储量非常丰富，然而其加工工业并不发达，一个主要原因就是东部边境地区南、北路途曲折而遥远，而此段南北向交通运输业发展长期滞后，限制了资源的流动和利用效率，且增加了运输成本，严重制约了东部边境地区从资源型产业向加工制造业的转移，很难打造自己的农副业、制造业与高新技术产业基地。沿边地区也没有组建和发展吸引资金和技术流入的核心产业链，对内地商品和俄罗斯市场的依赖度高，自主发展能力有限。这种现状使对俄边境贸易呈现出非规模化、非规范化的特点。

3. 双边地区基础设施落后

基础设施落后是制约中国东北东部地区与俄罗斯东部地区合作的"瓶颈"之一。早在苏联时期，俄罗斯东部地区作为冷战的前沿和军工生产基地，对外处于封闭状态，基础设施建设落后。俄罗斯独立以来，由于国内危机，也没有能力加强地区过境基础设施的建设。因此，远东地区的公路、铁路、港口等基础设施相续薄弱，口岸基础设施不能适应运量不断增长的需求。铁路作为俄主要货运的通道，58％的铁路设备已经损坏，而且中俄铁路采用不同的轨距，铁路站场的换装能力已成为制约铁路运力提高的瓶颈。中国东北东部地区也因长期边缘化而缺少边境地区基础设施建设的投入。很多口岸的铁路设施"超期服役"，严重制约了两国的边境贸易：一方面提高了中国从俄进口货物的时间成本，中国从俄罗斯进口的石油，一部分需要通过铁路来运输。但是铁路线路较少，火车的运送速度缓慢，降低了通过铁路的过货数量；另一方面也提高了俄从中国进口商品的运输成本，俄罗斯东部地区从中国东北进口蔬菜水果，在一些铁路网稀疏或者是不通铁路的边远地区，蔬菜、水果在运输过程中损坏、腐烂，无形之中增加了俄罗斯进口农产品的成本，浪费很多资源。

4. 俄罗斯政策软环境欠佳

(1) 俄罗斯"灰色清关"现象依然严重

俄罗斯东部地区为加快边境货物的流通速度，简化企业来东部投资的手续，制定了一种简化流程的通关政策，允许"清关"公司为货主代办进口业务。这些公司与海关官员联手，将整架飞机的货物以包裹托运的关税形式清关。后来，这种清关方式被推广到海运、铁运和汽运，统称为"灰色清关"。从俄罗斯方面来说，"灰色清关"刺激了边境城市的货物贸易出口，但是这种政策是以俄东部地区的关税损失为代价的。而中国东北地区的商家，通过这种"灰色的"通关手段，以次充好，从中谋取暴利，却给中国东北乃至全国广大商家带来了长远的危害。近年来，俄罗斯开始打击"灰色清关"，整顿通关秩序，规范市场行为，但其余毒依然深重。

（2）俄罗斯的各种保护性政策使对俄投资风险增大

近年来，俄罗斯在税收、产业政策、外汇管理等方面实行了一些保护性政策，使市场准入受到限制。仅 2007 年，俄 81 个联邦主体就颁布了 908 个与投资相关的地区级法律文件，如《矿产资源法》规定外国公司不能开采俄联邦矿产资源，《俄罗斯联邦有关外资进入对国防和国家安全具有战略性意义行业程序法》规定 40 个战略行业对外国资本作出严格限制，给中国东北东部地区的企业进入俄市场设置了种种限制。而且其法律文牍复杂，导致一些企业在进入市场时准备不足，在合作中处于劣势。应该说，法律对俄罗斯东部地区资源起到巨大的保护作用，但是严苛的法律也提高了中国企业进入俄罗斯投资的门槛，不利于俄罗斯利用中国的资金来开发自己的东部地区，也增加了投资企业的投资风险。

四、中国东北东部边境地区开展对外合作的对策

中国东北东部边境地区是地缘环境复杂的沿边地区，有着特殊的地缘政治环境和较强的边缘性特征：一方面，国际政治形势相对缓和，俄罗斯军事上与欧盟、北约和解，同时也受日、俄的领土争端、朝鲜半岛南北分裂及内部局势不断恶化的影响；另一方面，东北东部边境地区的 11 个市（州）中，整体上中心城市规模较小，交通网络不畅，交通枢纽少，基础设施建设滞后，工业生产水平和科技水平较低，也使该地区整体经济发展水平相对较弱，边缘性特征明显，地缘优势没有充分地得到发挥，外向型经济发展潜力没有被充分挖掘。

东北东部边境地区作为东北三省区域经济发展的重要一极，很多地区还是一片尚待开发的处女地，在资源和劳动力供给方面与周边国家有着天然的合作优势。目前，区域经济合作正在成为一种不可逆转的趋势，在区域经济合作不断强化的国际背景下，中国东北东部地区的经济发展必须实行"走出去，引进来"的政策，积极发展外向型经济，通过区域合作开发，提高边境地区的畅通性，吸引各类生产要素在区域内聚集和互动，从根本上改变边境区域的经济滞后状态，变经济边缘为区域经济中心，强化边境区域的竞争优势，形成全方位、宽领域、多层次的对外开放合作格局。这也是振兴东北老工业基地的重要途径之一。

（一）东北东部边境地区对外合作的机制

中国东北东部边境地区与周边国家的经济合作，应从区域内和区域外两个方面构建合作机制。一是区域内构建东北东部边境经济区；二是构建区域外合作机制。应从两个层面进行：首先是政府层面，必须有强有力的组织机构来协调，有健全、完善的政府合作机制，其次是从企业层面上建立企业集群式的合

作机制；这些机制是东北东部边境地区与周边国家和地区之间顺利实现跨境合作的重要保障。

1. 区域内构建东北东部边境经济带的协作机制

东北东部边境地区是地缘政治极为复杂的地域。随着我国全面对外开放战略的实施，东北东部边境地区已经成为沿边对外开放和东北亚区域合作的核心。但由于东北东部边境地区远离我国社会经济重心，同时又受到朝鲜半岛局势等一些不确定因素的深刻影响，使该地区经济发展水平滞后于东北内陆腹地。表面上看是发展水平的差距，究其根源在于体制、机制的落后。东北东部边境地区整体呈带状分布，自然资源储量丰富，却没有充分利用如区位、自然和资源禀赋条件的比较优势，没有挖掘自身拥有的特色资源，并对其加以开发，形成资源优势。一个最重要的原因就是各地区（市）地方政府间没有互相沟通，协调发展，而是单打独斗，各自为政。这种合作体制上的弊端和制度上的缺陷，使得东北东部地区整体经济带没有形成完善的地方政府合作机制和成熟的合作模式，从而造成重复建设、规模不大、对外竞争力不强的结果。

因此，东北东部边境各市（州）间应从强调城市个体之间的竞争转向探求区域整合，进一步建立区域内的协作机制，构建东北东部边境经济带，打破行政壁垒和地区封锁，将现有的资源进行优化配置，形成统一的市场要素，按市场发展的规律来运作，实现资源共享，一致对外。在发展特色产业的同时，整合同类经济体，并形成集群式产业布局。东北东部边境地区本身就是一个相互联系、相互依赖的经济地理单元，有相同的地缘文化背景，实现区域经济一体化是该区域内各主体的共同愿望和迫切需求，也是东北老工业基地振兴的需要。要以全面提升区域整体对外开放水平、综合实力和竞争力为宗旨，坚持市场主导、政府推动、统筹规划、协同发展、开放公平、优势互补、互利共赢的原则，重点依托东北东部地区的森林、矿产、农副产品和旅游服务资源，发掘现有的资源、产业、市场等优势，合理谋划煤炭—冶金钢铁—电力、石油—化工—材料、林木—森工—家具、绿色农业—食品—粮食深加工等系列产业体系和配套布局，共同构建东北新型沿边开放带，形成与腹地经济的良性互动。

2. 区域外建立有效的次区域经济合作机制

（1）构建由政府主导的次区域协作机制

东北东部边境地区与周边国家和地区应建立政府主导的长期稳定的次区域协作机制。以"地缘优势"为载体的次区域经济合作，不仅可以规避由于发展程度、社会制度、文化意识等方面的差别带来的合作壁垒，而且可利用相互间的经济互补优势，提高竞争优势。所以，次区域经济合作更限于沿边地区。东北东部边境地区与朝鲜、俄罗斯接壤，与日本、韩国隔海相望，地缘优势明显。因此，应从双边国家的政府层面确定经贸合作的框架，创新政府会晤机制，搭建政府、学校、学术机构和企业开放式研究、交流和沟通的桥梁。

目前该地区参与的次区域经济合作最典型的是"图们江跨国自由贸易区"为核心的中国、俄罗斯、朝鲜次区域经济合作；另外是辽宁丹东与朝鲜新义州的次区域经济合作。应该说，这些地区的次区域经济合作并没有取得实质性的进展。以图们江地区次区域经济合作为例，由于该地区开发模式是松散型、非制度化的，"以我为主、各自开发"，以及开发资金的严重匮乏，导致该地区经济合作发展缓慢。虽然 2005 年 9 月联合国开发计划署将原来的开发地理范畴扩大至 5 国，将韩国和蒙古也增加进来，在经济实力上有所增强，但是，区域内各国出于各自的战略意图，制定了各自不同的发展规划和设想，并根据各自国内状况，采取不同对策，分步实施图们江区域合作开发。区域各国战略目标和价值取向的不同，导致了开发的不均衡性和不协调性，使得图们江区域合作开发总体上不尽如人意，未能取得突破性、实质性的成果。

所以，对于东北东部边境地区的次区域合作，应采取由参与国政府主导的机制，因为政府是区域一体化协调发展的推动者和实施者。首先，成立由参与国高层政府参与组成的区域合作组织机构，形成定期会晤机制和平台，制定总体发展规划和阶段性的发展计划，及时沟通地区合作的信息和意向，随时讨论并协商解决合作项目以及出现的具体问题，循序渐进为双边合作创建一个政策环境—经济环境—贸易自由化环境的递进机制；其次，成立次区域民间交流合作组织机构。该组织机构由双方政界、学界、企业界、行会等共同组成，帮助企业解决包括行业协作、法律、维权等许多发展性问题，在高层组织机构的领导下，为次区域一体化健康、协调、快速发展以及双方具体参与合作提供智力支持。

（2）构建与周边国家企业间的投资合作机制

从企业层面来看，东北东部边境地区与周边国家既有文化习俗的相似性，又在经营理念、发展水平上存在着差异性，同时也有信息的不对称性。只有以企业集群模式建立合作机制，才能更好地提高资源配置效率，增强企业间协调问题的灵活性。这一合作机制的核心在于建立东北东部边境地区与周边国家企业间三大合作交流机构："企业信息交流中心"——即时互换投资需求信息、市场需求信息；"人力资源交流中心"——包括基本劳动力资源库、管理人才库、翻译人才库等，以便企业间即时交换不同层次的劳动力需求信息；"科技交流中心"——提供与周边国家企业生产技术交流的平台，制定、协调双方合作的科研项目。通过这三个企业间的交流中心，不仅能使东北东部边境地区与周边国家企业实现实时交流，而且能够在此基础上共同探讨如何解决外部问题，并可以使双边产业合作由现有的传统贸易、投资模式，转向全方位、多层次的深度合作模式。

（二）东北东部边境地区对外合作模式

与国家层次的合作相比，局部地区合作具有明显的优势。它没有国家合作所面临的制度或法律层面的约束，能够利用较短的时间和较少的成本实现紧密的地区经济一体化，并能创造出重点地区的增产增效作用，利于地区间的经济联合。次区域经济合作具有明显的局部地区合作的特点，它是指在一个大的地区内以一些国家地理上相近或相邻的地方经济为主体的跨国（地区）的经济合作。次区域经济合作是分层次的，较大的层次如日本海经济圈、黄海经济圈等，次一级的层次包括各种成长三角。所谓成长三角是指小区域范围内的一个经济合作安排，由两三个或者更多一些在地理上相近国家的边境地区成立跨国界的经济合作区，通过加强区内产业贸易和投资等领域的相互协作，从而形成一个内部市场。

东北东部边境地区与周边国家如朝鲜、韩国、日本等人文环境比较相似，该地区的次区域经济合作应属于成长三角，是较低层次的次区域经济合作。可利用东北东部边境地区与周边国家地理上的相邻性，充分发挥各自在自然资源、劳动力、资本和技术等方面的相对优势，通过签订某种政府间条约或协定，使生产要素在该次区域范围内趋向自由化流动，从而带来生产资源的有效配置和生产效率的相应提高，通过优势互补，实现小范围跨国界的一个经济合作安排，促进外向型的贸易和投资，获得比较利益，达到经济共同发展的目的。

根据该地区与周边国家相关地区的经济发展水平差异，次区域经济合作模式可采用以下两种：

（1）单一贸易型合作模式

此种模式的次区域经济合作适用于各参加方经济发展水平差异不大，互补性较差，尤其是资金和技术两方面的互补性较弱，互相之间不可能进行大量投资，次区域经济合作发展程度较低。目前，东北东部边境地区都是东北老工业基地的边缘地带，远离经济中心，经济发展相对滞后，市场制度存在一定障碍，供给也很不充分，与周边国家尤其是与朝鲜的次区域合作应处于初级阶段，适于采取单一贸易型合作模式。东北东部边境地区最典型的次区域经济合作就是图们江地区次区域经济合作。图们江地区是中、俄、朝三国接壤地带，地处东北亚地理几何中心，其区域合作范围主要包括我国吉林等东北东部、朝鲜罗津先锋地区、俄罗斯滨海边疆区。这些地区都没有中心城市可以辐射带动周边地区，而且边境管治比较严格。

从东北东部边境地区与相邻国家边境地区的经贸现状来看，也主要是贸易合作，以商品互通有无为主的边境口岸贸易，以及与边境口岸贸易有关的技术水平低和经济规模小的贸易加工业，而相互间的资本流动较少，与周边国家的贸易方式也主要以边境贸易和小额贸易为主。从该地区长远发展来看，为促进边境地区生产要素的流动，基础设施的开发就成为相当长时期内该次区域经济合作的当务之急。同时，在贸易方式上也应灵活多样，努力拓展新的贸易方式，发展现汇、加工、转口、双边和多边贸易等多种贸易。

(2) 贸易与投资并举型合作模式

这种次区域合作的参加主体在经济发展水平方面互补性较强，次区域经济合作发展程度较高。发展水平上的互补性只有通过合作才能给各国带来经济利益，而投资不仅能促使合作长期、稳定发展，还能促进贸易领域的扩大和贸易层次的深入，是较高阶段的次区域经济合作，也是次区域合作的最终发展模式。此种模式的次区域经济合作的经济表现是贸易流量和投资流动充足，内源性的资本供给保证了次区域经济合作的持续动力。东北东部地区与韩国、俄罗斯的合作应采取此种类型的模式。韩国20世纪60年代经济起飞，建立了具有国际竞争力的重化工业，成功地实现了由劳动密集型产业结构向资本、技术密集型产业结构的演进，拥有着比较先进的技术、工业设备、工业产品和一定剩余资金，以及先进的管理经验等，在东北亚经济圈，除日本外，韩国是向外输出资本、技术的重要国家；俄罗斯远东地区则集中了70%～80%各种重要资源，在重型装备、能源化工、高新技术等领域有着很大的优势。因此，对于东北东部地区来说，采取这种次区域合作模式，加强与韩国、俄罗斯的经贸往来，可以使其资源、劳动力优势与韩国、俄罗斯的技术、资金优势发生一定程度的转换，打破老工业基地边缘地区资金、技术缺乏的"瓶颈"制约。

(三) 东北东部边境地区对外合作的途径

1. 整合东北东部边境地区资源，打造区域内经济合作平台

东北东部边境地区与朝鲜、俄罗斯接壤，与日本、韩国隔海相望，是进行对外贸易的窗口和重要通道，也是我国沿边开发开放布局的重要一极，是东北地区新的经济增长极。由于特殊的地理位置，该地区具有明显的地缘政治、经济等特征。经济结构以资源开发的部门为主，经济发展一直比较缓慢。随着我国全面对外开放战略的实施，东北东部边境地区的发展得到促进，也使该地区成为沿边对外开放和东北亚区域国际合作的核心地域。但是，客观上来看，这里又远离世界和中、俄等国社会经济的重心，同时又受到朝鲜半岛、日本海、黄海等等一些不确定因素的深刻影响，使该地区的地缘优势没有得到发挥，对外贸易的发展也受到一定的局限。目前东北东部边境地区应整合地区资源，加

强区域协调，打造区域内经济合作平台，通过吸收韩、日、俄的资金和技术，重点发展资源加工业。在该区域内按照区域经济一体化的格局，协调、合理开发利用区域内的优势资源，调整原有的产业布局，形成煤炭—冶金钢铁—电力、林木—森工—家具、绿色农业—食品—粮食深加工等系列产业体系和配套格局，打造东北东部地区特色加工产业集群，提升区域内整体经济水平。

2. 建造东北东部地区主要跨境经济合作区，辐射并提升整体贸易层次

跨境经济合作区是指在邻国边境附近划定特定区域，赋予该区域特殊的财政税收、投资贸易以及配套的产业政策，并对区内部分地区进行跨境海关特殊监管，吸引人流、物流、资金流、技术流、信息流等各种生产要素在此聚集，实现该区域加快发展，进而通过辐射效应带动周边地区发展。跨境经济合作区是邻国接壤边境地区间的一种紧密合作机制，是次区域经济合作的平台。

东北东部边境地区应充分利用特有的地域优势，发展对外经济合作，在区域内形成具有一定规模的对外贸易点，以点带面，促进东北东部地区整体对外贸易水平的提升。应选择经济相对发达、基础设施相对齐全、与周边地区有悠久贸易往来的口岸，如图们、珲春、绥芬河、丹东等口岸，以此为先行试点，根据各自的资源和产业发展优势，结合东北东部地区的产业开发规划，建立具有不同功能定位的跨境经济合作基地，以此为集散点，辐射带动其他地区，提升整体贸易水平与层次。

一是构建中部地带的珲春跨境经济合作区。珲春市地处中、朝、俄三国交界地带，位于东北亚地区的几何中心，是图们江的核心区，素有"三国相连、五国相通"之称。珲春市有 3 个公路口岸和 1 个铁路口岸与俄、朝相连，中、俄、朝、韩、日五国水路相通，以珲春为中心，半径 200 千米的范围内分布着俄、朝两国的 10 个港口。珲春边境经济合作区、出口加工区、中俄互市贸易区经过多年的建设，基础设施不断完善。建设珲春跨境经济合作区不仅符合《中国图们江区域合作开发规划纲要》的要求，更是叠加了"出口加工区"、"边境经济合作区"以及"互市贸易区"等各种优惠政策，涵盖中国、朝鲜和俄罗斯三国的特殊跨境经济合作区的先行示范区。在该跨境经济合作区内，中方以珲春边境经济合作区为中心，朝方、俄方以罗先、哈桑经济特区为核心，在区域内实施"一城两国、封闭运行、境内关外、自由贸易"管理模式，赋予跨境合作区财政、税收、投资、贸易以及其他配套产业方面的特殊政策，吸引人流、物流、资金流、技术流在区域内聚集互动，充分利用两种资源、两种市场，实现区域发展和繁荣，并通过产业辐射效应带动周边地区及东部地区的经济发展，推动中国图们江次区域合作的不断深入。

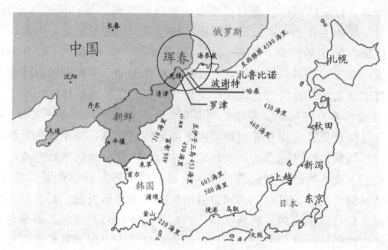

图 10.1 珲春优越的地理位置

二是构建南部地带的丹东—新义州新型的互贸区——综合体。丹东与朝鲜的新义州接壤，开展互市贸易有很好的条件。双方政府应共同合作，在丹东与新义州两市划出一定区域，建设封闭式的互市贸易市场，允许双方边民进入集市自由交易，并且在互市贸易区内实现多种功能：商品贸易、旅游观光、服务贸易、加工贸易、信息交流、高科技园区等，即为"新型的互贸区——综合体"，即在这个特殊的区域内，实现的已不仅仅是边民互市贸易这个单一职能。应该说建立互市贸易区，是在辽宁与朝鲜边境建立次区域 FTA 经济合作的前提，是实现资本、技术、劳动力自由流动，实现区域合作的共同繁荣和均衡发展的重要途径。

三是构建北部地带的中俄边境最大投资合作区——中俄绥（绥芬河）—波（波格拉尼奇内区）自由贸易区。绥芬河地处东北亚经济环的中心地带，是东北亚国际区域经济分工与合作的重要"窗口"，是连接欧亚大陆，沟通陆海联运的黄金大通道，也是中国对俄罗斯出口商品最多的贸易口岸，与俄罗斯格拉捷阔沃口岸对接，是国家级一类公路、铁路口岸，通过公路、铁路可直达俄滨海边疆区域各主要城市和港口。绥芬河公路口岸与俄罗斯滨海边疆区波格拉尼奇内陆路接壤。得天独厚的地理位置及地缘优势，使绥芬河公路口岸成为通向日本海的中、俄、日、韩陆海联运国际大通道的关结点和枢纽。

首先，建立中俄绥芬河—波格拉尼奇内地区性自由贸易安排。在绥芬河公路口岸与俄滨海边疆区波格拉尼奇内交界处，以国际贸易为基础，以投资合作为主导，集旅游、贸易、会展、金融、物流、商务、加工等多功能于一体，通过从低级到高级、从单边到双边的层次递进。其次，在区域性自由贸易安排基础上，建立自由贸易区，实行封闭型（区内区外差别对待）的自由贸易区模式，但并不对非成员国和非成员集体高筑关税壁垒。以单一产品零关税为起点，对双边贸易量较大、产业结构互补性强、双方竞争冲突小的产品实行零关税自由通关制度，部分商品实行部分或分阶段地减免，最终将绥—波自由贸易区建成为中俄跨国经济区。

构建跨境经济合作区关键在于双方政府的合作诚意与协调能力，尤其是要上升为国家层面上的合作，不断健全各类合作体制机制，进而加大投入，共同规划，逐步完善各类基础设施建设，打造物流、出口加工、服务等产业体系。这样才能充分发挥跨境经济合作区的作用。同时要加强与邻国或研究机构的合作，对跨境经济合作区这种新合作形式进行共同的研究和探讨，为双方共同推进跨境经济合作区的建设提供理论支持。

3. 转变贸易方式，将单一的货物贸易转向加工与贸易一体化，实现"贸工互动"

东北东部边境地区由于历史原因，与周边国家的边境贸易一直在较低层次徘徊，其原因是东北东部地区开展对外经贸合作的主体不强，不具备开展深层次合作的能力，致使东北东部地区在开展对外经贸合作中与周边国家或地区，尤其是与韩、俄等合作中的产业对接度低，对东北东部地区整体经济的拉动作用不强。要想实现东北东部地区对外贸易方式的转变，首先应扶持东北东部地区一些有传统优势的龙头企业及有潜力的企业，通过改造、重组、技术创新，努力打造一批实力雄厚的开展对外经贸合作主体，提升其示范作用；其次，发挥东北东部地区在煤炭、林产品、农产品方面所具有的资源优势，紧紧抓住周边日本、韩国等发达国家和新兴工业化国家的产业梯度转移，促进产业、资本、技术等生产要素加速融合，通过技术和资金的引进，培植一批有潜力的进出口加工企业，开展境内外的深层次加工贸易，最终形成"以贸易拉动产业"的发展模式，实现"贸工互动"，也使边境地区的合作从以边贸带动为主的单一模式转变为以贸易、投资、加工制造等协调带动的综合模式，将粗放型的贸易升级为集约型贸易。

4. 构筑东北东部边境地区对外运输通道

多年来，运输通道不畅是制约东北东部地区与内陆腹地和周边国家经济合作的瓶颈。东北东部边境地区有着极强的地域优势，与俄、朝毗邻，呈狭长地带，边境口岸是东北东部边境地区开展对外贸易的主要通道与窗口。根据其自身的条件特点，东北东部边境地区应充分发挥其原有的口岸优势，并根据其整体边境经济带的功能定位，构筑四条对外贸易的大通道：

（1）将丹东港打造成为东北东部的出海口

丹东港位于东北亚经济圈的中心和环渤海经济带东段，是中国海岸线最北端的国际贸易商港，是朝鲜半岛与中国及欧亚大陆主要通道连接点，也是连接俄罗斯、蒙古、朝鲜、韩国、日本最便捷的海铁物流大通道。距朝鲜南浦港90海里，距韩国仁川港232海里。目前已与日本、韩国、朝鲜、俄罗斯、香港等50多个国家和地区的70多个港口开辟了散杂货、集装箱和客运航线。丹东港现辖大东港（海港）和浪头港（河港）两个港区，共有生产性泊位19个，年综合吞吐量4 350万吨，位列全国主要港口第19位。作为中国东北东部地区新的出海大通道，丹东港一直肩负着东北东部地区乃至东北亚走向世界的重任。随着东北东部铁路、丹东—通化高速公路等综合运输网络的建成和港口基础设施的快速建设，预计到2015年，将实现港口吞吐量1.5亿吨以上，成为东北东部最便捷的出海大通道。

（2）对外通道—打造不同功能定位的口岸群

根据世界经济发展的趋势，口岸经济发展应走规模化经营的方向。东北东部边境地区20多个边境口岸，分布在三个省区。这些沿边口岸具有以下特点：一是交通距离短、运输成本低、使用历史长；二是口岸数量多而规模小，且各个口岸发展程度各不相同。从经济学规模化经营角度分析，口岸的分散导致基础设施的增多而引起的资金投入量加大，相关辅助设施和人力成本增多，从而降低口岸的经济效应；三是口岸设施陈旧，通而不畅，致使过货量受限，运输成本增加，影响了对朝、对俄经贸的发展；四是各口岸之间各自为政，同质发展，重复建设，内耗严重。

因此，东北东部边境口岸应突出重点，发挥优势，合理分工，打造组合口岸，实现跨区域合作，从同质化竞争走向差异化竞争。

口岸经济区域布局应形成核心口岸带动重点口岸、一般口岸为补充的协调发展的格局：北部借助准规划建设的同江高铁，发挥其枢纽作用，逐步建设经济技术开发区，形成以其为节点，辐射带动萝北、饶河、虎林、密山等口岸发展；中部的对俄口岸形成以绥芬河、珲春为核心，释放绥芬河保税区保税、物流、加工基地等功能，发挥商贸城、交通枢纽作用，引领周边的口岸发展；对朝口岸形成图们、珲春为重点、延吉为次重点，利用好其在"长吉图开发开放先导区"中的优势区位及政策优势，带动周边三合、古城里等口岸发展；南部充分发挥丹东港的集疏运及东北东部边境地区南部窗口的作用，以东北东部铁路、高速公路为纽带，将通化、海林等"陆港"、相应的海（河）港等紧紧联系在一起，拉动整个东北东部地区经济的发展，真正形成大连港牵头，营口港和丹东港为两翼的态势，使之不仅在辽宁沿海经济带建设中，而且在东北老工业基地全面振兴中展现重要功能。

（3）区内通道

东北东部经济带的发展必然依托于交通运输干线的支撑。但东部地区南北向交通建设长期滞后，东、中部联系路途曲折而遥远，运输成本增大，资源流动性较差，严重制约了东部地区从资源型产业向加工制造业的转移，成为资源型城市和区域发展接续产业的"瓶颈"，也加大了东北中部加工型地域引进资源的成本，造成资源利用效率不高，生产力水平低下，经济发展滞后的现象。

东北东部边境地区既有沿江、沿边优势，依托"东边道"陆路大动脉支撑，可以集诸多优势于一体，发展潜力巨大。东部铁路的建设，使东北东部地区最终将形成一个由一条南北向东部边境通道和四条东西向跨境交通走廊（滨绥线、长图珲线、梅集线、沈丹线）构成的综合通道体系，包括铁路、公路、港口、口岸及其他区域性交通枢纽等。这一通道体系的建设无疑将加强东北东部地区与中南部地区的联系，也与周边具有丰富资源的俄罗斯远东、朝鲜北部地区密切联系，客观上形成"两头在外"的全方位对外开放格局——南出黄渤海，北上俄罗斯，东进朝鲜、俄罗斯，西经欧亚大陆桥联系欧洲，充分利用东北亚地区及其他国际市场资源加快区域发展。

另外，加速丹通经济带建设，打造东北东部大开发、大开放先导区。东北东部经济带与辽宁沿海经济带联结在一起，能够构成一条"V"字形的互动经济带，而丹东作为两条经济带的起点，地位突出。同时，目前通化市推动东北东部经济带建设积极性很高，丹东和通化两市区位优势突出、合作潜力大、互补性强，作为辽宁省与吉林省的重要结合点，丹通经济带建设前景明朗。丹东必须加大力度，积极响应通化，一道推进丹通经济带建设，打造东北东部大开发、大开放的先导区，为东北东部经济带中其他城市与丹东合作提供借鉴，提升东北东部地区对外开放水平。

（四）东北东部边境地区对外合作领域

1. 发展技术贸易，提升边境货物贸易的产品技术附加值

东北东部边境地区对外贸易主要以货物贸易为主，且出口主要是初级产品和劳动密集型产品，贸易结构主要是产业间合作，技术贸易所占比重甚小。从近些年东北东部边境地区对周边国家和地区的贸易来看，贸易规模和贸易额度不断扩大，但贸易额的增长更多的是依赖于货物数量的增长，这种增长方式实际上不能有效发挥对外经贸对经济增长的带动作用，而且其拓展的空间也有限。

要想使该地区的对外贸易综合实力有所提升，必须有低价格高质量的品牌产品，而获得质量和价格优势的根本途径就是技术创新。开展对外技术合作可以培育企业自主创新能力，从而加强自身外向型经济竞争力。东北东部边境地区属于东北老工业基地的边缘地区，与内陆腹地及东部沿海地区相比，经济发展滞后，科技水平较低，且市场比较封闭。但该地区与俄罗斯接壤，与韩国、日本隔江相望。它们都是重工业发展相对优势的国家，日本为发达国家；韩国为新兴工业化国家；俄罗斯虽然是发展中国家，但其科技水平位居世界前列。与这些国家相比，东北东部边境地区在产业发展水平和产业结构上与其存在一定的梯度错位空间，发展国际合作和产业结构转移具有很强的互补性。东北东部边境地区资源和产业原材料的利用价值很大，应通过与韩、俄的科技合作引进所需先进的基础性技术，结合自身创新能力，不断改造传统出口产业、开发高新技术产品，使出口产品的技术含量和档次不断提高，在技术贸易规模扩大的同时，提高双方商品的科技含量，改善目前货物贸易的商品结构，在实现经济规模增长的同时，追求质的发展。

2. 加强与周边国家的金融合作，建立健全贸易结算支付体系

从目前东北东部边境地区与周边地区的金融发展水平来看，双边仍属于"金融弱国"，金融基础设施都难以提供与周边次区域经济合作相匹配的金融服务。中国东北东部边境地区与周边国家，尤其是朝鲜、俄罗斯边境地区的经济发展水平、市场化程度和金融业发展水平较为滞后，资本要素的跨境流动程度低；另外，周边国家对人民币的接受和认同度不一，朝鲜国内对人民币认同度较高，而俄罗斯、韩国对人民币认可度不是很高，这在一定程度上影响了人民币向周边国家和地区推进的深度和广度；至今，由于朝鲜国内体制的束缚，中朝两国银行间仍未建立边贸结算关系，不能直接进行边贸结算业务，这也阻碍了双边贸易的进一步发展，也使人民币区域化进程受到制约。

从图们江次区域经济合作的实践中可以看出，虽然制度上的约束已成为制约其合作的重要因素，但资金不足也是制约其合作进一步发展的重要瓶颈。金融合作的滞后也导致次区域各国在实体经济领域的合作中面临交易成本居高不下、资本配置效率低下、要素流动性差等问题。要使东北东部边境地区与周边国家的经济合作进一步深化，加强金融合作是区域经济发展的"第一推动力"，也是区域经济合作的必然选择。

首先，应积极推进与周边国家签订双边本币结算协议，建立双边银行间的支付清算机制，为双边贸易、投资提供支持。建立健全东北东部边境地区与周边国家贸易结算支付体系，稳步扩大本币结算规模，这既是金融合作的重要内容，又是加强经济合作的基础。加强各国之间货币的双边及多边结算，可以减轻区域内贸易对美元等强势货币的过度依赖，降低交易成本和汇率波动对国际收支的影响，规避清算货币包括财政与货币政策一致性等方面的问题；而对于人民币而言，可逐渐提高国际化地位，从而拓宽人民币国际化渠道。其次，建

立货币互换机制。货币互换的主要目的在于降低筹资成本，防止汇率变动风险造成的损失，并减轻因美元流动性缺乏带来的贸易融资萎缩，解决双边合作区域内国际收支和短期流动性困难，而且可以共同防范金融危机。最后，在东北东部边境地区开展人民币结算试点，建立健全人民币跨境结算体系，完善同境外银行跨境人民币金融清算模式，搭建服务平台，畅通清算渠道，提高跨境人民币服务效率，以满足人民币边境贸易结算的需求，实现跨境人民币结算区域化。

3. 加强基础设施投资与合作，形成立体物流网络

东北东部边境地区应通过促进与周边地区和国家的基础设施投资，来加快次区域合作与发展，从而带动就业、消除贫困，促进次区域内经济水平的整体提升。

（1）应加强对朝鲜的基础设施的投资建设

朝鲜的铁路、公路、港口的基础设施相对落后，交通运输工具比较缺乏，服务设施、办公和居民用房等需求量很大，电话、网络、通讯等设施自动化程度低。而朝鲜的经济发展需要建设很多相关的基础设施，如发电厂、水利设施、修建铁路和公路等。东北东部边境地区经济转轨的步伐虽然落后于内陆腹地和其他沿海地区，但产业基础较雄厚，相对于朝鲜而言，城市化水平较高，基础设施比较完备，交通通信发达，在这一领域有着广阔的合作空间。目前在朝鲜经济困难时期，我们可以采用BOT的方式与朝鲜进行合作。

（2）应加强与俄交通运输业的合作

交通运输业对于东北东部与俄经贸合作具有举足轻重的作用，双边应致力于形成双方间公路、铁路、水路的立体交叉网，加快中俄跨境路桥和贸易口岸的基础设施建设，特别是绥芬河—格罗捷科沃口岸、黑河—布拉戈维申斯克口岸、抚远—哈巴罗夫斯克口岸等进出通道的扩建，绥芬河—牡丹江的复线改造和东宁—乌苏里斯克地方铁路的建设，形成以港口为门户、铁路为动脉、公路为骨架的立体物流网络。将重型装备、粮食、能源、原材料等物质经由铁路、公路运输出境至俄罗斯远东港口，再经海路运输至中国沿海地区或其他国家。这样，相对低廉的海运成本和畅通的海运通道将有助于提高东北东部地区产品的外销竞争力。对于俄罗斯远东地区来说，物流投资合作可以实现运输线路的多样化，更加方便快捷地把其能源、矿石、木材等资源性产品运往中国东北地区乃至整个中国，加速产品流通，减少企业运营成本，并且可以带动沿线地区的经济发展，繁荣俄罗斯港口经济，打造经济增长极，带动周边相对落后地区的发展。

4. 大力开展劳务合作

东北东部边境地区劳动力资源较为丰富，与周边国家开展劳务合作有很大优势。一是可与俄罗斯开展劳务合作。俄罗斯人力资源相对较为匮乏，其发展经济和开发东部地区丰富的自然资源，需引进大量的劳动力资源。而东北东部边境地区有各行各业富余的成熟的劳动力，这些劳动力资源有特定专业的操作技术，如林业、建筑业、矿业、农业等，另外，还具备高寒地区作业的丰富经验。所以对东北东部边境地区来说，有规模地向俄罗斯输出劳动力，不仅可以有效缓解该地区就业压力，而且还可以为深化与俄罗斯的经贸合作提供方向。东北东部边境地区应积极向俄罗斯输入工程承包、农业、畜牧业、资源开采等方面劳务人员，弥补俄劳动力不足的现状。俄罗斯也应为劳务人员打开方便之门，取消劳务许可制度，简化劳务审批手续，削减各项杂税，避免挫伤中国劳务人员的积极性。另外，随着东北东部边境地区劳动力资源知识结构和技术水平的不断提高，双方应加强在高技术领域的人员交流，利用双方技术人才优势，开展高新技术领域的劳务合作。

二是利用地缘优势，与朝鲜开展劳务合作。东北东部边境地区虽然是劳动力资源相对充裕地区，但随着社会发展，2010 年以后，东北东部地区人口老龄化现象严重，而一段时间内劳动力需求增加。解决这种矛盾就是从朝鲜输入劳动力。

目前，在东北东部的图们、珲春、东港等地，可以看到朝鲜劳工勤奋努力的身影，他们都是高学历高素质的人才，大多从事制造业和服务业等行业。据媒体报道，丹东目前正在制定一个关于承接"朝鲜劳动力"的规划，期望通过廉价的朝鲜劳动力，把丹东打造成东北东部的代加工城市或者承接东部的代加工产业，并让鸭绿江流域的 13 个县市一起发力，成为朝鲜劳工最大的集聚地，从而推动东北东部边境地区的整体开放。

应该说，低成本、勤奋、好管理的朝鲜劳工，很受东北东部地区企业的青睐，但雇用朝鲜劳工绝非易事。雇用朝鲜劳工的手续并不繁琐，但是比较"苛刻"。而且，朝鲜劳工也并非对所有产业开放，只对服装加工、食品加工和软件行业开放。对于雇用的企业也有要求，即在丹东设厂时间超过一年并拥有一年的完税证明，投资资本金额达到 100 万美元，而且朝鲜员工只能占 20%。由此可见，与朝鲜进行劳务合作还需要进一步加强政府层面的沟通与协调机制，真正形成劳动力资源合理优化配置。

第十一章　东北东部边境地区可持续发展战略研究

对于欠发达地区而言，落后是全方位的，发展的要求也是多方面的。但是由于缺乏自我积累和自我发展的机制，这些地区往往采取传统的粗放式的经营方式，在实现一定的经济增长的同时，也会造成生态环境的恶化、与发达地区的差距进一步拉大等使发展无法持续下去的状况。在特定的区域特征和外部环境下，如何挖掘区域的发展潜力，寻求资源、环境与发展之间相互协调的机制，使区域的发展能够持续下去，是我们致力想要解决的问题。

第一节　区域可持续发展理论

可持续发展，是关系到人类未来前途、已经引起世界各国高度关注的全球性大事。中国正同世界各国共同努力，加快建设人与自然相和谐、经济与社会相和谐的社会，实现人口、资源、环境可持续发展，造福当代，利及子孙。

可持续发展是一个内涵极为丰富的概念，可持续发展的核心是正确处理人与人、人与自然之间的关系。可持续发展思想的基本内涵就是这种发展实践是可以持久地继续下去，而不是难以为继的，所以它在本质上更为重要的是一种发展的实践方式。

世界环境与发展委员会（WCED，1987）给出的可持续发展定义是："既能满足当代人的需要，又不对后代人满足其需要的能力构成危害的发展"。该定义体现了公平性原则、持续性原则和共同性原则。

区域可持续发展是可持续发展在具体地域上的表现，区域尺度的持续发展是发展中国家和地区开发成败与否的关键，也是地理学参加持续发展研究发挥更大作用的领域。在目前，我们对可持续发展的研究还只能在区域的层面上对其进行实际操作，即必然要落实到一个特定"区域"，它们均表现为由自然基础系统、经济支持系统和社会发展系统紧密耦合的综合体。研究区域可持续发展，就是在特定的社会环境中，以自然社会地理环境的良性循环为基本约束，来谋求这个"自然—人文"互为耦合的综合体的和谐、高效、优化、有序发展，其中，自然是从恢复生态平衡和生态伦理角度考虑的长远人地关系协调；经济着重解决区域发展的起步措施和物质财富的持续供应；社会人文则是考虑如何促进区域传统观念的现代化，即传统人如何走向现代人和后现代人，以保证经济的持续发展，而又不破坏环境和自然。生态和社会效益主要表现持续发展的目标，经济效益才是解决持续发展可操作性的关键，没有经济的起步和促进，持续发展难以实现。

我国东北东部地区地处边境，从发展历史来看，我国边境地区多为欠发达地区，地处偏远，地理环境闭塞，可达性差，信息不灵，经济社会发展落后。新中国成立以后，在较长时间里，受地缘政治的影响，与原苏联接壤的地区立足于"打后再建"。边境地区主要扮演着政治、军事冲突屏障的作用，经济社会发展长期受到忽视，因此，边境地区经济与内地和沿海地区的差距越拉越大。边境地区基本都与"老少边穷"几个字沾边，发展的基本任务还是提高广大人民的物质生活水平。基于以上分析，我们认为主要应该从以下两个方面来判定发展是否可持续：

（1）自然社会地理系统的生产方式是否可持续。第一，生产和生产的增长是否建立在保持自然社会地理系统相对稳定和良性循环的基础上，只有是，才能保证自然社会地理系统特定的生产方式可以持续地进行，否则，特定的生产方式必然难以维持下去。第二，特定生产方式生产的产品和服务是否为社会所需求，自然社会地理系统生产的目标是生产可供消费的产品和服务，如果它提供的产品和服务是社会已经充足拥有的，那么它的产品和服务就很难被消费，在这种情况下系统的生产方式是很难持续下去的。

（2）自然社会地理系统的生产是否在增长和发展（这个发展指的是生产的变化和社会的需求变化相适应）。增长主要表现在两个方面，即质的方面和量的方面。质的方面就是指产品和服务的种类和品质；量的方面就是指某种产品或服务的数量。当产品或服务的种类增加了，或是品质提高了，或是数量扩大了，我们就说生产是在发展的。相反，我们就认为系统的生产处于停滞或倒退状态。无疑，只有这两个方面都是肯定的，才能算是可持续发展。

第二节 东北东部边境地区可持续发展表象特征

通过长期的研究，作者对东北东部边境地区所属区域类型的界定将"自然—人文"地域特征统一起来，总结出其区域类型为："欠发达资源型"，"生态环境脆弱区"。具体来说该地区资源优势（潜在的经济优势）明显，但是由于所处的政治角色作用造成现有生产力和技术水平低下，社会经济发展落后、生态环境失衡的区域。这类地区在我国的分布以边境地区和省域接壤区为主，大多远离省区行政中心和经济中心。本课题所研究的东北东部边境地区是这一类型的典型区域。

一、对"资源型"的认识

人类迄今利用过的资源可以划分为四大层次：采猎时代的天然动植物资源、农业时代的地表农牧资源、工业时代的地下矿物资源和知识经济时代的知识资源。在不同的经济时代，受主客观条件的限制，这四类资源所处的地位不同。

按照国内理论界大多数人的判断，中国目前处于工业化加速阶段开始的历史时期（即工业化中期）。而欠发达地区由于区域内部的不协调，使区域的发展阶段非常复杂，但总体上具有工业化准备或初期阶段的特征。按照这个估计，中国欠发达地区资源构成特征是：农牧资源仍有相当重要的作用，矿物资源的地位迅速上升，天然动植物资源已经比较稀少，知识资源尚处在萌芽状态。可见，在整个人类发展对资源开发利用不断加深的背景下，欠发达地区的资源优势总体上是依赖于自然系统所提供的资源来称道的，包括矿产资源、土地及依赖于土地的农牧资源。当然，针对不同的区域，资源的禀赋条件是不同的。

东北东部边境地区的矿藏、森林等资源的禀赋具有相对比较优势，并且在一定的外来推力下，可能极大地转变为经济优势，成为推动区域经济社会可持续发展的重要突破口之一。具体表现在本地区自然资源丰富，拥有东北地区70%的煤炭资源；本地区是东北森林覆盖率最高、分布范围最大和森林资源最为丰富的地区，素有"长白林海"之称；本地区资源环境系统独特，自然生态系统有湿地生态系统、农田生态系统、森林生态系统等多种类型；地域内有松花江、图们江、乌苏里江、黑龙江和鸭绿江等多条主要河流通过，水资源丰富。综上可见，本地区是东北地区乃至全国的重要资源地域，也是我国东北部重要的生态屏障。

二、对"欠发达"的认识

人类文明的发展过程实际上是一个逐步拓宽生存空间和梯度推移的过程，区域社会经济发展不平衡是经济发展过程中的必然。非均衡发展自始至终贯穿于整个发展的过程，地区之间存在差异涨落是不可避免的。按照国际惯例以人均国民收入的高低作为区分发达与欠发达地区的标准，我国学者对二者的区分经历从单纯经济指标界定（即人均GDP值）到经济—社会综合指标界定的认识阶段。20世纪60年代以来，国际上广泛使用发达和欠发达（还有落后、后进、不发达等同类词）的概念。后者所要表述的主要社会经济特征是：①贫困性。相当一部分居民无法满足人的基本需求，即生活不得温饱，生产难以为继；形成产业间、城乡间、地区间相互脱节的二元结构以及与此相适应的社会文化二元结构。②依附性。在目前不合理的国际经济秩序下，与发达国家的关系仍处于依附的地位，发达国家一方处于"核心"区域或"世界城市"的控制地位，广大发展中国家则处于"边缘"区域或"世界乡村"的从属地位。从一国内部看（虽然与国际关系的性质有所不同），欠发达地区对中央政府、对发达地区在人力、物力、财力上的依赖性以及地区分工、商品交换等方面的不平等也明显存在。③落后性。在总量、人均值、结构水平、城市化程度、差距发展趋势等指标上显著落后于发达地区。可见，欠发达与发达的差异不仅是简单的数量落后，更重要的是有质的不同。

东北东部边境地区由于历史、政治、军事等各方面原因制约了经济发展，大部分地区经济发展落后于所在省区的平均水平，属于经济欠发达地区。其经济差异主要表现在经济规模、居民收入水平、基础设施等方面。在经济发展水平方面，按国际通用划分方法，将某一地区人均生产总值与全区人均生产总值的比值作为划分的标准，对东北地区的县域经济发展水平所处阶段进行了划分。东北东部边境地区43个县中只有3个县属于发达县，29个县属于次发达县，后进县有11个。2009年这些县GDP总量3 072.97亿元，人均2.25万元，县均71.46亿元。以上指标都低于2009年东北县域经济平均水平。在基础设施方面，东北东部边境地区的交通缺少纵向联系，交通基础设施不完善；口岸数量众多，但是基础设施陈旧，重复建设过多，口岸资源没有进行合理整合。这些都是制约地区经济发展的因素。

三、对"生态环境脆弱"的认识

目前对生态环境脆弱比较认同的理解是：在特定的社会经济运行环境下，生态环境无法保持良性的循环发展，或者说生态环境退化超过了现有社会经济和技术水平下能长期维持目前人类利用和发展的水平，认定为生态环境脆弱。也就是在保持和增大人类利用环境的程度和规模的条件下，可以通过经济、技术改革和调适，也可以靠外来资源和外输出来缓解资源耗竭和环境退化。

生态环境脆弱形成因素可归纳为自然因素和人为因素两大因素。自然因素是生态环境构成的物质基础并产生其形成演替的能量基础。人为因素即人类不合理的开发利用。人类生存离不开资源和环境。人类一方面通过资源的开发获得物质和环境建设来改善生态环境；另一方面，资源和环境又以自身的质量、数量分布制约着人类的生存发展，形成彼此共生、相互关联的关系，自始至终处于动态平衡之中，而人类活动则处于这种关系的主导地位；如果人类活动与自然环境承载能力及再生能力相协调，则生态环境处于良性演替；如果人类不合理开发利用，生态环境将会逆向演替，并将导致脆弱生态环境的产生。人类对资源环境的不合理利用是生态环境脆弱产生的主要原因。

东北东部边境地区由于地处边远，与核心城市距离较远，交通不便，战争威胁，人口内迁等原因，资源开发和城市扩张在边境地区较之内陆发展滞后，因而自然资源大多得以保存下来。"长白林海""中国人参之乡""中国西洋参之乡""中国长白山矿泉城""中国林蛙之乡""中国红景天之乡""中国三大天然药库""中药之乡""葡萄酒之乡""优质大米之乡"这些美誉都来源于地区良好生态环境生养的优质产品。但是生态环境越好，其生态系统越脆弱。开发利用的不善很容易导致生态系统的崩溃，造成特色物种的衰退乃至消亡，难以恢复。

第三节 东北东部边境地区的人才支撑与可持续发展战略实施

一、区域经济发展与人才支撑体系

（一）人才与人才支撑体系的概念

关于人才这个概念使用的比较多，但是对于"人才"的概念却很难给予一个确切的描述，也很难找出一个什么是人才的准确的界定标准。人才是总人口中具有特殊能力的人力资源的群体，是人力资源中的高层次部分。综合国内外相关资料的有关描述，有的以学历为界定标准，有的以职称为界定标准，还有的以学位为界定标准。这些界定的标准都有它的片面性，但是有一点是可以确定的，那就是人才资源是人力资源核心、最有价值的那一部分组成的群体，是人力资源开发的根本任务。在实现区域经济发展过程中，人才是最重要的支撑因素。

人才资源呈现出5种相互关联的特性：（1）人才是社会的、人群的一个相对概念，人才价值是从社会的比照及其在社会中发挥的作用体现的。（2）人才的概念是随着自身、时间、环境等因素的变化而变化的。（3）人才的行为是受利益驱动的。名利、地位或理想化的信仰追求、自身价值的实现等往往能够驱使人们不断努力。（4）人才的成长及作用的发挥是有成本的。人才的趋利性决定人才在社会的交流中要求回报。（5）人才的产出是大于投入成本的；人才是可以增值的资本。

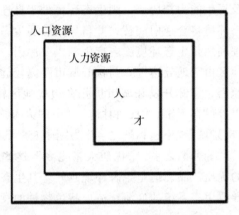

图 11.1　人口资源、人力资源与人才的关系

所谓体系是由若干相关事物或者某些意识相互关联而构成的整体。而人才支撑体系是人力资源运行的载体，是一个多元性、层次性、动态性和整体性的社会系统。以人才资源为核心，利用各种资源和多种方式，通过政策、市场、资金、激励、服务、环境、教育和培训等多种因素的影响，建立科学的，具有操作性的人才评价标准和指标体系，健全开发、选择、吸引、留用、用好人才的政策机制，达到人才培养、引进、使用的目的，从而促进经济和社会发展。

（二）人才支撑体系与区域经济发展的关系

1. 人才支撑体系促进区域经济发展

区域经济发展的关键在于一定数量的财力保证和高素质的科技人才的开发。人才在我国经济发展和社会进步中具有基础性、战略性和决定性作用。强化人才支撑体系是做好人才工作，促进区域经济发展的重要保证，对区域经济发展起着枢纽和调控作用。人才支撑体系最为核心的部分就是人才资源。人才资源的数量、质量、结构和配置，人才活力、发展潜力、可持续发展力、外部人才利用力及人才效能等在一定程度上决定了人才支撑对区域经济发展的影响。人才资源数量的增加、质量的提高、结构的改善，将会形成用力的人才支撑体系，促进区域经济的发展。反之，人才资源短缺和结构不合理，将会导致区域科技竞争能力不强，缺乏内增创新能力和积累能力，主导产业的本土化优势不能充分发挥，很难实现区域经济合作发展。

有资料表明：上世纪初，在发达国家中劳动生产率提高的 20% 是由采用新的科学技术带来的。到了上个世纪七八十年代，已上升到 60%～80%。发达国家的国民生产总值增长的 3/4 靠科技、靠人才，1/4 才是靠资本和设备。因此，一个国家和地区的经济发展将取决于人力资源的开发与利用水平和程度。

　　2. 区域经济发展水平对人才产生较强的聚集效应

　　经济发展水平对人才产生较强的聚集效应，是引起人才聚集的主要因素。经济发展水平决定了对人才的需求数量和人才结构的变化；经济发达地区有着更为优越的人才平台、机制和支撑体系。某地区在整个经济体中经济地位的高低，决定了该地区对人才吸引能力的大小，从而决定了该地区的人才含量水平，而人才含量高的地区经济增长会比其他地区更快。

二、人才支撑体系现状分析

（一）人才资源整体规模不大

　　人才资源规模小，增长有限。一般来说，人才效益和人才数量成正比例关系。相同条件下，从业人员人才密度越高，就能创造越多的社会经济效益。而东北东部 11 城市现有的从业人才密度尚低，各层次专门人才短缺状况明显（见表 11.1）。

表 11.1　　　　　东北东部 11 市（州）2010 年教育、人才基本情况　　　　单位：人

人才资源	丹东	本溪	通化	白山	延边	双鸭山	鹤岗	七台河	佳木斯	牡丹江	鸡西
高校数	3	2	1	1	2	1	1	1	4	7	1
招生数	9 229	3 608	3 032	516	4 473	523	620	334	8 222	13 082	3 470
高校在校生数	24 193	15 471	10 783	1 806	17 884	1 567	2 705	1 489	31 880	47 669	10 578
毕业生数	9 108	3 326	2 754	—	4 904	416	743	767	8 315	12 166	2 848
科技活动人员数	2 302	2 784	1 712	78	570	1 927	327	246	2 589	2 394	1 435
从事科技活动博士生数量	102	124	60	6	8	3	0	2	94	92	5
从事科技活动硕士生数量	420	568	128	17	27	21	3	4	482	400	9
从事科技活动本科生数量	1 024	1 258	830	137	215	341	89	49	1 054	862	68

　　数据来源：2010 年辽、吉、黑统计年鉴。

（二）人才素质整体偏低

　　在人才总量一定的情况下，人才个体的质量即素质能力是决定支撑力的主要因素。2010 年，东北东部边境地区大专以上学历的人才占从业人员的 4.8%，大学本科学历尤其是研究生以上学历人才比重仍较低。东北东部地区高学历、高技能、高层次人才的数量比较少；除了人才学历层次结构存在问题

外，事实上学历、职称、职务高低并不完全反映素质能力水平的高低。高学历、高职称、高职务、低能力的问题仍然存在。与其他地区，尤其是发达地区相比，各类人才队伍的整体素质能力仍偏低，代表东北东部地区最高水平的专业技术人才和经营管理人才与发达地区相应人才比，无论数量还是能力水平上都有差距。目前，各类人才素质能力都有待于提升，各行各业普遍缺少高素质能力的人才。实现东北东部地区经济跨越发展必须加快提升人才队伍的整体素质和能力，亟待建设一支与之相适应的高素质能力的人才队伍。因此，提升人才支撑力更重要的在于质量，加快素质能力建设是今后东北东部地区人才建设所面临的主要任务和重点。

（三）人才资源配置优化程度不高

人才资源配置优化度、人才结构的合理程度，是决定一个区域人才支撑力的重要因素。人才群体的合理搭配，人才资源在不同职业、行业、地区间的分布、配置，直接影响人才效率效能的发挥，分布不合理，将会造成极大的人才资源浪费。目前，从总体上看，东北东部边境地区人才结构性问题还很突出。第一，人才群体的年龄、知识、专业、岗位、梯次结构尚不尽合理，有待于进一步优化。第二，人才供求结构性矛盾突出、供求结构失调问题依然严重。人才供给结构与需求结构不能完全对接，社会需要甚至短缺急需的一些人才得不到充分满足，出现人才供求失衡。第三，人才分布不协调的问题突出。人才在机关、企事业单位的分布不协调，专业技术人才在事业单位所占的比重大，在企业所占比重小，直接服务于经济建设的科技人才、企业专业技术人才较少。人才产业分布不协调，人才结构调整滞后于经济结构调整。第一产业人才少，第二产业人才实力不强，第三产业中新兴现代服务业人才比重低，发展不够快。民营企业人才总量短缺，尤其是高层次科技人才、高素质管理人才、高级技能人才短缺严重。改变人才分布不协调状况、优化人才结构，实现人才科学、和谐发展成为当前紧迫的任务。

（四）创新型人才不足，特色产业人才少

自主创新、科技创业是东北东部边境地区科技进步、经济增长的一个薄弱环节。东北东部边境地区科技人员中绝大多数集中在大企业，在中小企业从事自主创新的很少。一些具有特色产业的中小企业的从业人员主要来源于农村剩余劳动力和城镇新增劳动力，文化程度普遍较低，缺乏工作所必需的技能训练，大大制约了企业技术水平和劳动生产率的提高，严重影响了中小企业自主创新活动的展开。有些企业虽然也有技术人员队伍，但绝大部分忙于日常生产经营活动，普遍缺乏独立从事研究开发工作的必要技术力量和技术手段。企业在自主创新技术人才、自主创新管理人才和自主创新技能人才三方面的稀缺，

导致企业自主创新能力的不足以及不能持久。

（五）人才流失严重

从社会环境来看，由于东北东部边境大部分城市所处地理位置较偏，气候环境一般，经济发展条件普遍落后于国内沿海发达地区，缺乏强有力的人才吸引政策，社会环境和人文环境对人才的吸引力相对较弱，人才外流现象较全国先进地区相比，更是十分严重。

从人才本身的角度来看，现在有相当的一部分人才，特别是刚毕业不久的一些大学生，眼高手低，不愿意从基层工作做起，待遇却要与广州和上海等发达城市相比；还有的在实习期间，只要物色到比现在稍微好一点的公司就随意违约，提前解约或者以打招呼的形式离开原来的企业，使得企业处于既想培养骨干人才，又怕陷入培养了骨干人才又留不住的尴尬境地，反过来更进一步地加剧了高层次人才流失。

三、构筑人才支撑体系的对策

（一）构建人才引入的支撑体系

1. 加强人才"磁场"的建设

经济发展与人才支撑是互动的关系，人才支撑促进经济增长的同时，经济发展水平会对人才产生较强的集聚效应。古人云："良禽择木而栖"。区域经济社会发展总体水平、社会大环境及生态环境等因素，决定人才"磁场"强弱。因此东北东部区域经济发展应着力做好人才留驻工作：要在环境留人、事业留人、待遇留人等方面创新机制，留住人才和用好人才，对有突出贡献的行政管理、科学研究、技术推广方面的人才实行重用和重奖，逐步形成一套符合东北东部区域经济合作特色，有利于人才成长和施展才华的竞争激励机制。实施优惠政策，吸引实力雄厚的企业和科研机构进驻本地区，以实现短期内有效拉动本地经济的增长。加快城市基础设施建设，改善城市交通、卫生状况，创造良好的生活条件，营造最佳人居环境，增强东北东部地区人才外部吸引力。

2. 提高人才资源配置优化度

（1）建立全方位的人才资源信息系统

人才市场上的信息不对称性，造成人才资源的浪费，为使人才供需双方更加灵活地进行沟通和选择，必须建立全方位的人才资源信息系统。建立健全各类人才信息数据库。包括建立流动人员人事档案社会化管理系统、规范化的人才资格评价系统、科学的薪酬咨询系统、全方位的人事代理系统、择业指导系统和高层次人才中介配置系统。创造一个可以发挥合理配置功能、能增强人才流动的人才资源市场。建立并运作好人才数据库，掌握人才分布情况，根据生产技术问题，随时查找相应的专家提供服务，使人才的使用处于流动的状态，提高人才利用效率，避免了人才资源浪费。

（2）健全人才流动机制

一方面，实施人才工程，积极引导人才向企业流动，鼓励大学和科研院所的专家教授挂职到企业工作，解决人才在机关、企事业单位分布不协调问题。另一方面，在鼓励人才流动的同时加以规范人才流动秩序，以防止企业科技人员被外地企业挖走时把核心技术、商业秘密带走，给原企业造成巨大损失。

3. 开辟多种引才渠道

（1）项目引才

东北东部边境地区的 11 个市域的中心城市拥有 24 所高等院校，具有特别有利的人才培养与辐射作用。以项目为载体带动人才聚集，通过加强与高等院校、科研院所的项目合作，将使科研成果更快地转化为经济效益。利用高校和科研院所提供的决策咨询、项目设计、科研开发、人才培养等方面的服务，特别是要利用高校和科研院所的人才优势、技术优势、设备优势、信息优势，共建技术开发机构和经济实体，加快科研成果和项目的开发和转化，培养一批青年人才，实现东北东部地区经济跨越式发展的人才支撑。

（2）技术合作

鼓励高层次人才用自己的技术、知识等要素参与分配或实现资本化、产权化，利用兼职、讲学、任务聘用、科技合作、技术咨询、技术承包、技术入股等多种形式，大力创造人尽其才、才尽其用的社会环境，让各种人才为东北东部地区经济发展出谋划策，充分施展才华。

（3）完善引智计划

从东北地区走向全国、走向世界的优秀人才数以万计，其中许多已经成为国内外知名专家和企业家，政府与企业联合建立引智计划，通过多种渠道吸引东北籍人才为家乡建设服务。

（4）专家组织的建立

通过人才数据库，建立专家信息系统，经推荐和专家自荐，成立专家组织，柔性引进专家和技术人才，为本地经济社会发展各项事业服务。专家组织技术力量雄厚、专业门类齐全、联络人才广泛，与其建立长期、稳固的人才和智力协作关系，不仅可以解决人才、技术需求，而且可以不断开辟工作新区域。

（二）构建人才的培训支撑体系

根据经济学家舒尔茨（T. W. Schult）和贝尔克（G. S. Becker）的人力资本理论，在经济增长中，物质资本的作用小于人力资本的作用。因此对于东北东部区域经济合作中必须着重构建人才培训支撑体系。

1. 加大教育投入，提高教育质量

人力资本的关键和核心是提高人口的素质，教育要发展，投入是关键。教育投资是人力资本投资的重要部分。人的能力不仅和先天基础有关，在很大程度上是由于后天努力获得的，凭借家庭和学校以及社会接受正式和非正式的教育，通过教育培训、工作经历和在劳动力市场上的流动而发展出来的，其中最根本的途径是学校教育。因此应对区域内 24 所高校进行投资，培养重点特色专业，为服务地方经济建设做准备；重点扶持职业教育，区域内共有 13 所职业技术学校，特别是尚有 11 所应用型本科院校，在做好基础教育和输送人才的同时，进一步建立和完善职业教育的资格证书制度，形成一个最大、最有活力的办学层次，为区域经济发展培养大量农、林、牧等方面的技术人员和普通劳动者，不断壮大区域内的"能工巧匠"队伍。

2. 创新人才的培养模式

（1）培养企业家和工程技术人员。企业家是实施技术创新活动的倡导者和决策者，工程技术人员是企业技术创新过程中的关键人物。培育企业创新人才的主要措施有：鼓励高校进一步向企业开放课堂和实验室，提供专业培训服务；鼓励企业技术人员参加研究生课程学习或接受网络教育，促进企业员工素质的整体提高；为高新技术企业提供引才代理，相关政府部门可以派出联络员，开展定点服务；派遣有发展潜质的优秀人才到经济发达地区优秀企业深造等。

（2）建立企业研究开发机构。研究与开发机构是企业技术创新体系的核心。2010 年东北东部边境地区大中型企业有科技活动的企业 231 个。东北东部地区应加大研发机构的建立来带动创新人才的培养。科技产业化发展的路子，形成优势互补、资源共享的人才市场化运行机制，强化科研成果与区域内生产第一线的联姻，加速科研成果在基层生产劳动中的转化使用。

（3）建设学习型组织。要重视继续教育，在政策上鼓励、引导在岗人员参与继续教育培训，构建一个学习型组织氛围；同时，解决现有人才资源的闲置问题，优化配置本地人才资源，建立企业内部的学习型组织，培养学习兴趣的关键是要建立教育培训与考核使用相结合的制度，增强职工对企业的依恋感、归属感和忠诚感，坚持通过不断的学习、终身的学习来强化自己的竞争实力。

3. 农村技术人才的培养引进

东北东部边境地区有着优势的农业资源，特色农产品丰富，2010 年农业总产值 138.4 亿元，占东北地区总产值 23.7%，但是农业科技人员较少。针对这一现状，可以充分发挥区域内高校学科门类齐全、办学基础良好等优势条件，结合东北东部边境地区地域特点和现代农业发展情况，以社会和市场需求为导向，有针对性地培养和引进急需的农村适用技术人才和现代农业管理人才。依托科技特派员制度，带动农业技术人员的培养。在新的发展形势下，对科技特派员制度进行完善和延伸，推动科技特派员制度和机制的创新实践和持续发展，落实和提高科技特派员相应的待遇，鼓励科技特派员以资金、技术等生产要素投入科技服务，取得合法报酬，以吸引更多的专业人才到农村贡献才智；同时，带动农业技术人员的培养，即解决为我所用，也能为我所有的人才问题。

第四节　东北东部边境地区的科技创新与发展战略的实施

一、科技创新与经济发展的关系

（一）科技创新是实现经济可持续增长的根本动力源

现代经济学的研究表明，科技创新与各种经济波动周期表现出一定的相关性，科学发展带来技术发明、技术创新、技术扩散，已经成为促进经济增长和社会进步的主要推动力。没有科技的创新，经济增长就失去了从一个周期跨越到另一个周期的根本动力源。工业革命以来，世界已经出现过四个经济增长长波，分别对应于机械化、铁路化、电气化和电子化的科技创新。从 1993 年开始将要到 2043 年完成的世界经济第五个长波，所对应的核心技术是数字化的科技创新活动。刚刚过去的 20 世纪世界上发达国家经济发展的历史说明，经济增长对科技创新的依赖程度呈现出日益增强的趋势。正确处理科技创新与经济增长关系，已经成为世界各国正在着力研究探索的课题，成为各国政府制定政策时特别关注的焦点问题之一。

（二）科技创新是解决科技自身所带来的负面影响的重要手段

在历史发展进程中，人类依靠科学技术认识世界，改造世界，既在一定程度上改善了自然环境，极大地提高了生存质量，同时也在局部甚至是大规模范围内破坏了自然生态环境。世界跨入工业化时代，尤其是近半个世纪以来，全球规模的大气、海洋、陆地污染以及生态环境破坏已成为祸及当代、殃及未来的最严重问题之一。用科技手段制造的毁灭性武器在两次世界大战中给人类造成的灾难，更是人们世世代代难以忘却的沉痛记忆。面对自然的报复与挑战，世界已经行动起来，用科学技术来解决科学技术自身给人类带来的危害。目前正在实施的几项重大国际科技合作计划，就是人类联合起来消除科技负面影响的实际行动。其中的世界气候计划（WCRP），主要研究与全球气候有关的物理过程；国际地圈—生物圈计划（IGBP），主要研究与全球环境变化有关的生物地球化学过程与物理过程的相互作用；全球变化的人类影响（HDP），主要研究人与环境的关系。有关国际机构正在设计和建立全球气候观测系统（GCOS）、全球海洋观测系统（GOOS）和全球陆地生态观测系统（GTOS）。

要解决上述矛盾，需要科学精神与人文精神的融合，需要自然科学、工程技术和社会科学的结合。只有这样，人类才能与自然和谐共处，才能正确处理人与人的关系，妥善地把握人类社会的未来。

（三）科技创新是政府管理现代化的有力支持

没有政府管理的现代化，就不可能有社会经济的可持续发展。政府管理水平落后，必然成为可持续发展的最大制约因素。国家的宏观决策和重大战略部署需要现代化科技的有力支撑。国民经济和社会发展规划、计划的制定与实施，既需要以现代科技手段获取全面、准确的信息资料，又需要依靠先进的科学技术完成和实现。我国加入WTO以后，社会经济在更深的程度上和更广阔的领域内面对"两种资源、两个市场"，负有宏观调控职责的各级政府更加需要依靠现代信息技术快捷、系统地掌握国内外政治、经济动态。我国社会主义市场经济的健康、有序运行，也需要政府建立完善的电子政务系统与之相适应。

进行大规模的生态建设、预报和防治严重的自然灾害，就必须广泛应用先进的计算机、网络和3S（遥感、全球定位系统和地理信息系统）等现代科学技术，大力推进政府行政方式的现代化。只有政府管理插上现代科技的翅膀，与时俱进，国家的可持续发展战略才能真正得以实现。

这一切说明，实现可持续发展，离不开科学技术。21世纪，科学技术将愈益社会化，社会也将愈益科学技术化，以至科学技术将演变成为经济增长、社会发展的支配力量，从而进一步改变人类的思维方式、生存方式，使人类社会逐步走上可持续发展的道路。

二、科技创新与经济协调发展状况分析

（一）科技创新现状

东北东部边境地区科技实力相对于其他地区较弱。全区域共有271个科研机构，其中具有独立开发能力的国家、部省和重点院校的科研单位有89个，处于全国领先水平的研究机构24家。有国家级重点实验室18个。拥有各类专业技术人员147.61万人，其中直接从事科技活动的16 364人，有科学家和工程师0.5万人。2010年，东北东部11市（州）获得重大科技成果256项。其

中，居国际领先水平的 75 项，国内先进水平的 92 项。在重大科技成果中，受理专利申请量 731 件，专利授权量 582 件，全地区成交技术合同 2 215 项，技术合同成交总额 9.60 亿元。产学研达成合作项目 86 项，其中重大项目 10 项，全年实现销售收入 12.91 亿元。

从研究经费投入来看，2006—2010 年，东北东部边境的 11 市（州）研发经费支出由 7.7 亿元增加到 12.4 亿元，约增长了 161％。2010 年，11 市（州）R&D 经费占 GDP 的比重为 1.5％，高于全国平均水平的 1.2％。11 市（州）大中型工业企业科技活动经费内部支出总额占销售收入的比例是 1.28％；11 市（州）大中型工业企业中有科技机构的企业占总企业数的比例是 22.64％，属于中游水平（见表 11.2）。

表 11.2　　　　　东北东部地区 11 市（州）R&D 情况统计表

人才资源	丹东	本溪	通化	白山	延边	双鸭山	鹤岗	七台河	佳木斯	牡丹江	鸡西
R&D 人员/人	3 278	3 847	733	139	227	1 927	327	246	2 589	2 394	1 435
R&D 经费支出/万元	18 204	20 457	9 243	1 157	9 473	15 266	3 349	2 993	16 092	19 019	9 180
R&D 项目数/个	586	793	361	23	763	138		25	684	463	88
R&D 研究开发机构数/个	35	42	18	12	32	16		2	46	30	17
R&D 人员数/人	2 302	2 784	1 712	78	570	1 927	327	246	2 589	2 394	1 435
R&D 博士数量/人	102	124	60	6	8	3	0	2	94	92	5
R&D 硕士数量/人	420	568	60	17	8	21		4	482	400	9
R&D 本科人员数量/人	1 024	1 258	830	137	215	341	89	49	1 054	862	68
专利申请数/个	148	159	91	13	124	19	12	24	44	82	15
专利所有权转让及许可收入/万元	——	120	——								

（二）科技创新的主要问题

1. 科技创新的政策导向导致企业主体地位不突出

区域科技创新的主体要素包括企业、政府、高校与科研机构、科技咨询与中介机构。政府工作对区域科技创新的作用主要为营造一个好的科技创新环境。高校与科研机构是科技创新源，主要从事基础性研究。中介服务机构是科技与经济对接的黏合剂。科技创新的各主体要素以各自不同的职能和优势，对区域科技创新推动经济发展发挥巨大作用。

根据西方发达国家经济发展的经验，在以科技创新为内核的经济发展阶段，在创新主体要素中，企业处于核心主体的位置，是区域科技创新中最活跃的部分。因为企业直接将新技术转化为商品、投向市场，市场又通过企业有效地引导科技研究的方向。所以，任何一个区域经济要保持持续、快速、健康发展，关键就是要把企业作为创新的主体。

技术创新是市场经济的产物，它强调以市场需求为导向，以综合效益为中心，而不是以成果为导向，以学术水平为中心。因此，企业成为技术创新的主体是市场经济条件下技术创新的性质所决定的。

发达国家中企业 R&D 活动所占的份额一般都在 50%～80% 之间，我国经济发达的广东省已达到 88.89%，而东北东部边境地区大部分市（州）仅维持在 20%～25%，企业自身的 R&D 活动能力不强，其技术创新主体的地位远未确立，如表 5。东北东部边境 11 市（州）的 R&D 经费来源结构属于政府主导型，政府作为 R&D 投入主体，引导和支持企业的 R&D 活动，但随着工业化水平的提高，由政府主导的投入模式已无法满足企业技术创新的需求，更不利于企业作为市场经济的主体随着市场的需要进行必要的研发投入。目前，11市（州）技术创新主体的缺位与错位并存，企业并没有成为技术创新的主体，而政府、科研机构却在技术创新中扮演着更为重要的角色，从而意味着适应市场经济条件下企业技术创新体系的扭曲。

表 11.3　　　　东北东部边境 11 市（州）科技经费总额及来源

来源	2006	2007	2008	2009	2010
科研经费总额/万元	77 854	87 465	92 584	101 457	124 433
政府资金/万元	56 245	62 784	69 742	74 852	85 263
企业资金/万元	14 161	15 424	12 566	14 116	24 318
金融机构贷款/万元	7 468	9 257	10 276	12 489	14 852

2. 科技创新资源配置呈现低效率状态

东北东部边境地区的科技创新资源配置呈现了低效率状态，这既与其特殊的科研体系构成相关，也与其研发经费分配的不合理有关。该地区的科研体系由高等院校、国防科技机构、部属科技机构、地方属科技机构、企业科研部门、民营科技机构等组成，国家各种类型的科研机构这里几乎都有。这些机构由于管理体制和条块分割，最终形成了军民、地区与学科分割的局面，阻碍了科技资源流动和技术合作，其结果就是庞大的科研体系运转效率低下，中央研究力量有所闲置，地方企业研究与开发能力不足。条块分割的格局使中央在东北东部边境地区的科技资源难以与地方上的其他资源结合，并转化为现实的生产力。

在东北东部边境地区研究与试验发展经费分配结构中，基础研究和应用研究投入比例偏低。2010年东北东部边境各市（州）在基础研究和应用研究投入的研发经费比例分别约为1.3％和16.4％，严重影响了东北东部边境地区科技创新能力和持续发展能力。从科技创新产出来看，东北东部边境11市（州）每年取得的重大科技成果近200项，其中只有13％左右的成果转化，其中形成产业规模的不到5％，东北东部边境各市（州）的研发经费大部分投入到研究所和高校，而目前科研院所和高校的管理体制和激励机制方面仍然存在缺陷。如发表的文章、课题与研究人员的职称、工资待遇等紧密相连，所以科研人员通常把科研工作的重点放在片面追求科技成果的学术水平和获奖等级上，忽略了科技成果的实用价值，对于科技成果的市场前景、研究、开发、推广的可能性及科技成果产业化过程中的成本和收益并不关心，因此造成了大量的辛苦研究开发出的科技成果不具有商业应用价值。另一方面，众多极具经济应用价值的发明、知识及技术创新等多停留在试验阶段，较少流向企业转化为现实的生产力，服务于东北东部边境地区经济。这种管理体制和激励机制无形中阻碍了研发成果向生产力转化。

三、科技创新与经济可持续发展的对策

（一）明确科技创新各主体要素的职能

1. 科技创新的微观主体——企业

企业是实现科技创新成果商品化和发展高新技术产业的主体。因此，应当针对现存体制中的各种障碍，在企业制度创新方面取得重大突破，使企业真正成为技术创新的主体。要全面地、不折不扣地落实中央已经出台的关于企业技术创新产品、技术性收入税收减免政策及技术开发投入所得税抵扣政策，使企业在技术创新中受益，不断增强企业的自我积累投入能力；鼓励企业增加研发费用，增加技术创新投入，增强企业的发展后劲；要大力推进企业技术创新基础设施建设，特别是高新技术实验室及实验设施的建设，建立一批工程技术中心和重点实验室。

要加强企业科技人员的继续教育和培训，实现企业科技人员和管理人员的知识更新、结构优化，特别重视造就一支懂科技、能经营、善管理，敢于到国内外市场去拼搏的复合型人才队伍。

充分发挥企业的微观主体作用，就要不断增加企业创新活力与能力，提高企业生产技术、装备现代化水平和产品的技术含量，加速东北东部边境地区产品结构和产业结构优化，最终使企业成为技术开发及其投入主体。要注重培育

和发展东北东部边境地区科技型中小企业，把培育和发展东北东部地区科技型中小企业作为工作重点之一，促进东北东部边境地区中小企业创业、成长，出台鼓励高新技术企业创业、促进其迅速发展的一系列政策措施，引导企业加强技术创新。积极开拓科技创新的投入渠道，逐步建立以企业投入为主体，政府投入为引导，金融机构和社会各方广泛参与的东北东部边境地区科技创新投入体系。把促进混合所有制民营科技企业的发展作为未来东北东部边境地区科技创新及所有制结构调整的战略方向。进一步从数量和规模两个方面推进民营科技企业的发展。引导和支持高等院校、科研机构、国有大中企业及其科技人员创办民营科技企业。通过引导和支持企业进入资本市场，扶持一批拥有高新技术产品、运作机制良好、市场潜力大的民营科技企业。

2. 特殊的中介者和服务者——政府

作为科技创新的特殊服务者，政府的职责是创造有利于企业公平竞争的环境，提高区域内企业的竞争能力。它的工作原则应该是：市场机制可以发挥的地方，政府尽量不介入；政府介入的地方也应当以间接调控为主，减少直接操作，借助市场机制实现调控。对那些未来可能对东北东部地区的区域竞争力造成重大影响的关键和战略性技术，政府应该去组织专项研究、开发和推广应用；对那些未来发展可能导致产生新兴产业以及企业有能力转化为商品的重大技术的开发和应用，政府应该给予大力资助和扶持。但政府在科技产业化过程中一般应该重视共性技术的开发和重大技术的储备与积累，大力资助那些有重大商业应用前景的技术的基础研究和专项研究，而把商业性技术的发展和应用过程主要留给企业。

政府在科技创新中所扮演的角色，要求政府把区域内科研机构联合起来，把科技界的力量联合起来，推动东北东部地区各种科技优势的互补和联合。分属不同体制的各种科研院所、技术中心、工程中心具有参与东北东部边境地区重大科技问题和重大项目问题研究开发和技术创新的能力，政府可以促进这些机构进入科技创新的行列。要求政府推动产学研联合，根据优势互补、利益共享的原则，建立双方、多方技术协作机制，通过兼职、培训等多种形式，加强不同单位科技人员的交流。企业研究开发经费要有一定比例用于产学研合作。要求政府积极开展同其他区域的科技合作，吸引国内外研究开发机构和科技人员参加东北东部边境地区的相关研究开发活动，加快提高东北东部边境地区研究开发水平。

3. 区域产学研合作的推动者——高校与科研机构

高校与科研机构应结合当地经济发展需要及产业结构特点，有针对性地开展科技攻关，通过"政府搭台，企业唱戏"，努力到经济社会发展中去寻找课题，直接为企业和地方经济发展服务。目前有许多高校通过与企业合作，走出了体制改革的新路子。例如，学校成立董事会，聘请了一大批企业的董事长、总经理担任学校董事，请企业为学校建设与发展出谋划策，出资出力。还有的高校为了使更多的科技成果得以在企业中得到产业化，专门成立了校企合作委员会，以应对知识经济时代和我国加入WTO的挑战。这种新的产学研合作模式，就是以一所重点高校为核心，把技术需求与其专业技术研究方向一致的一批企业组合在一起，遵循密切联系和互惠合作的原则，展开更高水平的技术合作，以加快企业技术创新的新步伐，推动高校科研水平的提升和学科建设的完善。这是一种真正意义上的强强联合，从而促进区域科技创新。

4. 科技创新供给与需求的桥梁——科技创新中介机构

创新过程中中介服务机构不仅提供技术中介服务，还包括人才、资金、政策、法律、管理等一系列其他咨询服务活动。它对促进技术创新，实现商业价值，使企业需求方和供给方互动合作生产新的技术有重要的桥梁作用。湖南、四川等地的实践充分证明，高新技术创业服务中心作为"孵化器"对推动当地乃至全国的科技成果转化，对吸收消化国外的先进科学技术、引进国外的科技人才，提高财政科技资金的使用效果，都已经和正在发挥着令人瞩目的作用。

东北东部边境地区各市（州）要鼓励建立各种形式的高新技术创业服务中心，不以营利为目的却以市场为导向，主要为促进科技成果转化，以优惠价格为科研机构、高等院校和科技人员转化高新技术成果服务的中介机构。为了加快科技成果向生产力的转化，首先，要推进技术支持、技术推广、技术贸易、评估咨询等中介机构的建设。这些机构在创立初期，由于市场比较脆弱，要靠政府的支持，其活动主要是非营利性的。随着社会化、市场化进程的加快，必须由非营利性向营利性机构转变，要主要依靠市场取得收入。其次，要加强技术创新服务基础设施建设。主要是建立起先进的信息通讯网，建立能够供各类服务机构共享的数据库，如科技成果数据库、专利数据库、科技服务人才数据库等。这样能更好地把技术成果与生产单位联系起来，使企业迅速、及时地了解技术信息内容、流向和流量，促使科技成果更有效地转化为生产力。

（二）优化配置科技创新资源

1. 结合区域资源禀赋，配置科技创新资源

东北东部边境地区是一个自然资源相当丰富的地区，尤其是煤炭、天然气和稀有矿藏及森林，但东北东部边境地区的科技力量并没有在这方面有突出表现，这使得其资源只能成为原始状态的产品，而不能成为高附加价值、高收益的商品。如由于缺乏煤加工技术，东北东部边境地区成为外省区的煤炭供应地，而经济发展中所需的煤炭化工产品却需要从外省采购。政府应根据区域特

色资源，引导高校与科研机构在这方面实现科技创新，以最有效地利用资源，建立起具有比较优势的产业，走低耗高效的经济发展之路。

2. 改善研发经费来源与支出结构

政府应运用各种政策手段，如政府补贴、减轻税负、优惠贷款等，鼓励企业加大对 R&D 经费的投入，建立以企业为技术创新主体的科技体制改革政策，激励企业逐渐成为 R&D 经费来源的主体，从而提高企业 R&D 活动的效率。

另外，应构建合理的经费支出结构。科研经费支出结构决定了区域科技创新活动发展潜力的大小。要确保科技经费中业务费、固定资产购建费用支出的绝对优先和数量的稳定增长；要增加科研外部经费支出，以便加强与其他地区的科技创新协作，从而共享科技资源、及时掌握最新研究成果，为进一步研究服务。要加大对基础研究和应用研究的投入。政府应适时引导企业参与到基础研究中，从而使基础研究成果与企业实际运用早日实现结合。

3. 加快科技体制创新，优化创新环境

东北东部边境地区 11 市（州）在体制、机制以及思想观念等方面存在着许多阻碍科技与经济结合的不利因素，经济发展缺乏依靠科技进步的机制与内在动力，科技发展缺乏面向经济建设的活力，致使科技潜力未能得到充分发挥。

政府应加快科技体制创新的步伐，理顺地区科研院所的管理体制，促进科研院所的改制，提高科研院所的市场化程度，进而促进科技中介的市场化，使经济发展建立在有效的科技进步基础上，从而促进东北东部边境 11 市（州）科技创新与经济协调发展。要建立和完善技术创新人才的激励机制。积极探索技术折股、技术参股、期权等技术要素参与分配的激励机制，实行技术创新重奖，充分调动科技人员进行技术创新的积极性和创造性。

要促进产权制度的进一步健全与完善。健全产权制度，不仅可以维护科技创新者利益的氛围，还可以促进科学技术的扩散，从而推动经济的又好又快发展。要在专利申请权上突出发明人的作用，完善发明人的激励机制，而不是将其简单地归为收入分配问题，要在法律和制度上给予必要的保障。要加快知识产权相关立法。在知识产权界定与交易、知识或科技成果参与企业分配等方面制定一系列政策法规。此外，还要加强知识产权保护和执法力度。要加大对知识产权保护与知识产权信息网络和服务的资金支持力度。

缺乏资金是遏制区域科技创新活动顺利进行的首要障碍因素，虽然政府通过减税、加大科技经费投入等手段提高创新投资，但创新资金投入问题始终没有得到更好的解决，而创新的高风险性是造成资金短缺的重要原因。政府应着

重完善科技创新资金筹集机制，通过风险投资、债券、股票上市、银行贷款等多种形式，为研究区内的 11 市（州）的科技创新提供支持。其中，风险投资是把资金投向蕴藏失败危险的高技术及其产品的研究开发领域，旨在促使新技术成果尽快商品化，以取得高资本收益的一种投资行为。它对于吸引社会上各种闲散资金用于帮助创立和发展高科技企业，极具战略意义。所以，政府应着力完善风险投资的政策支持体系、市场机制和法律保障体制，以促进风险投资对科技创新的支持。另外，要加强研究区外专家咨询或法律机构的建设，这将有效促进创新投资环境的改善，保证创新企业在运用资金方面经济化、法制化，为本地区企业在吸引外来投资方面塑造良好的形象。

另外，应加强生态环境建设。生态环境建设既是现代农业和工业发展的重要基础，也是进行公路、铁路、能源、水利等基础设施建设的基本前提。没有好的生态环境来吸引资本的投入，科技创新成果是无法转化为现实生产力的。政府和相关部门还应加强科技宣传和科普工作，增强人们对科技创新带动经济发展的意识，从而为科技创新营造良好的人文环境。

第五节　东北东部边境地区的资源开发与环保战略

一、推进资源型城市可持续发展长效机制

东北东部边境地区 11 个市（州），多属于资源型城市。随着自然资源的日益枯竭，资源型城市的社会经济结构中许多突出矛盾和深层次问题也日趋尖锐，出现了国民经济整体水平不高、工农业生产技术水平落后、下岗失业人员激增、高新技术人员匮乏、资源企业负担加重、城市基础设施滞后及区域发展不协调等问题。

针对研究区的具体情况，建立和完善资源开发补偿、衰退产业援助机制和资源型企业可持续发展准备金制度，在东北地区先行先试，引导和规范各类市场主体合理开发资源，承担资源补偿、生态环境保护与修复、企业关闭善后等方面的责任和义务。完善资源性产品价格机制，继续深化资源性产品价格改革，积极推进资源税费改革。

加快资源型城市可持续发展立法，研究制定资源型城市可持续发展条例。建立完善以全国资源型城市可持续发展规划和各资源枯竭城市规划为主体的规划体系，加强分类指导、统筹协调和监督落实；建立资源型城市基础数据库和数据审查报送机制。

推进体制机制创新，努力破除资源型城市面临的体制机制障碍，增强发展的内在动力和活力。加强舆论宣传工作，形成全社会关注资源型城市、人人参与可持续发展的良好氛围。资源型城市对资源的依赖性依然较强，推进资源型城市转型发展，既要依托资源优势做大做强主导产业，又要实施多元化发展战略，发展壮大接续替代产业，推动资源型城市步入可持续发展轨道。例如，双鸭山市为彻底改变产业单一、结构不优、"煤老大"的发展格局，紧紧围绕煤转电、煤转钢、煤转化、粮转精以及发展新能源、新材料，大上城市转型项目，推进传统产业升级和战略性新兴产业生成，实现了由一煤独大到煤、电、钢、粮四业并兴，再到煤、电、钢、粮、化、新能源、新建材七业主导的重要转变。

二、加强森林生态区保护和建设

由于有小兴安岭、长白山脉位于本区内，因此森林资源丰富。林下与林业经济也成为东北东部边境地区重要的经济构成组分，未来在该区经济发展过程中仍将起到主导作用。对森林生态区的保护，不仅有助于维持高的森林覆盖率，也有利于生物多样性和特色林产品的保护。

本区应坚持生态建设为主的林业发展战略，以增强生态功能、提高生态效益为基本目标，实行森林分类经营，大幅调减森林采伐量，强化森林经营和保护监管，加快森林资源培育，加强森林防火和病虫害防治。加强基础设施建设，改善林区生产生活条件。认真组织实施林区生态保护与经济转型规划，编制实施长白林区生态保护与经济转型规划，逐步恢复和提升小兴安岭林区和长白山林区森林生态功能。

大力开展植树造林，继续实施荒山绿化，巩固和扩大退耕还林成果，加强"三北"防护林、沿海防护林和农田林网建设。培育珍贵树种、优质乡土树种，积极发展大径材、速生丰产林和特色经济林。深入实施野生动植物保护及自然保护区建设工程，加强野生动植物保护管理，加快拯救濒危野生动植物种，建设和完善一批自然保护区。长白山森林自然保护区已有半个世纪的历史，它不仅保护了21万公顷的森林资源，而且保护了众多的野生动植物资源。1980年长白山森林自然保护区被列为联合国生物保护圈，从而成为世界宝贵遗产。

三、加强黑土区与重要湿地保护

黑土地是大自然给予人类的得天独厚的宝藏，是一种性状好、肥力高、非常适合植物生长的土壤。东北东部边境地区的三江平原隶属于世界仅有的三大黑土平原之一，是黑龙江省重要的粮食生产基地。另外，东北东部边境地区湿地广泛分布，比较有名的如三江平原湿地、兴凯湖湿地、镜泊湖湿地、敬信湿地、鸭绿江口湿地等。湿地是珍贵的自然资源，也是重要的生态系统，湿地覆盖地球表面仅有 6％，却为地球上 20％的已知物种提供了生存环境，具有不可替代的生态功能，因此享有"地球之肾"的美誉。

东北东部边境地区要以保护黑土资源、防止水土流失、提高耕地质量、改善生态环境为重点，实施黑土区水土保持工程。在长白山的山前台地等水土流失严重地区，坚持坡沟兼治，加强坡耕地治理。采取工程措施、植物措施和蓄水保土耕作措施相结合的治理方式。大力改造中低产田，加强谷坊和塘坝建设，发展集水灌溉，积极推广旱作农业，采取封山育林和补植等措施，加快荒山荒坡植被恢复，适当发展果树。建立水土保持监测与信息系统，提高黑土地水土流失动态监测和管理能力。

加强重要湿地保护。全面禁止湿地开垦，逐步恢复湿地生态系统功能，加大湿地生态系统整体保护。实施流域湿地生态补水，遏制湿地污染。加大湿地自然保护区、湿地公园建设力度，完善基础设施，构建湿地公园、湿地自然保护区和生态廊道组成的湿地及生物多样性保护体系。

四、加强流域治理和水资源保护

东北东部边境地区分布着举世闻名的界河黑龙江、乌苏里江、鸭绿江、图们江等大的水系网于境内外，也有松花江等大水系与湖泊、湿地相连，其所构成的流域的治理与保护，意义不仅在当今的小康社会建设，更在于可持续发展人地关系的和谐。

本研究区的流域治理和水资源保护的重点是加强水系生态保护和污染防治，继续实施松花江等流域水污染防治规划，积极开展跨国界、跨区域河流的水污染防治工程建设，在重点河段建设河流污染的应急拦蓄设施，建立上下游联防联治、跨区域饮水源地保护的协调机制，共同推进流域水污染监测系统建设，强化环境监管能力。例如，《鸭绿江流域水污染防治规划》主要任务是保护生活饮用水水源，进行污水处理厂和配套管网建设，重点治理造纸废水，实现造纸废水全面达标排放，进行城市垃圾和硼泥处理以及加强农业面源污染控制和生态环境保护。总目标是在辽宁鸭绿江流域上游以生态保护为主，下游丹东市区段的工业点源治理为重点，实现鸭绿江水资源永续开发与利用。

同时，也要完善水资源管理体制，强化城乡水资源统一管理，全面贯彻实施最严格的水资源管理制度。坚持水量水质并重的原则，加快实施以水资源保护和高效利用为中心的水资源战略，统筹协调生产、生活和生态用水，正确处理好经济社会发展、水资源开发利用和生态环境保护的关系。加强区域、行业用水定量控制和定额管理,推进农牧区节水灌溉工程。加强对主要江河湖泊的排污管制,严格审批和管理排污口,制定水功能区限制纳污红线,加大污水处理与再生利用力度,加强饮用水源地保护,积极建设备用饮用水水源地和应急供水配套设施。

五、强化污染治理与节能减排

东北东部边境地区资源型城市较多,大多依托矿业产生与发展。矿业本身是污染性产业。东北东部边境地区由于位置偏远,受到的重视程度相对较低,生态环境保护措施不足,因而其污染程度重于国家的同类地区。主要的污染问题主要发生在:煤矿开采过程中的钻孔,爆破产生的尘埃及从地下释放的有毒有害气体(常见为 SO_2);大量的土法炼焦,煤炭运输过程中的粉尘排放以及煤炭燃烧过程所导致的大气污染;开采区的塌陷,导致严重的水土流失,植被覆盖率减少改变了地表径流和土壤粗糙程度,加剧了水土流失和土地沙化与干化。

本研究区要以解决危害群众健康和影响可持续发展的突出环境问题为重点,强化污染物综合整治。加大工业污染治理力度,严格执行环境保护和污染物排放标准。大力推进重点排污企业深度治理,降低污染物排放强度。推进火电、钢铁、有色、化工等行业二氧化硫治理,强化脱硫设施稳定运行。推行燃煤电厂脱硝,开展非电行业脱硝示范。加强重金属污染综合治理,加大固体颗粒物和机动车尾气治理力度。加强城市生活污染综合整治,加快建设城镇污水、垃圾分类回收和处理设施,提高城镇污水和垃圾处理能力。积极防治农业面源污染,推广测土配方施肥,科学施用农药,加强薄膜回收利用,对直接流入重点水源地的农田径流设置拦截、净化设施,全面推进规模化畜禽养殖污染治理工程。

强化节约意识,落实减排责任,实施节能减排重点工程,降低能源消耗和二氧化碳排放强度。加大结构调整力度,坚决淘汰落后产能,加强重点行业、企业节能减排工作;促进农村节能减排;强化主要用能设备能源计量器具和高耗能特种设备节能监管。推广应用先进节能技术、设备和产品,严格执行能耗限额和产品能效标准,积极推进合同能源管理。促进既有居住建筑供热计量和节能改造,实施"节能暖房"工程。大力发展循环经济、低碳经济、绿色经济,做好循环、低碳经济试点示范工作,在农业、工业、建筑、商贸服务等重点领域推进清洁生产机制,健全资源回收利用体系,推广绿色消费模式。加强林业建设,增加森林碳汇,积极应对气候变化。

参 考 文 献

[1] 莫一心. 边缘区域经济发展分析［M］. 长沙：湖南人民出版社，2003.

[2] 罗贞礼. 边缘区域经济发展研究［M］. 长沙：湖南人民出版社，2007.

[3] 辽宁沿海经济带发展规划［S］.

[4] 金凤君，张平宇，樊杰. 东北地区振兴与可持续发展战略研究［M］. 北京：商务印书馆，2006.

[5] 王洛林. 东北地区经济振兴战略与政策［M］. 北京：社会科学文献出版社，2005.

[6] 张丽君. 毗邻中外边境城市功能互动研究［M］. 北京：中国经济出版社，2006.

[7] 王燕祥，张丽君. 毗邻中外边境城市功能互动与少数民族地区经济发展［J］. 黑龙江民族丛刊，2005（1）.

[8] 李澜，张丽君. 中外边境城市功能互动的可持续发展系统构想［J］. 广西社会科学，2004（3）.

[9] 张丽君. 地缘经济学导论［M］. 北京：中国三峡出版社，2000.

[10] 王雅林，李鹏雁，马涛. 东北区域的科学发展［M］. 北京：社会科学文献出版社，2010.

[11] 黎鹏. 区域经济协同发展研究［M］. 北京，经济管理出版社，2003.

[12] 陈计旺. 地域分工与区域经济协调发展［M］. 北京，经济管理出版社，2001.

[13] 吕佳. 黑龙江省县域经济发展问题研究［J］. 商业研究，2008（6）：132－135.

[14] 郝传波. 黑龙江省煤炭产业新型工业化发展研究［J］. 黑龙江科技学院学报，2010，20（4）：323－328.

[15] 胡蓉. 白山市矿产资源型产业集群发展研究［D］. 中国地质大学，

2010：24—28.

[16] 姜作勇. 辽宁省"十一五"规划实施 [M]. 沈阳：辽宁教育出版社，2009：122—123.

[17] 刘继生，丁四保. "中国东北论坛" 2003——东北老工业基地的改造与振兴 [M]. 长春：东北师范大学出版社，2003：173—174.

[18] 王薇. 东北资源型城市经济转型障碍与对策研究 [J]. 经济纵横，2008 (11)：40—42.

[19] 任启平. 东北地区资源型工业发展对策 [J]. 资源开发与市场，2004 (4)：243—245.

[20] 许洁. 吉林省工业结构调整优化研究 [D]. 东北师范大学，2006：26—27.

[21] 张琳，于天福. 东北东部边境地区县域经济发展实证分析——以该地区的 22 个县（市）为例 [J]. 辽东学院学报：社会科学版，2011，13 (3)：21—25.

[22] 张汝根. 黑龙江省煤炭资源型工业基地存在的问题及振兴策略研究 [J]. 中国矿业，2007，16 (9)：30—32.

[23] 杨毅. 黑龙江省鹤岗市源丰煤矿矿山地质环境恢复治理可行性研究 [D]. 吉林大学，2010：34.

[24] 蔡丽娟，张芳，王亚丰. 东北东部边境地区文化特征研究 [J]. 社会科学辑刊，2012 (1)：47—49.

[25] 孟超. 东北地区资源型城市产业转型问题研究 [D]. 吉林大学，2007：32.

[26] 陈东景，王晓峰，程国栋，等. 新疆特色农业发展初探 [J]. 新疆农垦经济，2000 (5)：17.

[27] 李金良，贺洪海. 必须大力发展特色农业 [J]. 经济师，2000 (5)：96.

[28] 赵敏. 特色农业发展指引 [M]. 北京：中国社会科学出版社，2008：3.

[29] 张晓山，吴海峰，魏思思. 特色农业发展探索 [M]. 哈尔滨：黑龙江人民出版社，2011：206—207.

[30] 张文开，朱鹤健. 福建特色农业研究 [M]. 北京：中国农业出版社，2004.

[31] 冯薇. 产业集聚、循环经济与区域经济发展 [M]. 北京：经济科学出版社，2008：3.

[32] 佚名. 东北黑土地沙化严重, 加速推进土地改革迫在眉睫 [EB/OL]. [2004-03-01]. http://news. 163. com.

[33] 张郁. 东北地区的水资源问题、供需态势及对策研究 [J]. 经济地理, 2005 (7): 565-569.

[34] 蒋和平. 中国特色农业现代化建设研究 [M]. 北京: 经济科学出版社, 2011: 101.

[35] 胡欣. 中国经济地理——经济体成因与地缘架构 [M]. 7 版. 北京: 立信会计出版社, 2010: 60-61.

[36] 佚名. 吉林中药海外突围愈发艰难 [EB/OL]. [2011-07-09]. http://zy. china. com. cn/anhui/a/zyxw/hyjj/6966. html.

[37] 于天福, 张琳, 王亚丰. 从 "亚核心" 规律视角观照东北东部边境县 (市) 域经济发展 [J]. 社会科学辑刊, 2011 (1): 156-159.

[38] 亚铁. 全球有机食品消费快速增长 [EB/OL]. [2007-10-31]. http://www. ycwb. com/myjjb/2007-10/31/content_1666124. htm.

[39] 中国人民共和国商务部. 2009 年中国农产品出口分析报告 [EB/OL]. [2010-12-02]. http://wenku. baidu. com/view/55298424af45b307e8719742. html.

[40] 栾喜良. 吉林中药的海外突围路 [EB/OL]. [2010-04-27]. http://finance. ifeng. com/money/roll/20110427/3937884. shtml.

[41] 陈永生, 王海涛, 耿毅. 柞蚕放养, 传统产业开始生态疗伤 [EB/OL]. [2011-06-27]. http://china. toocle. com/cbna/item/2011-06-27/5821370. html.

[42] 佚名. 外资围剿中国非转基因大豆 [EB/OL]. [2011-08-03]. http://news. 163. com/11/0803/00/7AGAGDK600014AED. html.

[43] 东北边境城市 11 市 (州) "十一五" 规划及农业发展规划 [S].

[44] 中华人民共和国商务部. 农产品出口 "十一五" 发展规划 [S].

[45] 徐淑梅, 李圆慧, 王亚丰. 中国东北东部边境地区旅游业发展研究 [J]. 地理科学, 2012, 32 (3): 336-341.

[46] 陈雪婷, 陈才, 徐淑梅. 国际区域旅游合作模式研究——以中国东北与俄、蒙毗邻地区为例 [J]. 世界地理研究, 2012, 21 (3): 152-159.

[47] 李明. 中俄边境旅游发展研究——以黑龙江省为例 [D]. 上海师范大学, 2006.

[48] 姜晓娜. 黑龙江省边境旅游发展探析 [D]. 河南大学, 2010.

[49] 刘小蓓. 广西边境旅游发展研究——以广西东兴市为例 [D]. 四川

大学，2004.

[50] 刘颖. 黑龙江省边境旅游发展研究 [D]. 哈尔滨工业大学，2008.

[51] 胡洪江，陈增，刘卫国，等. 云南边境旅游日趋火爆 [N]. 人民日报，2011−08−08（海外版）.

[52] 尹一凡，陶静波. 写在边境旅游异地办证启动之际4.9 [N]. 黑河日报，2009−04−09（1）.

[53] 赵济，陈传康. 中国地理 [M]. 北京：高等教育出版社，1999：399.

[54] 孟爱云. 东北区域冰雪旅游资源整合开发探讨 [J]. 学术交流，2009（4）：115−119.

[55] 邓鹏，门冬. 黑龙江省对俄边境旅游的现状、问题及对策 [J]. 西伯利亚研究，2002，29（1）：23−26.

[56] 赵爱华. 丹东旅游线路与旅游产品开发探析 [J]. 丹东师专学报，2003，25（4）：60−61.

[57] 徐淑梅. 东北老工业基地改造振兴中的旅游业发展研究 [J]. 东北亚论坛，2005，14（1）：76−80.

[58] 张守艳. 黑龙江省三江地区旅游开发模式研究 [D]. 青岛大学，2005：22−24.

[59] 郭伟，王慧元. 佳木斯旅游发展的对策研究 [J]. 佳木斯大学社会科学学报，2006，24（2）：96−97.

[60] 曹爽. 图们江区域跨国旅游合作研究 [D]. 延边大学，2011.

[61] 张琳. 东北东部边境县域经济发展研究——以东北东部边境22个县为例 [D]. 辽宁师范大学，2011.

[62] 张文尝，金凤君，樊杰. 交通经济带 [M]. 北京：科学出版社，2002：28−29.

[63] 佚名：“十二五”期间吉林省加快边境地区交通运输发展 [EB/OL]. [2011−05−31]. http：//www. cnaec. com. cn/Info/Show. asp?ID＝7212590.

[64] 丛志颖，于天福. 东北东部边境口岸经济发展探析 [J]. 经济地理，2010（12）：1937−1943.

[65] 白永平，罗君，张学斌. 兰渝铁路辐射带的经济差异及原因 [J]. 城市问题，2011（5）：28−33.

[66] 朱显平，姜永铭. 论跨国次区域经济合作的性质 [J]. 延边大学学报：社会科学版，2008（2）：12−13.

［67］佚名. 绘就大交通大物流的恢宏画卷［N］. 丹东日报，2012－08－08.

［68］王亚丰，郝雪，于天福. 中国东北东部沿边地区交通建设区域影响分析［J］. 东北师大学报：自然科学版，2012，44（4）：142－146.

［69］王鹏. 第四届东北东部（12＋2）区域合作圆桌会议在鹤岗市举行［N］. 丹东日报，2012－08－10.

［70］张文忠. 日本东海道交通经济带形成和演化机制研究［J］. 世界地理研究，2001（1）：12－18.

［71］郝雪. 东北东部边境地区交通经济带发展实证研究［D］. 辽宁师范大学，2011：30－35.

［72］李铁立. 次区域经济合作机制研究：一个边界效应的分析框架［J］. 东北亚论坛，2005：4.

［73］旦董. 丹东港创新经营模式：陆海联动突出港口优势［EB/OL］. ［2011－03－21］. http：//www. dandongport. com/view/2011－07/2946. shtml.

［74］Adkins W G. Land value impacts of expressways in Dallas, Houston, and San Antonio, Texas ［M］. Highway Research Board，Bulletin，1979：227，50－65.

［75］张文尝. 交通经济带［M］. 北京：科学出版社，2002.

［76］仲维庆，王红，苑维忠，等. 黑龙江水运港口发展分析［J］. 北方经贸，2011（8）：21－22.

［77］仲维庆. 黑龙江水运经济腹地发展形势分析［J］. 商业经济，2011（6）：8－9.

［78］梁双陆. 边疆经济学［M］. 北京：人民出版社，2009：210－212.

［79］刘一霖. 基于中俄贸易发展的边境口岸物流体系研究［D］. 辽宁师范大学，2008.

［80］李铁立. 边界效应与跨边界次区域经济合作［M］. 北京：中国金融出版社，2005：10.

［81］董爽. "东边道"建设与东北东部地区经济空间结构研究［D］. 东北师范大学，2006.

［82］李连庆. 建立中俄自由贸易区的模式选择和推进战略［D］. 黑龙江大学，2009.

［83］张建华. 中国东北地区和俄罗斯东部地区投资合作分析［J］. 黑龙江对外经贸，2010（6）.

［84］刘赛力. 孕育中的中韩自由贸易区［J］. 国际问题研究，2008（1）：15－20.

［85］张宝仁，曹洪举. 近期中韩经贸合作现状与前景分析［J］. 东北亚论坛，2008（5）：84－90.

［86］周松兰. 中韩贸易结构新动态［J］. 国际经济合作，2007（10）：50－53.

［87］于天福，王亚丰. 辽宁省对朝鲜半岛贸易往来战略调整分析［J］. 社会科学辑刊，2007（1）：119－122.

［88］于天福. 辽宁省与朝鲜半岛经贸合作发展研究［J］. 经济地理，2000，20（2）：79－83.

［89］于天福，隋丽丽. 辽宁对朝鲜半岛出口产品结构分析与优化对策［J］. 辽宁经济，2007（8）：35－37.

［90］吴疆，陶宇，仁丛飞. 中韩经贸合作现状、问题及前景［J］. 白城师范学院学报，2009（2）：15－18.

［91］朴光熙，仁丛飞. 中韩双边贸易的发展及问题［J］. 当代亚太，2007（7）：3－9.

［92］王书杰. 中韩贸易逆差问题及对策分析［J］. 经济研究导刊，2010（12）：160－161.

［93］柳承灿. 中韩贸易中的互补与竞争之辨［J］. 商业时代，2008（19）：42－43.

［94］罗蓉，崔强. 中韩贸易的现状问题及对策分析［J］. 现代商业，2008（6）：241－243.

［95］朴钟相. 韩资企业在中国东北地区投资的法律环境分析［D］. 辽宁大学，2010.

［96］杨冰皓. 俄罗斯远东地区自然资源开发与国际合作［D］. 黑龙江大学，2002.

［97］释冰. 试析俄远东地区与中国经济合作的制约因素［J］. 西伯利亚研究，2008（08）：25－27.

［98］张莉. 新时期中俄经贸合作的发展、问题及对策［D］. 河北师范大学，2008.

［99］郭洋. 扩大中国东北与俄罗斯东部经济合作的路径分析［D］. 辽宁师范大学，2011.

［100］刘戈. 中朝水上边贸运输大有可为［J］. 中国水运杂志，2006（3）：38－39.

[101] 吕超，张万里. 中朝经济关系的现状与前景 [J]. 东北亚论坛，2009 (7)：84-90.

[102] 陈龙山. 朝鲜对中国的经济依存度分析 [J]. 东北亚论坛，2008 (2)：8-12.

[103] 张丽君，王玉芬. 民族地区和谐社会建设与边境贸易发展研究 [J]. 北京：中国经济出版社，2008：203-250.

[104] 王小娟，狄干斌. 关于中国与朝鲜半岛两国经贸合作战略升级的现实论证 [J]. 经济研究导刊，2010 (1)：169-171.

[105] 金成男. 朝鲜经济的结构性变化趋势 [J]. 延边大学学报，2009 (12)：37-42.

[106] 王萍. 延边对朝贸易现状及对策研究 [D]. 延边大学，2010.

[107] 曲艺峰. 东北东部区域经济合作的战略构想 [J]. 边疆经济与文化，2007 (9)：4-5.

[108] 梁明. 建设珲春国际经济合作示范区战略思路 [J]. 国际经济合作，2010 (12)：24-28.

[109] 宋杨. 对建设图们江跨境经济合作区的思考 [N]. 中国经济导报，2010-01-19.

后　记

　　一望无垠的三江平原、绵延起伏的长白山脉、烟波浩渺的鸭绿江、风情浓郁的朝鲜歌舞、欣欣向荣的抚远小镇、灯火流离的图们之夜，边境的景——美；漫长颠簸的客车、人头攒动的城市广场、酷热下的疾行、夏有泥石流、冬有积雪封山的盘山公路，边境的行——难；自豪健谈的市民、热情干练的大货司机、幽默风趣的导游、不苟言笑的口岸官兵、质朴勤劳的农民，边境的情——真。几年来，课题组成员的足迹遍布东北东部边境的城市和乡村、工厂和矿山、河流与山脉，领略了边境各民族的风情，也积累了难能可贵的第一手资料。走过才知，东北东部边境地区独有的特色经济既有其历史的传承，又有其区位的局限性，如何因地制宜，因势利导，整合资源，如何使之与所在区域协调发展，是一个需要长期研究的课题。

　　区别于研究基础丰厚的中原地区，东北东部边境地区经济问题的研究资料少之又少。我等往往是找到一个可能获得资料的线索，就紧追不舍，且有所得，便欣喜不已。学术的杰作常常是思想新、材料新、方法新，字字珠玑。但杰作不常有，故退而求其次，如果此书能在这"三新"中占"一新"，使人开卷有益，同时，能为研究区域内的政府职能部门决策起到些许有价值的参考作用，则此愿足矣。

　　多少年来，我等致力于我国边境地区问题的探索，旨在为这个"边缘区"的经济社会发展和繁荣做些事情，幸 2009 年获国家自然科学基金（40971082）资助，使我们的研究成果有了量的飞跃，更有了质的升华！这本著作就是其主要成果之一。

　　这是一部集体智慧的著作：课题研究所必需的大量资料的收集整理与加工，是课题组成员或集中安排或分头进行的；文稿写作体例的构建、每一章节的撰写到整个著作的定稿，是经过课题组成员反复酝酿讨论与修改，并最终达成共识。参加本书撰写工作的有戴鸿丽、隋丽丽、李富祥、徐淑梅、王亚丰、王艳欣、沈晓丹、蔡丽娟、于敏、张洪祥等。其中，戴鸿丽、隋丽丽、李富祥老师付出了更多的劳作，起到了不可或缺的作用。辽宁师范大学硕士生丛志颖、郝雪、张琳，哈尔滨师范大学硕士生李圆慧，东北师范大学硕士生王舒等同学或参与了课题资料的收集、整理或担负部分技术处理工作，在此表示感谢！

　　这更是一个得到众多支持的成果：或是单位或是个人，或是官员、学者，或是工人、农民，好多人给了我们莫大的支持与帮助。无论是实地调研考察、座谈，还是资料的收集，均得到了研究区域内各级政府有关职能部门领导的大力支持和协助。其中，不仅仅是他们提供的资料、信息为课题研究的顺利进行提供了方便，同时，也使我们感到了他们对课题研究结果的期盼，其渴望发展的目光和信任的眼神，激励着我们要为这个区域的发展做些实事。

　　在此，我们由衷感谢黑龙江省发展与改革委员会及研究区内各市（州）发改委、农委！

　　感谢辽宁省统计局、黑龙江省统计局、国家统计局黑龙江调查总队及研究区内有关市（州）统计局！

　　感谢黑龙江省商务厅！

　　感谢黑龙江省七台河市煤炭（安监）局！

　　感谢中共通化市委政策研究室！

　　感谢研究区内各市（州）地方志办公室！

　　感谢辽宁桓仁县、东港市、凤城市、宽甸县，吉林集安市、图们市，黑龙江绥芬河市、密山市、饶河市、抚远市、同江市等研究区内十余个县发改局、农业局等县（市）人民政府职能部门及所辖有关乡（镇）人民政府！

　　特别要感谢中共丹东市委宣传部、通化市委宣传部、白山市委宣传部、延边朝鲜族自治州委办公室、鹤岗市委宣传部、佳木斯市委宣传部、双鸭山市委宣传部、鸡西市委宣传部及黑龙江省科学技术协会给予调研考察工作的有力协调与大力帮助！

　　在此，还要向关心、支持我们课题组研究工作的哈尔滨师范大学、辽东学院的同事们表示深深地谢意！

　　最后，恳请广大读者不吝赐教，期盼我们的研究成果对东北东部边境地区经济社会发展起到促进作用！

于天福

中国东北东部边境地区经济成长机制研究